GUOJI
SHANGWU
TANPAN

21世纪国际经贸精品教材
21SHIJI GUOJI JINGMAO JINGPIN JIAOCAI

国际商务谈判

主　编　张吉国

副主编　杨光明　吕丰华

邢丽荣　索　妮

山东人民出版社

图书在版编目(CIP)数据

国际商务谈判/张吉国主编. —济南：山东人民
出版社，2010.1 (2021.12 重印)
ISBN 978 - 7 - 209 - 04879 - 8

Ⅰ.①国… Ⅱ.①张… Ⅲ.①国际贸易—贸易谈判—
高等学校—教材 Ⅳ.①F740.41

中国版本图书馆 CIP 数据核字(2009)第 243629 号

国际商务谈判

张吉国　主编

山东出版传媒股份有限公司
山东人民出版社出版发行

社　　址:济南市英雄山路 165 号　邮　编:250002
网　　址:http://www.sd-book.com.cn
发行部:(0531)82098027　82098028

新华书店经销
山东华立印务有限公司印装

规　格　16 开(169mm×239mm)
印　张　16
字　数　285 千字　插　页 2
版　次　2010 年 1 月第 1 版
印　次　2021 年 12 月第 5 次
ISBN 978 - 7 - 209 - 04879 - 8
定　价　28.00 元

如有质量问题,请与印刷厂调换。　电话:(0531)76216033

总　序

　　"21世纪国际经贸精品教材"是山东人民出版社精心打造的大学经济类系列教科书。出版社的想法是，"这套教材既要成为大学本科和高职院校经济类学生的精品教材，又要成为其他各类人员自学国际经济与贸易的通俗读物"。这一要求看似简单，其实是很高的目标。

　　山东人民出版社的同志委托我牵头组织教材的编撰事宜，是对我的信任和重托，我十分感谢他们。但是，说实话，一开始对是否接受这一任务，我还是颇为踌躇的。一是因为现在市面上此类教材，虽然质量上良莠不齐，但数量上可谓汗牛充栋，再组织一套这类教材到底有无必要。二是因为要编写出一本理论性、实践性、前沿性、通俗性等等特质皆具的教材是一件十分困难的事情，何况还是一套系列教材。三是按目前各高校比较通行的人才评价体系，似乎编写教材是一件"机会成本"很高的事情，能否组织起一支优秀的学者队伍尚未可知。

　　中国世界经济学会山东省的三位常务理事卢新德教授、范爱军教授、李平教授及山东省各本科院校经济贸易类院、系诸位院长、系主任的积极加盟，使我树立了信心；特别是近几年国际经济理论的不断发展和国际经济实践的规则、程序等发生了很多变化，这些使我深深感到，把这些最新的理论和实践纳入教科书，系统的介绍给广大的莘莘学子，也是我们这些学人的责任。

　　人类社会在经历了一个多世纪的战争、危机、和平与发展之后，进入了以经济全球化日益发展和国际经贸活动日益深化为重要特征的新的时期。一是国际贸易成为国际交往中最活跃的活动之一，全球国际贸易的增长速度超过了世界生产的增长速度。虽然受到金融危机的影响，2008年全球商品出口仍然增长了15％达15.78万亿美元，服务出口亦增长11％达3.73万亿美元。国际贸易推动着市场的国际化，成为各国经济发展和世界经济增长的重要引擎。二是国际直接投资的迅速增长。国际直接投资是生产资本国际化的实现形式,体现了资本循环突破国界不断扩展的趋势。进入 21 世纪以来,国际直接投资 2004 年至 2007 年步入高速增长期,2007 年国际直接投资达到了 15.4 万亿美元。三是国际金融成为国际交往的重要组成部分,促成了金融的国际化。随着资本全球化的进一步深化和国际资本市场的逐步完善,国际间接投资总体规模持续扩大,资金流动速度也越来越快。总之,经济全球化加速了商品、资本、人员、服务和技术等要素在全球范围内的自由流动和优化配置,有效地提高了经济效率和全人类整体的福利水平。伴随着经济全球化,出现了许多新的经济问题,例如最近几年来的全球经济失衡问题和美国次贷危机引发的全球性金融危机问题等等,但是作为人类社会迄今最先进的生产方式,经济全球化将继续呈现出加速发展的趋势。

国际经济学是对国际经济活动实践的总结,国际经济学的研究对象随着国际经济活动的扩展而不断发展。通常学者们把国际经济学分为三个构成部分,即国际贸易理论、国际金融理论和国际直接投资理论。最早的国际经济学主要是国际贸易理论,这是因为当时国际贸易活动是最主要的国际经济交往。随着国际金融活动在国际经济活动中的地位不断增强,国际金融理论占据了国际经济学的重要位置。20 世纪 70 年代以后,国际直接投资的规模和跨国公司的影响越来越大,国际直接投资理论成了国际经济学中不可或缺的一部分。在这三部分理论中,理论也是随着实践的发展而深化的。例如,在国际贸易理论中,李嘉图的比较优势理论从技术差异入手解释了当时大多数的国际贸易活动,但不能解释技术上相同、资源禀赋存在差异的两个国家之间的贸易;赫克谢尔与俄林从要素禀赋差异出发,解释了这种国际贸易;随着国际贸易活动中产业内贸易的增多,传统的国际贸易理论受到了挑战,占世界贸易额相当大比重的一部分贸易并不是因为比较成本的差异或者资源禀赋的差异而发生的。20 世纪 70 年代末 80 年代初,以克鲁格曼为代表的一批经济学家提出了新贸易理论,该理论打破了传统贸易理论中"完全竞争"和"规模报酬不变"这两个关键假设后,为解释贸易动因与贸易基础开辟了新的视角。面向未来不断发展和变化的国际经济现象,国际经济学中的一些目前占据统治地位的理论和观点将会修正和发展,一些理论前提和假设将被摒弃,新的视角将产生。国际经济学理论的发展将会进一步推动国际经济实践的发展。

中国的发展离不开世界,世界的繁荣稳定也离不开中国。改革开放 30 年来,中国社会的各个方面都发生了前所未有的变化。一个 13 亿人口的大国,持续 30 年保持了年均近 10% 的增长速度,不能说不是个奇迹。2008

年,中国经济总量跃居世界第三位,并有望于 2009 年超越日本居世界第二位。中国经济发展的成就,已经得到全世界的公认。在全球经济一体化日益发展的今天,中国经济必将进一步融入世界经济体系中,这一使命的完成需要大批熟悉市场经济规律和国际经贸规则的企业家、经济学家和管理人才。培养高水平的人才需要有高水准教材。我想这也是我的同仁们不计精力和经济"投入产出"比,而全力投入这一工作的根本动力所在。

这套教材即将付梓了,周云龙同志要我写个总序,我依命行事便写了以上这些话,聊以为序。至于这套系列教材的内在质量和特色,按照写序的常规是应该自夸一番的,但我想还是留给使用这一教材的教师和学生们去评判吧,因为他们是最有发言权的。最后我还要郑重说明,我只是为该系列教材做了些"牵头"的事情,真正为该书付出心血的是各本教材的主编、参编的各位学者和山东人民出版社的周云龙编辑,特向他们表示敬意!

范跃进

2009 年 8 月

前　言

改革开放以来,尤其是中国加入世界贸易组织以后,中国的对外贸易蓬勃发展,经济总量不断增长,在世界上的地位日渐提升,中国经济成为世界经济的重要组成部分。对外贸易的快速发展需要大量能熟练从事国际商务活动特别是国际商务谈判的高级专门人才。国际商务谈判已成为现代国际商务人员必须具备的一项基本技能。

国际商务谈判是国际经济与贸易及国际商务等专业的核心主干课程,目的是使学生掌握国际商务谈判的基本理论和技能。本书主要讲授了国际商务谈判的特点、类型、原则和程序,国际商务谈判的准备和过程,国际商务谈判合同签订和履行,国际商务谈判心理,国际商务谈判各阶段的策略和技巧,国际商务谈判礼仪,不同国家和地区的谈判风格,以及国际商务谈判风险管理。这些内容紧密相联、互相影响,构成了完整的国际商务谈判体系。

国际商务谈判是一门实践性很强的综合性应用课程,涉及经济学、管理学、语言学、逻辑学、心理学、社会学、文化学、民俗学等诸多学科。本教材在讲述国际商务谈判基本原理基础上,注重对国际商务谈判技能的提高和训练,密切谈判理论与谈判实际的联系。教材每章开头设有学习目标明确学生需要学习和掌握的重点,文中穿插案例以开拓学生视野,后面附有习题及案例分析便于教学和学生自学。教材配套PPT课件可从山东人民出版社网站下载。

本教材由八所高校多名从事一线教学的教师编写而成,具体分工是:索妮编写第一章,邢丽荣编写第二章,张健如编写第三章,常昕编写第四章,吕丰华编写第五章,张吉国编写第六章,吴仁波编写第七章,杨光明编写第八章,成海燕编写第九章,胡大龙编写第十章。全书由张吉国设计编写大纲并统稿。

本书既可作为高等学校国际经济与贸易、国际商务、经济学、工商管理、电子商务等专业国际商务谈判课程的教材,也可作为企业培训中高级管理人员的参考用书。

　　本书编写得到了山东人民出版社的大力支持,编写过程中参阅了众多文献,在此一并表示衷心的感谢。由于编者水平所限,书中不妥之处在所难免,敬请读者批评指正。

作 者

2009 年 12 月

目 录

总 序 ……………………………………………………………（1）

前 言 ……………………………………………………………（1）

第一章 国际商务谈判概述 ……………………………………（1）

　　第一节 国际商务谈判的概念和特点 ……………………（1）

　　第二节 国际商务谈判的类型 ……………………………（5）

　　第三节 国际商务谈判的基本原则 ………………………（10）

　　第四节 国际商务谈判的程序 ……………………………（12）

　　第五节 国际商务谈判的影响因素 ………………………（17）

第二章 国际商务谈判准备 ……………………………………（25）

　　第一节 谈判的背景调查 …………………………………（25）

　　第二节 谈判人员的组织 …………………………………（29）

　　第三节 谈判资料的准备 …………………………………（35）

　　第四节 谈判目标的确定 …………………………………（41）

　　第五节 谈判的时空选择 …………………………………（43）

　　第六节 谈判方案的制订 …………………………………（46）

　　第七节 谈判模拟 …………………………………………（48）

第三章 国际商务谈判过程 ……………………………………（52）

　　第一节 开局阶段 …………………………………………（52）

　　第二节 报价阶段 …………………………………………（58）

　　第三节 磋商阶段 …………………………………………（64）

　　第四节 终结与缔约阶段 …………………………………（70）

第四章 国际商务谈判合同签订与履行 ………………………（78）

　　第一节 合同的签订 ………………………………………（78）

　　第二节 合同的格式 ………………………………………（81）

第三节　合同的履行 …………………………………………（87）

第四节　合同的违约处理 ……………………………………（90）

第五章　国际商务谈判心理 ……………………………………（94）

第一节　谈判的需要和动机 …………………………………（94）

第二节　谈判人员的心理特征 ………………………………（99）

第三节　谈判人员的心理素质 ………………………………（104）

第四节　物理环境设置对谈判人员心理的影响 ……………（105）

第五节　谈判中的印象处理 …………………………………（108）

第六节　推测对方心理 ………………………………………（112）

第七节　谈判的心理策略 ……………………………………（115）

第六章　国际商务谈判策略 ……………………………………（122）

第一节　概述 …………………………………………………（122）

第二节　开局阶段的策略 ……………………………………（124）

第三节　报价阶段的策略 ……………………………………（127）

第四节　磋商阶段的策略 ……………………………………（132）

第五节　成交阶段的策略 ……………………………………（136）

第六节　僵局处理策略 ………………………………………（137）

第七章　国际商务谈判技巧 ……………………………………（143）

第一节　概述 …………………………………………………（143）

第二节　谈判中"听"的技巧 …………………………………（148）

第三节　谈判中"说"的技巧 …………………………………（152）

第四节　谈判中"看"的技巧 …………………………………（155）

第五节　谈判中"问"的技巧 …………………………………（161）

第六节　谈判中"答"的技巧 …………………………………（165）

第七节　谈判中"辩"的技巧 …………………………………（169）

第八节　谈判中"劝"的技巧 …………………………………（171）

第九节　谈判中"拒绝"的技巧 ………………………………（174）

第八章　国际商务谈判礼仪 ……………………………………（179）

第一节　概述 …………………………………………………（179）

第二节　着装礼仪 ……………………………………………（181）

第三节　接待礼仪 …………………………………………（185）

第四节　信函与电话礼仪 …………………………………（189）

第五节　交谈礼仪 …………………………………………（192）

第六节　宴请礼仪 …………………………………………（194）

第九章　各地谈判风格、风俗与禁忌 ……………………（199）

第一节　概述 ………………………………………………（199）

第二节　亚洲商人的谈判风格、风俗与禁忌 ……………（203）

第三节　欧洲商人的谈判风格、风俗与禁忌 ……………（210）

第四节　美洲商人的谈判风格、风俗与禁忌 ……………（219）

第五节　其他地区商人的谈判风格、风俗与禁忌 ………（223）

第十章　国际商务谈判风险管理 …………………………（227）

第一节　商务谈判中的风险 ………………………………（227）

第二节　商务谈判中风险的规避 …………………………（235）

第一章　国际商务谈判概述

【本章学习目标】

1. 了解国际商务谈判的概念和特点。
2. 掌握国际商务谈判的类型、形式和基本原则。
3. 学会如何在基本原则的指导下进行国际商务谈判。

说起谈判,大家通常认为其与我们日常生活毫不相关,似乎只是存在于政府组织之间或者大公司之间。事实上,谈判充斥在我们生活的方方面面,其包含的内容非常广泛,国家与国家、企业与企业、个人与个人,随时都可能处于一个个大大小小的谈判过程中。就国家而言,国与国之间为了政治利益、经济利益、军事利益等要进行谈判;就企业而言,企业可以在与政府谈判中获得政策支持,在与竞争伙伴的谈判中达成利益联盟,在与客户的谈判中争取到经济利益;就个人而言,可能会为假期时间安排与父母讨价还价,可能为工作分工与同事或者上级沟通、讨论,林林总总,都可以称之为谈判。应该说谈判是我们生活中的重要组成部分,普遍存在于生活的各个方面。只要社会中存在着利益冲突,存在着追求目标的差异,就需要谈判。谈判可以是正式的,也可以是非正式的。

第一节　国际商务谈判的概念和特点

国际商务谈判,是谈判的一种,但又区别于通常意义上的谈判。

一、国际商务谈判的概念

为了阐述国际商务谈判的含义,我们将从谈判着手向外延伸。

(一)谈判(Negotiation)

目前对"谈判"一词的定义有很多,并没有统一的说法。法国谈判学家克里斯托夫·杜邦在《谈判的行为、理论与应用》一书中,从社会关系角度阐述了谈判的含义,他认为谈判是相互对立、相互依存的双方,为了消除分歧达成协议而进行的一种创造、维持、发展两者之间关系的面对面的活动。美国谈判咨询顾问 C·威恩·巴罗和格莱德·P·艾森在其合著的《谈判技巧》一书中给谈判下了这样的定义:谈判是一种双方致力于说服对方接受其要求时所运用的一种交换意见的技能,其最终目的就是要达成一项对双方都有利的协议。英国谈判学家马什在《合同谈判手册》一书中指出:"所谓谈判是指有关各方为了自身的目的,在一项涉及各方利益的事务中进行磋商,并通过调整各自提出的条件,最终达成一项各方较为满意协议的不断协调的过程。"而美国谈判协会会长、著名律师尼尔龙伯格在《谈判的艺术》中给出的定义最具有代表性,他认为:"人们为了改变相互关系而交换观点,或为企求某种目的取得一致,并进行磋商,即是谈判。"

要构成一项谈判,必须具备两个方面的要素:

第一,谈判双方之间有利益的相同点,又在追求最大利益上有偏差,这样才有进行谈判的前提。

第二,谈判双方为了达成协议,要相互沟通,进行信息交流,所以,谈判是一个过程,只有经过沟通、磋商、让步,双方才能达成协议,取得双赢。

所以说,谈判就是"参与各方基于某种需要,彼此进行信息交流、磋商协议,旨在协调其相互关系,赢得或维护各自利益的行为过程"。[①]

(二)商务谈判(Business Negotiation)

谈判有很多种分类方式,比如,根据不同的性质和目的,谈判可以分为政治谈判、外交谈判、军事谈判和商务谈判等。而商务谈判是目前与人们日常生活联系最为紧密且在当前的经济环境下最为常见的一种谈判形式,存在于经济社会的整个过程当中。

商务谈判指的是在经济领域,参与各方为了满足自己的经济利益需求,协调彼此的经济关系,而进行信息交流、磋商并最终达成一致利益的行为过程。

(三)国际商务谈判(International Business Negotiation)

国际商务谈判是经济社会发展到一定程度,在一个国家或地区内部进行的某些经济行为因受到较大限制而对外延伸的一种附属产物,是商务谈判的延伸和发展。故国际商务谈判指的是居于不同国家或地区的行为双方,为了达成某种经济需求而进行交流、协商的行为过程。在当今的经济社会,随着经济要素的增多,彼此间的关系也越来越紧密,不同的国家和地区越来越难于严格地区分彼此,因而,国际商务谈判在促进经济发展上的作用也越来越明显。

---

① 刘园主编:《国际商务谈判》,对外经济贸易大学出版社,2006年。

二、国际商务谈判的特点

作为商务谈判的延伸和发展,国际商务谈判有着一般商务谈判的共性,同时具有更为鲜明的特点。

(一)国际商务谈判与一般商务谈判的共同点

1.商务谈判既是一门科学,又是一门艺术

商务谈判是一门科学,它需要人们调动经济学、历史学乃至数学等各方面的知识,来为对方摆事实、讲道理,说服对方做出让步,这个过程中,还要运用心理学的知识,从细微处引导对方,抓住对方的弱点,来达到自己的目的。

商务谈判又是一门艺术。在谈判的过程中,利益双方就共同关心或者感兴趣的问题进行磋商,协调和调整各自的经济利益,做出适当的让步,从而使双方都感到是在有利的条件下达成协议,促成均衡。谈判的目的就是为了协调利害冲突,实现共同利益。

2.商务谈判以价格为谈判核心,围绕经济利益展开

作为市场经济活动的主体,企业要在竞争中取胜就要把利润最大化作为企业的经营目标,这就决定了商务谈判应该把经济利益放在首位。虽然在谈判过程中,可能会受到政治、经济、外交等各方面的制约,但所有的谈判要点都是要在现有的格局下取得最大的经济利益,这一首要目标是不变的。

商务谈判本身就是一项经济活动,而经济活动要求讲究经济效益。要讲经济效益就必须与成本挂钩,谈判的成本包括谈判桌上的成本、谈判过程的成本和谈判的机会成本。与其他谈判相比,商务谈判更加重视经济效益。不考虑经济效益的商务谈判,本身就是失败的。

商务谈判所涉及的要素不只是价格,但价格永远在经济利益中居于核心地位,属于最重要的内容。价格的高低会直接影响谈判双方利益的分割。假设企业的生产成本不变,价格越高,所产生的利润越大;反之,价格越低,产生的利润越小。但在经济活动中,需要注意的是经济利益的最大化并不单纯地表现在价格上。获利性的大小要受到多种条件的制约,比如产品在市场上的运营机制、付款形式、付款时间、产品质量、运输条款等。商务谈判的双方在综合考虑到所有影响因素后,适当地互相让步,来争取实现自己的经济利益最大化。

3.商务谈判对象具有不确定性和广泛性

商务谈判的不确定性和广泛性意味着其对象没有特定的范围。当前,政府机关、大型企业的大宗采购一般都要采取招标等办法,招标过程中商务谈判的对象就涉及了政府部门和企业法人。在2008年的"5.12"大地震中,红十字会大规模地采购帐篷、医药、饮用水等抗震救灾物资,这其中,红十字会是一个社会团体,但同时

也是商务谈判的一个对象。因此,商务谈判的对象可以是法人或者是其他的经济组织,可以是自然人,也可以是政府部门,具有不确定性和广泛性。

4. 商务谈判是互利性的谈判

商务谈判的参与各方的目的是统一的,即通过商务谈判取得各方都可以接受的结果,只有在这种前提下,利益各方才能够走到同一张谈判桌上。波音公司是目前的两大民用飞机制造商之一,它要进行飞机的出售必定要经过商务谈判的程序。作为目前最成功的支线飞机之一的 737-800 飞机,售价约为 5000 万美元,这个价格对于每一个买家来讲,浮动的空间都很小,价格基本上是透明的。但在相同价格的背后,每一位买家的实际收益可能是不一样的,因为每一位买家在和波音公司签合同的时候都会同时签订一份保密条款,而在保密条款中,规定的服务可能会相距甚远,甚至价值几百万美元之巨,比如对发动机系统、飞控系统的监控与维护的约定条款。尽管会有千差万别的合同,但买卖双方都达到了自己的目的,卖方取得了能够达到或者超过自己既定目标的利润率,而买方认为花费等于或少于自己的预期。在双方都可以接受、互惠、互利的前提下,谈判参与方才能够达成最终目的。

(二)国际商务谈判的特点

1. 谈判依据不同

国内商务谈判当事人同处于一个国家,因此谈判主要受到国内法律制约。但在国际商务谈判中,当事人处于不同的国家或地区,选择任何一国的法律作为谈判的适用法律对于另一方来说都是不公平的。因此,在谈判时,双方既要受到国内法律的制约,又要受到国际惯例的制约。谈判应该在遵守国内法律的基础上,以国际经济法为准则,按国际惯例办事。

例如,在一般国际贸易谈判中,我方当事人首先要遵守中华人民共和国法律,在不违反中华人民共和国社会公共利益的基础上,可以选择按照《联合国国际货物销售合同公约》或者国际商会制订的《国际贸易术语解释通则》、《跟单信用证统一惯例》和《托收统一规则》等国际贸易惯例办事。

2. 谈判环境不同

国际商务谈判商讨的是不同国家和地区的企业之间的商务关系,需要在国际大环境中进行,在受经济环境制约的同时,还要受到国际政治、经济、外交等多种因素的影响。谈判双方的政治形势发生变化,会影响到谈判进程,甚至会导致谈判的终止。20 世纪 90 年代,海湾战争打响以后,多个国家与科威特的石油贸易被迫中断。国家外汇储备的变化,也会影响到付款方式、付款币种等内容的谈判。2008 年全球金融危机发生后,韩国的外汇储备告急,韩国政府暂停一切美元支付,这也导致了众多国内出口企业对韩国的商务谈判被迫中止。当需要仲裁时,仲裁的结果与所选择地点的适用规则有直接关系,在哪一国进行仲裁,就要使用该国的法律和法规。

3.谈判对象不同

谈判者来自不同的国家和地区,所受教育不同,政治、经济、文化背景不同,决定了其价值观念、思维方式、行为方式、语言表达方式及风俗习惯等都不相同,对谈判影响也不同,使得谈判的复杂性大大增加,难度也相应加大。随着我国改革开放的不断深入,对外贸易所涉及的国家和地区也不断增加,同一家企业可能会同时面对不同国家的客户。比如:一家外贸企业同时与英国、美国、印度的客户有贸易往来,但上述国家客户的谈判风格、风俗和禁忌的差别是很大的,要与这些客户都能够保持长久的贸易关系,就必须深入研究不同国家客户谈判的特点,以制定符合不同国家特点的谈判策略。

第二节　国际商务谈判的类型

国际商务谈判按照不同的标准有不同的分类方法,下面就不同的分类进行详细阐述。

一、按照谈判内容分类

企业经济活动的多样性决定了国际商务谈判内容的多样性和复杂性。国际贸易包括货物进出口贸易、技术进出口贸易和国际服务贸易。谈判的内容不同,所涉及的合同条款也不同,因此谈判的策略也需要做出相应的调整。

(一)国际货物贸易谈判

国际货物贸易谈判指的是买卖双方就买卖货物的价格、品质、数量、支付条款、运输条款、保险、争议解决方法等内容进行的谈判,又称为一般商品的买卖谈判或一般贸易谈判。

随着国际分工的深化和生产力的发展,技术贸易和服务贸易所占的比重越来越大,但是货物贸易仍然是国际贸易中最基本和最主要的内容。因此,在国际商务谈判中,国际货物贸易谈判所占的比重也是最大的。

(二)国际技术贸易谈判

国际技术贸易谈判是指技术的接收方(即买方)与技术的转让方(即卖方)就转让技术的形式、内容、质量规定、使用范围、价格条件、支付方式及双方在转让中的一些权利、责任和义务关系问题所进行的谈判。[①]

---

① 冯华亚主编:《商务谈判》,清华大学出版社,2006年。

技术贸易标的无形性、贸易过程中标的所有权与使用权分离，再加上技术贸易受到专利法、商标法等多种法律的制约等因素决定了技术贸易谈判与货物贸易谈判具有不同的特征。

(三)国际服务贸易谈判

国际服务贸易谈判指的是谈判双方就建筑及相关工程服务、通讯服务、金融服务、运输服务、旅游服务、环境服务、商业服务等内容的谈判。从广义上讲，国际服务贸易谈判指的是国与国之间展开的有关服务部门市场准入、人员流动等内容的谈判。从狭义上讲，国际服务贸易谈判指的是企业与企业之间在以上服务领域就有关维护、维修、劳务等内容进行的谈判。

国际服务贸易对象的不同决定各种服务谈判的内容有所不同。比如，工程项目谈判中，谈判的内容主要涉及人工成本、材料成本、保险范围和责任范围、进度报告、价格变动、承包公司的服务范围等方面。谈判的双方是工程的使用单位和承建单位，但参与方通常包括投资方、设计方、分包商、施工单位等。劳务服务谈判中，谈判的内容主要涉及劳务提供的形式、内容、时间、价格、计算方法以及劳务费支付等内容。

(四)租赁业务谈判与"三来一补"谈判

租赁业务谈判指的是谈判方围绕租用的机器和设备，就其选定、交货、维修保养、到期后的处理、租金的计算和支付、租赁期内租赁方与承租方的责任、权利、义务关系等内容的谈判。

"三来"谈判的内容与国际货物买卖相似，指的是对来料加工、来样加工、来件装配中涉及的料、样、件的质量、数量、到货时间、加工过程中加工费的支付办法、料件消耗定额的核定办法，以及对加工后的成品合格率的核定办法、违约处罚条款以及争议解决办法等内容的谈判。"一补"即补偿贸易，其谈判内容包括购买技术设备谈判和技术设备货款的补偿谈判。

(五)国际资金谈判

国际资金谈判指的是国际资金供需双方就资金借贷或投资内容所进行的谈判，包括资金借贷谈判和投资谈判。

国际资金借贷谈判，是指资金借贷方就借贷货币种类、利率、贷款期限、还款方式、宽限期、违约责任等内容的谈判。与国内资金借贷相比，国际资金借贷的双方需要对贷款和还款的币种、兑换的汇率以及由于货币的升值或贬值所采取的补偿措施作出明确规定。

国际投资谈判是指谈判双方就某项投资活动所涉及的投资周期、投资方向、投资方式、投资内容与条件、投资项目的经营与管理以及投资者在投资活动中的权利、义务、责任和相互关系所进行的谈判。

(六)索赔谈判

索赔谈判是指在商务活动中,由于合同一方的过失对另一方造成损害,或由于非不可抗力因素使合同一方没有完全履行或不能履行合同时所进行的谈判。

该种谈判与其他类型谈判的区别在于首先需要确认责任在哪一方,其次要根据确定的损害、违约的程度对赔偿金额和赔偿期限进行协商。

二、按照谈判规模分类

按照谈判规模分类,可以分为大、中、小型谈判。根据英国谈判学家比尔·斯科特(Bill Scott)的分类方法,一宗谈判,其涉及的金额巨大、内容复杂,并且各方参与的当事人数量超过 12 人,可以认为是大型谈判;如果涉及金额较大,内容较为复杂且各方参与的人数在 4～12 人之间,可以认为是中型谈判;如果谈判所涉及的金额不大,内容不复杂,且各方参与人数少于 4 人,则属于小型谈判。

这种划分方法不在于严格界定人数和涉及金额,主要是通过谈判规模来划分,针对不同的类型选择不同的谈判人员构成并采用不同的谈判策略。小型谈判,参加的人数不多,持续时间相对较短,谈判人员的能力要求较高。尤其是一对一的个体谈判,需要选择全能型的谈判人员。因为整个过程均是一个人独立应付全局,难以及时得到同伴的帮助和支持,这就要求谈判者有独立掌控全局的知识和才干,需要知识广博、反应灵敏的人来充当个体谈判者,能够在谈判桌上明确分辨对方意图,能够随时、有效地将公司利益结合自己的判断贯彻到谈判中去。而大、中型谈判,参加人数较多,因此需要强调内部组员的行为,既要有分工,又要讲究合作,允许在内部讨论时提出不同意见,但对外要保持高度一致,要强调民主集中制,又要在关键时刻体现出谈判负责人的权威性和决断力。

三、按照谈判地点分类

根据谈判所在地不同,可以把谈判分成主场谈判、客场谈判、主客场轮流谈判和中立地谈判四种。

主场谈判指的是当事人在其所在地进行的谈判,这里的所在地可以狭义地理解为公司所在地、城市所在地,也可以广义地理解为国家所在地。而客场谈判指的是在谈判对方所在地进行的谈判,在国际谈判中通常理解为"海外或国外"。主客场轮流谈判则是谈判在主、客场轮流进行。中立地谈判是在第三方中立国家进行。

不同的谈判地点会影响谈判方谈判的心态、谈判的战略和战术。主场谈判会使谈判者占尽天时、地利、人和,对环境的熟悉,甚至为了本次谈判刻意对场地的布置会使主场谈判者在心理上占有极大的优势,在谈判过程中可以起到提升信心的作用。所以,有经验的谈判者通常会在条件允许的情况下选择主场谈判。客场谈判通常方便考察对方的硬件设施,便于对下一步的合作进行现场考察,降低投资风险。与主场谈判相比较,客场谈判会使谈判者在心理上处于天然的弱势地位,但另一方面,也可能会促使谈判者产生破釜沉舟、背水一战的感觉,从而取得意想不到的结果。主客场轮流谈判适用于持续时间较长、涉及金额较大、交易较为复杂的谈判,采取更换谈判地点有助于双方互相考察对方经济实力,这种谈判通常采取换场不换帅的方式,偶尔也会根据实际情况,更换谈判主帅。中立地谈判由于选择的是独立于主、客场的第三方进行,环境相对单一,对于谈判双方的干扰也不大,有利于谈判双方根据其客观条件公平地展开谈判。

四、按照参加谈判的主体数量分类

按照参加谈判的主体数量不同,可以分为双边谈判和多边谈判。双边谈判是谈判主体只有两方当事人的谈判,多边谈判指的是谈判主体有两个以上当事人的谈判。

双边谈判的谈判主体只涉及当事人两方,利益关系较为明确具体,涉及的谈判客体较为简单,谈判当事人在了解对方背景、需求、目的及在谈判现场的应变上,都较为单一,只把精力集中在所面对的一方当事人上即可,故比较容易达成意见的一致,容易达到目的甚至取得突破。

多边谈判的利益主体较多,在一方谋求较大权益的同时,可能会侵害到其他多个当事人的利益,容易引起其他方面的联合抵制。这就需要在各个利益主体之间,先进行小范围协商,取得一致意见之后,再去和其他的利益主体进一步商讨,逐步达成大范围的共识。多边谈判往往要比双边谈判多花费数倍的精力,需要对全局的把握更加全面和精确。

五、按照谈判主体接触的方式分类

按照谈判主体接触的方式不同,可以分为面对面的谈判和函电谈判。面对面的谈判,谈判主体当面接触,有助于双方谈判人员思想感情的交流。很多时候在谈判中妥协让步是完全出于感情上的原因。任何人在当面的交流中也不能保证感情不受多方的影响而产生波动,面对面的谈判可以通过观察对方的言行、面部表情、身体姿态等,来判断对方的思维走向,进而通过适时地调整自己的谈判策略和谈判方式等,来促成谈判目的的达成。函电谈判更加侧重于将谈判的条件、目的等写在纸面上,适用于交易条件较为规范、内容比较简单的谈判。这种谈判方式的缺点是,传递的信息量通常会受到限制,不便于谈判双方的进一步沟通、交流,对复杂一些的谈判过程不适用。随着通信事业的发展,函电谈判在将来会有更大的发展空间。

六、按照谈判主体所采用的态度和方针分类

按照该分类方法,通常可分为让步型谈判、立场型谈判、原则型谈判。

(一)让步型谈判

让步型谈判也称为软式谈判,是一种为了保持同对方的某种关系而作出退让、妥协的谈判。在此种谈判中,谈判者为了维系与对方的关系,或者是为了"全局"的利益而在"局部"放弃,采取为了达成协议而准备随时让步的态度,在这种谈判中,谈判者如遇到对方不予合作时,就极易受到损失,故该种谈判方式在实践中要谨慎采用。从另一方面讲,如果谈判者在全过程中采取让步型的态度,对双方当事人达成协议是非常有帮助的。

(二)立场型谈判

立场型谈判又称硬式谈判,是谈判者以意志力的较量为手段,很少顾及或根本不顾及对方的利益,以取得己方胜利为目的的立场坚定、主张强硬的谈判方法。在立场型谈判中,谈判者通常把注意力集中在如何维护自己的利益及如何去否定对方的立场之上。在两种情况下,谈判者有可能采取这种谈判方式:一种是"一锤子买卖",即只求一次性交往,为取得一次的胜利拿未来的合作作为赌注;另一种是双方实力对比悬殊,己方在谈判中占有绝对优势。谈判者在谈判的初期会提出一个极端的立场,进而固执的加以坚持,只是在谈判濒临破裂的情况下才被迫做出少量让步。如果双方都坚持此种谈判方式,则很容易使谈判陷入僵局,甚至无法达成协议。即使这种谈判达成某种妥协,让步方也会在日后消极履约,甚至想方设法撕毁协议,予以反击,使双方陷入新一轮的对峙,最后导致相互关系的完全破裂。

(三)原则型谈判

原则型谈判也被称为价值型谈判,由于这种谈判最早由美国哈佛大学谈判研究中心提出,故又称为哈佛谈判术。所谓原则型谈判,是指谈判者在谈判中,既重视经济利益,又重视人际关系,既不回避对立的一面,也更加重视去发现和挖掘合作的一面的谈判。在此种谈判中,参加者把对方看做是与自己并肩战斗的同事,既非朋友又非敌人,他们不像让步型谈判那样只强调双方的关系而轻视己方利益的获取,也不像立场型谈判那样只坚持本方的立场,不顾对方的利益,而是竭力寻求双方利益上的共同点。采用此种方式的谈判者认为,评价谈判是否成功的标准不应该是一方所取得的经济利益,而应该是谈判本身的价值;谈判协议不应该是一方意志力影响的结果,而是主张按照共同接受的具有客观公正性的原则和公平价值来取得协议,而不是简单地依靠具体问题的讨价还价。原则型谈判是一种激励性又富有人情味的谈判方式,因此该种谈判方式被商界广泛采用。

第三节　国际商务谈判的基本原则

国际商务谈判作为一项重要的商务活动,必须要遵循一些重要的基本原则。

一、守法诚信的原则

任何的商务谈判都是在一定的法律环境下进行的,国际商务谈判也不例外,法律规范制约着国际商务谈判的内容和方法。在进行谈判时,一定要按照参与方所在国的法律及国际法的有关规定进行,以免徒劳无功,甚至造成无法估量的后果。具体而言,守法原则要求谈判主体必须合法,谈判内容必须合法,谈判行为必须合法以及签订的合同必须合法。

谈判主体合法指的是谈判方必须具备谈判资格;谈判内容合法指的是参与方谈判的项目内容必须是合法的;谈判行为合法指的是谈判所使用的手段是正当的。只有在满足上述条件的情况下,经过谈判签署的所有文件才是具有法律效力的。这也就要求谈判过程中参与各方的发言,尤其是书面材料,必须符合参与各方法律及国际惯例的规定和要求,否则谈判的内容不能得到有效的保护和执行。

在尊重和遵守各方面法律和规定的同时,谈判的参与方也要在诚信的基础上进行交流。诚信作为商务谈判的前提与基础,是谈判者应当信守的商业道德准则,贯穿于商务谈判活动的全过程,对于谈判活动至关重要。商务谈判的目的与对象决定了谈判者必须要讲诚信,谈判技巧的运用要以诚信作为前提,谈判的成本费用与谈判效率的高低在很大程度上也取决于诚信度,这是减少或者避免在协议履行过程中产生争议甚至国际纠纷的前提条件。有些企业在谈判过程中,不顾自己企业实际情况,盲目答应对方苛刻要求,更有甚者,虚夸自己的生产能力、产品质量等关键因素,使合同订立在虚假甚至是欺诈之上,这种企业即使在一时能够取得谈判对象的信任,取得谈判的成功,签订商务合同,但在后续合同履约的过程当中,也会因为不能够按照合同条款执行而被终止合作甚至遭到法律诉讼。

二、平等互利的原则

在国际商务谈判中,平等与互利是相互依存的,平等是互利的前提,互利是平等的目的。在国际经济交往中,国与国的关系也通过企业间的商务洽谈得以表现,因此,商务谈判各方相互间要求在尊重各自权利和国家主权的基础上,平等地进行贸易与经济合作事务。不论双方国家实力如何,也不论双方企业是大是小,在谈判中,都应该是平等的。谈判各方都应尊重对方的主权和愿望,根据彼此的需要和可能,在自愿的基础上进行谈判,谈判的结果也应当符合双方的共同利益。对于利益、意见分歧的问题,应通过友好协商加以妥善解决。如在世界贸易组织中,国与国之间的贸易和谈判,要按照有关规则公平合理地削减关税,尤其是限制或取消非关税壁垒。谈判的每一方,都是自己利益的占有者,都有权从谈判中得到自己的需求,都有权要求达成等价有偿、互相受益、各有所得的公平交易。商务谈判的结果,是签订贸易及合作协议或合同。协议条款的拟订必须公平合理,有利于谈判各方目标的实现。

商务谈判不像体育竞赛那样,最终要分出输赢。商务谈判最理想的结果是要达到"双赢",了解对方在商务谈判中的利益要求,在一定条件下,有的放矢地满足其需求,这样就会引起对方的积极响应,促成互相吸引、互相推动的谈判格局的形成,这是谈判双方能够迅速达成协议的有效途径。在国际商务谈判中,价格的高低是体现平等互利原则的一个重要方面。在进行价格谈判时,应遵循平等互利的原则。具体在国际商务谈判过程中,价格应该以国际市场平均价格水准和政府有关价格的政策为基础,结合所处环境,灵活应变。

改革开放以来,在平等互利的前提下,我国政府、企业通过合资、合作、来料加工等多种形式参与国际合作,吸引外国企业到我们国家来投资设厂。国际企业可以利用我国劳动力密集、人力资源成本比较低的特点在中国设立工厂,以降低企业的生产成本。我国企业可以通过学习外资企业先进的生产技术、科学的管理手段,并将其运用在民族企业的生产和管理上,这样就可以迅速提高民族工业的质量、加快民族工业的发展速度,使民族工业的发展少走弯路,在最短的时间内跟国际标准接轨,为国家的强盛和经济发展作出贡献。

三、求同存异的原则

求同存异原则,又称为相容原则,即要在符合本方总体目标的基础上,在某些方面能容忍参与谈判的其他各方存在与本方利益不尽一致的要求。谈判各方的利益要求完全一致,就无需谈判,正是因为各方意见、目标等存在着分歧才使得谈判得以进行。国际商务谈判,就是通过协商来弥合分歧使各方利益目标趋于一致而最后达成协议的过程。如果各方互不相让,就会使分歧扩大,导致谈判破裂。而如果想使一切分歧意见皆求得一致,在谈判上既不可能也无必要。因此,互利原则的一个重要要求就是求同存异,求大同,存小异。谈判各方应谋求共同利益,妥善解决和尽量忽略非实质性的差异。这是商务谈判成功的重要条件。

商务谈判中,谋求共同利益是第一位的。在国际商务谈判中,"求同"是使谈判顺利进行和达到预期目的的基础。谈判各方从固有的立场出发,是难以取得一致的,只有瞄准利益,才有可能找到共同之处。国际商务谈判的目的是要求各方利益达到一致,并非要求立场相同。所以,要把谈判的重点放在各方的利益上,而不是立场上,应以谋求共同利益为目标。求利益的大同而不是求完全相同,只要在总体上和原则上达到一致即可。求同是互利的重要内容,如果谈判者只追求自己的利益,不考虑对方的利益,不注重双方的共同利益,势必扩大对立,致使谈判中断,各方均不能有所得。一项成功的商务谈判,并不是置对方于一败涂地,而是各方达成互利的协议。谈判者都本着谋求共同利益的态度参与谈判,各方均能不同程度地达到自己的目的。林肯曾颇有感触地说:"我展开并赢得一场谈判的方式,是先找到一个共同的赞同点。"谈判各方的不同利益需要,又可分为相容性利益需要和排斥性利益需要。对于相容性利益需要,双方能各取所需,互为补充,互相满足;对于排斥性利益需要,只要不与上述原则性要求相悖,则允许存在于谈判协议之中。

因此,要在国际商务谈判中实现"求大同、存小异",就需要对谈判中的分歧做出适当的妥协让步。但这并不指没有原则的妥协退让,而是做出一种姿态,互让互信。既要坚持、维护己方的利益,又要考虑、满足对方的利益,兼顾双方利益,谋求共同利益。对于难以协调的非基本利益分歧,面临不妥协不利于达成谈判协议的局面,则要做出必要的让步,妥协让步的实质是以退为进,促进谈判的顺利进行并达成协议。

第四节　国际商务谈判的程序

国际商务谈判的程序给谈判者提供了一个谈判的框架,需要经过前期准备、正式谈判和谈判后期三个阶段。

一、前期准备阶段

《孙子兵法·谋攻篇》中说:"故曰:知己知彼者,百战不殆。不知彼而知己者,一胜一负。不知彼不知己,每战必败。"也就是说,在战争中,既了解敌人,也了解自己,便能百战百胜;不了解敌人,只了解自己,胜负各半;既不了解敌人,也不了解自己,则每战必败。这一军事理论体现出的思想已被广泛运用在国际商务谈判中。

"知彼"要求谈判者了解对方谈判的目的、对方谈判可以获取的经济利益、对方谈判的底线、对方谈判可能采用的战略战术以及对方谈判的人员构成等。"知己"要求谈判者对自己的谈判目的、在谈判中要达到的最低目标、己方产品的优势与劣势、己方参与谈判人员的长处与短处甚至谈判主导者个人的风格都要有深切的把握。

而谈判的前期准备阶段就是要做到"知己知彼"。具体而言,前期准备阶段需要做的工作主要包括以下七个内容:

(一)谈判的背景调查

国际商务谈判是在一定的政治、经济、文化、宗教以及法律背景下进行的。对谈判宏观背景的把握程度会直接或间接地影响谈判的结果。因此,在进行国际商务谈判前,首先应对谈判的背景进行全面的调研与分析,这样才能组织好谈判的人员,制定出相应的谈判策略。由于谈判的对象是不同国家或地区的人,要想全面、准确地了解对方的政治、经济及社会背景,并不是一件容易的事情。每个国家或地区政治、经济、文化背景的形成并不是孤立的,它一定是受本国家或地区长期形成的具有特色的生活方式、消费习惯、价值观念等因素影响的,因而谈判风格也会受到上述各种特点的影响,从而带给谈判对手思维有着很大的影响。因此作为谈判者在了解了不同谈判者所属国家或地区的风俗习惯、政治、经济、文化背景等方面的内容后,在谈判中往往能够有的放矢,采取适当的谈判策略,进而取得谈判成功。

日本作为我国的近邻,是我们国家重要的贸易交流伙伴之一。在众多的谈判风格里,日本人是谈判者中颇具个性和魅力的,各国的谈判专家也都认为日本人是最成功的谈判者之一。这一现象来源于日本国文化历史。日本资源匮乏,人口密集,并且日本的文化又受中国文化的影响很深,儒家思想中等级观念、忠孝思想、宗法观念深深植根于日本人的内心深处。但日本人也有其自身独特的特点:讲礼仪,注重人际关系,等级观念强,性格内向,不轻信人,有责任感,群体意识强,工作认真、慎重、有耐心,精明能干,进取心强,勇于开拓,讲究实际,吃苦耐劳,富于实干精神。而他们在谈判中表现出的风格就有以礼求让,讲究面子,具有强烈的集体意识、慎重决策,重视人际关系和信誉,不易退让,不喜欢依法解决纠纷。因此在了解日本谈判者的谈判风格之后,就其特点,要采取相应的对策,以至能在谈判中迅速取得成功。另外,谈判方式也因文化而异,在日本文化的影响下,日本人喜欢先与每个人单独谈,如果每个人都同意的话,再安排范围更广的会谈,在更广泛的范围内达成全方位一致的目的。

(二)谈判人员的组织

谈判是一个长期、艰难的过程,需要谈判参与者的互相配合,因此选择好谈判人员是做好谈判准备工作的重要环节。不同的谈判类型对谈判人员的要求也有所不同,参加谈判的人员和人数应视不同交易而定。对于较为简单、单一的谈判应该选择全能型的少数谈判人员参与;对于大型的、内容复杂的谈判,既需要公司领导的参与,又需要技术人员、法律人员和财务人员的参与。总体而言,合格的谈判人员应该有较好的心理素质,熟悉各国的贸易政策及相关的法令法规,掌握谈判中的商务知识能熟练地用外语直接进行谈判。

(三)谈判资料的准备

谈判资料的搜集构成了谈判准备中的一个最基本的部分。为了更好地了解谈判对手、制定恰当的谈判策略解决谈判中出现的问题,进而取得谈判的成功,必须通过各种途径来获取谈判资料。谈判资料可以通过国际组织、政府部门、服务组织、网络媒体等多种渠道获得,其主要内容包括地方法律和法规、目标市场的区位、交通情况,谈判对手的资信、经营历史、偿债能力和其他财务状况以及产品国际市场价格等。

(四)谈判目标的确定

确定正确的谈判目标是谈判成功的基础。在对各个潜在谈判对象的政治、经济、文化背景、资信情况、经营范围、经营能力等方面进行充分的调查和了解后,可以对潜在的谈判对象进行排序,确定最适合的贸易伙伴,从而展开谈判活动。在此基础上,谈判方可以运用数字、统计等方法确定谈判的目标,该目标应该是具体、明确的,它主要包括三个层次的目标:最优期望目标、可接受目标和最低限度目标。

(五)谈判时空的选择

谈判时空的选择,是指对谈判时间、空间及地点的选择,这在谈判中也是非常重要的。谈判时间适当与否,在很大程度上影响谈判的结果,因此,谈判者进行谈判决策时,不能对谈判时间的选择掉以轻心。在选择谈判时间时,需要考虑到谈判者的情绪、季节和气候、准备时间等因素。

谈判地点的选择会影响到谈判者的心理。选择对自己有利的场合,可以增强谈判者的信心。美国谈判学家泰勒尔和他的助手们曾经做过一个有趣的实验,结果表明许多人在自己家的客厅里与人谈话,比在别人客厅里更能够说服对方。因为人们有一种常见的心理状况,即在自己"所属领域"的谈判行为,无需分心于熟悉环境和适应环境,所以谈判的成功概率就高;反之,在自己不熟悉的环境中进行谈判,往往容易变得无所适从,结果导致谈判的失利。

(六)谈判方案的制订

在所有前期准备工作中,最为重要的就是谈判方案的制定。准备充分、论证合理的谈判方案是保证谈判取得预期结果的前提。

在制订谈判方案时,需要在充分调查谈判对象和国际市场环境的前提下,结合自身的优势劣势,经过政策、法律、经济效益等多方面综合比较、衡量,确定谈判的总体思想、方针和策略、谈判各阶段的目标、谈判交易的条件、谈判让步的方法及谈判冲突的预测及其解决方法等。

(七)谈判模拟

谈判模拟是谈判前准备工作的最后一个阶段,是谈判前的"彩排"。它有助于谈判人员获得实际谈判的经验,有助于确定谈判方案是否可行,从而达到提高谈判能力的目的,是准备阶段不可缺少的一个环节。

二、正式谈判阶段

正式谈判的阶段,又称为实质性谈判阶段,指的是谈判双方就谈判的内容和条件进行谈判的时间和过程。从谈判双方见面寒暄开始,到最后确立关系、签订协议或谈判失败中止,经历开局、报价、磋商、终结四个环节。在国际商务谈判中,贸易谈判是最为主要和最经常发生的谈判类型,它所涉及的谈判环节同样适用于一般商务谈判的过程,但是因为其特定的表达方式和法律解释,使其谈判环节更加严格。因此,可以把正式谈判阶段的谈判环节扩展为开局、询盘、发盘、还盘和接受五个环节。从法律角度来看,发盘和接受是谈判过程中不可缺少的两个基本环节。

(一)开局

开局环节并不涉及具体内容的谈判,主要是相互介绍、寒暄的过程。虽然其占用的时间不长,但在整个谈判中居于非常重要的地位。它为后续的谈判奠定了基调,热烈、积极、友好的开局比较适合商务谈判的进行,冷淡、对立、紧张的开局会使谈判双方处于对峙状态。

开局阶段对谈判气氛的营造取决于谈判的内容和类型,取决于谈判的策略和技巧,同时还取决于谈判双方之间的关系、谈判双方的实力、谈判人员之间的关系等因素。

(二)询盘

询盘,又称询价,是指买方为了购买或者卖方为了销售货物而向对方提出有关交易条件的询问。例如:"贵公司的业务范围是什么?""该种产品的价格如何?"

询盘可以是买方做出,也可以是卖方做出,但大多数情况下是由买方首先作出询价。询盘的内容可以是价格,也可以是品质、保险、支付方式、运输等一项或多项交易条件或内容。

询盘的目的是了解行情,探求交易的可能性。它往往是一笔交易的起点,但其在法律上对双方均无约束力,也不是谈判过程中必需的环节。

询盘可以口头表示,也可以书面表示。

(三)发盘

发盘,又称报价,是卖方或者买方以口头或书面的形式向对方提出交易条件,并表示愿意按照这些条件达成交易、订立合同,它是谈判过程中必不可少也是至关重要的一个环节。由卖方做出的发盘,称为"售货发盘";由买方做出的发盘称为"购货发盘"或"递盘"。

谈判双方可以在询盘的基础上做出发盘,也可以不经过询盘直接进入发盘的环节。发盘具有一定的有效期,在有效期内,发盘人不得任意撤销或修改其内容,一经对方接受,则合同成立,对双方都具有约束力。超过有效期的期限,发盘人则不再受到该发盘的约束。

谈判过程中,发盘方应该根据商品的种类、市场情况和交易额等因素确定合理的有效期限。对于市价稳定的产品或交易额不大的商品,可以给予较长的有效期;

对于交易量大或价格波动大的商品,可规定较短的有效期。

(四)还盘

还盘,又称还价,是指受盘人对发盘内容因不完全同意而提出的全部或部分修改。还盘是对发盘的拒绝,同时又构成了一项新的发盘。当还盘后,原发盘自动失效,还盘方不能够在还盘后反悔,除非获得原发盘人的同意。还盘不需要重复陈述已经同意的条件,可只对有修改的交易条件提出意见。

在国际商务谈判中,往往要经过多次的发盘和还盘的过程才能谈判成功。因此,该环节又被称为讨价还价阶段,是整个谈判过程中最艰难的环节。

(五)接受

接受又称承诺,是买方或卖方同意对方在发盘中提出的各项交易条件,并愿按这些条件与对方达成交易、订立合同的一种肯定的表示。接受可以通过"声明"或"行为"做出表示。例如,当卖方接受买方的发盘时,他可以选择用口头或书面的形式向买方表示同意按谈判约定内容供应货物;也可以通过实际行为,诸如开始生产或立即采购对方所卖货物等方式表示。

根据英美法的"镜像原则"和大陆法的"纯净并完全相符原则",接受的内容必须与发盘内容完全相符,也就是说接受必须是绝对的、无保留的。任何对发盘内容的添加、限制,都被视作对发盘的拒绝。但是在实际业务中,可以把对发盘的条件变更分为实质性变更和非实质性变更。对于非实质性变更,《联合国国际货物销售合同公约》认为仍然可以构成接受。

接受必须在有效期内做出,除非特殊情况,否则逾期接受均视为无效。

接受在送达发盘人时生效,若不能撤销,合同即告成立。

三、谈判后期阶段

经过前期准备和正式谈判之后,国际商务谈判进入到谈判的后期阶段,此时谈判各方仍然不能掉以轻心。

双方应在达成的初步协议的基础上,及时对谈判的内容进行记录整理。在双方确认无误的条件下,签订书面合同。虽然有的国家对合同的形式没有提出具体的要求,但根据我国《公司法》的规定,合同的订立、修改或终止必须是以书面形式表示。书面合同可以是正式的合同,也可以是确认书、协议、备忘录、意向书或者委托订购单等。

在签订书面合同时,需要认真核对合同的内容是否与谈判内容完全一致、双方不同语言版本的合同条款是否一致以及合同内容是否与谈判中涉及的各种批文、许可证内容一致。

第五节　国际商务谈判的影响因素

一、政治因素

政治因素关系到谈判项目是否成立及谈判协议是否能够履行的问题。因此必须了解谈判对方国家的政治体制、政局的稳定性、政治背景等因素对政策制定的影响程度。如果在合同履行过程中,对方的政策发生大的变化或政局忽然出现动荡,可能会导致合同的提前终止,造成重大损失。

(一)政局稳定性

在合同履约期间,对方国家的政局是否稳定,是否存在可能导致政局不稳定的因素,如:是否有总统选举或政府换届,是否存在工人罢工,主要民族之间是否存在不可调和的矛盾,与周边国家是否存在关系紧张等。可以通过多种媒体了解对方国内政局的稳定程度,在谈判中,也应该就此问题同对方进行适当的沟通,以增进对对方局势把握的程度,使谈判及合同的签订更加可靠,降低合同履行的风险。

(二)政治背景

谈判对手如果具有政治背景,相较于经济或者技术因素,政治因素往往会起到关键作用。面对具有政治背景的谈判对手,就要了解哪些领导人对该次合作会产生兴趣,其政治影响力在多大范围内,如果谈判的项目在对方核心领导人关注的范围内,则在合同履约期内的风险也将大大降低。

二、经济因素

国际商务谈判的结果会使得双方的资本进行跨国流动。不同国家的经济状况会影响到资本流动的效率。同时,资本的国际流动是由于企业的商务行为产生的。因此,影响国际商务谈判的经济因素可以分为宏观经济因素和微观经济因素。宏观经济因素主要从国家的角度来分析对国际商务谈判的影响;而微观经济因素主要从企业个体的角度来分析其产生的影响,包括企业本身的经济状况、竞争对手的生产能力、支付状况等。这里我们只考察影响国际商务谈判的宏观经济因素。

(一)经济运行机制

经济运行机制是计划经济还是市场经济在商务谈判中的作用是截然不同的。计划经济由政府主导制定价格,企业的自主权受到很大限制,从另一个角度讲,这也意味着价格更为透明,风险较小,同时,因为价格的透明,企业的利润往往也受到限制。市场经济给了企业更大的自主权,使企业能够根据市场需求来确定生产什么样的产品、以什么样的价格去出售产品,使企业的发展更加具有活力。

(二)外汇储备状况

国际商务谈判的核心是价格,而价格又表现为一定的货币支付。如果一个国家的外汇储备状况较差,则更可能出现外汇短缺、无法履约的情况。2008 年国际金融危机中,韩国的外汇储备一度告急,导致很多合同不能按期履行,很多中国对韩出口企业撤出了与韩国的贸易谈判。

(三)汇率波动

由于不同国家使用不同的货币,货币之间的兑换又牵扯到汇率,汇率的波动必然会波及企业收益的变化。不同国家汇率制度有所不同,有的实行的是固定汇率制,有的是浮动汇率制。汇率的波动情况会直接影响到谈判双方的经济利益。2009 年宝钢和澳大利亚铁矿石供应商必和必拓与力拓的谈判中,就是因为人民币汇率的走高而直接影响到了铁矿石的价格谈判。

(四)支付信誉

不同国家进行外汇付款的手续和环节都会有所不同,在商业谈判中,要对这些问题进行明确。比如在选择信用证方式进行国际贸易结算时,信用较差的银行开立的信用证会延长企业的收款时间,甚至使企业面临收不到货款的风险。最新一波的金融危机使得很多银行产生经济危机,甚至倒闭,因此在国际商务中更应该注重对银行支付能力的调查。

(五)税法

跨国投资、跨国贸易等经济活动可能会使企业面临所得税、股利税、关税等多种税收负担。这就要求企业在进行谈判前,首先弄清对方国家的征税种类和征税方式。

三、法律因素

(一)法律制度因素

不同国家在处理争议时所涉及的法律制度会有所不同。掌握谈判方所在国家的基本法律框架,可以保证谈判结果的合法性,从而维护自己的利益。在进行国际商务谈判时,谈判者需要掌握以下影响谈判的法律制度因素:各国适用法律体系、各国法律执行状况、各国法律执行时间,以及各国法律对其他国家法律裁决的承认与执行等。

1.各国适用法律体系

目前,世界上的法律体系主要包括英美法系、大陆法系、中华法系、印度教法系、社会主义法系等。其中英美法系和大陆法系被认为是当今世界最重要的两大法律体系。不同的法律体系适用于不同的国家,比如英国、美国、加拿大、新西兰、爱尔兰、印度、马来西亚、新加坡以及中国香港等国家和地区属于英美法系,而法国、意大利、德国、荷兰、比利时、瑞士、卢森堡、西班牙、葡萄牙等国家属于大陆法系。

英美法系强调判例的作用。判例法是英美法的主要渊源,成文法处于次要地位,成文法必须通过判例的解释才能产生效力。而大陆法系的特点是强调成文法的作用,重视编写法典,它把全部法律分为公法和私法。

2.各国法律执行状况

不同国家法律执行状况不同。有的国家法律制度较为健全,依法办事;有的国家判决主要依赖于当权者。谈判者应该根据不同国家的情况选择合适的方法处理争议。

3.各国法律执行时间

当谈判双方在交易过程或履约过程中出现争议,一旦诉诸法律,需要法院或仲裁机构来处理。不同国家的审判机关受理案件的效率是不同的。选择受理案件效率较高的国家处理争议,可以节约谈判方的成本,减少对企业经营造成的不利影响。

4.各国法律对其他国家法律裁决承认与执行

不同国家对于外国裁决有效性的承认与执行程序规定是不同的。在国际商务谈判中,必须要搞清楚不同国家之间的法律适用问题。目前,国际间相互承认和执行其他国家裁决主要是通过订立双边条约、多边条约及专门性条约来进行的。我国1991年4月9日通过的新的《中华人民共和国民事诉讼法》中规定了中国判决在国外的承认与执行的条件、方式和程序以及外国判决在中国的承认与执行的条件、方式和程序。

(二)法律法规因素

制约谈判过程的法律法规因素主要包括国内法律法规、国际条约和国际惯例等。

1.国内法律法规

国内法是指国家制定或认可并在本国主权管辖范围内生效的法律。我国企业在进行国际商务谈判时,谈判双方处于不同的国家,对于同一问题的有关法律规定会有所差别,为了使谈判获得成功,就要求谈判者不但需要了解本国国内法律法规,还需要了解对方国家有关谈判对象的法律法规。

根据不同的谈判内容,谈判中需要涉及的法律法规也会有所差别。比如在技术贸易谈判中会涉及《专利法》、《商标法》等;在"三来一补"谈判中,适用于《开展对外加工装配和中小型补偿贸易办法》、《关于放宽来料加工装配品种限制及有关问题的规定》等。

2. 国际条约

国际条约是两个或两个以上主权国家为确定彼此的政治、经济、贸易、文化、军事等方面的权利和义务而缔结的诸如公约、协定、议定书等各种协议的总称。目前,有关国际商务的国际条约主要是我国与其他国家缔结的双边或多边的贸易协定、支付协定,以及我国缔结或参加的有关国际贸易、海运、空运、陆运、工业产权、知识产权、仲裁等方面的协定或公约。

当国际条约与国内法律法规出现冲突时,我国《中华人民共和国民法通则》第142 条规定:"中华人民共和国缔结或者参加的国际条约同中华人民共和国的民事法律有不同规定的,适用国际条约的规定。但中华人民共和国声明保留的条款除外。"即除国家在缔结或参加时声明保留的条款以外,国际条约优先于国内法律。

3. 国际惯例

国际惯例是在长期经济交往中逐渐形成的一些有较为明确和固定内容的贸易习惯和一般做法。它对当事人没有普遍的强制性,但如果在合同中加以采用时,则对当事人有法律约束力。在国际贸易中有较大影响的国际惯例有《国际贸易术语解释通则》、《华沙—牛津规则》、《1941 年美国对外贸易定义修正本》、《跟单信用证统一惯例》等。

四、文化因素

在国际商务谈判中,来自于不同国家的谈判者往往具有不同的文化思维方式、感情方式及行为方式,比如不同文化的个人对冲突的评价会有所不同,很多具有西方文化的人认为冲突是生活中的一部分,甚至认为是有益的一部分;但是朝鲜人和日本人却认为冲突是非常不好的。这就决定了前者在谈判中不怕产生冲突,甚至创造冲突的机会,而后者会尽量地避免冲突的存在。因此在国际谈判中应注意尊重、利用好谈判对手的文化,否则会直接导致谈判的失败。例如在国内谈判中为了获得谈判的成功,谈判者往往会选择给对方赠送礼物,所以在国际谈判中也直接采用了这种加深情谊的方式,选择给美国的经理或官员送礼物,这可能不仅达不到预期的效果,反而会使得谈判失败,因为对方国家或者组织可能是禁止这样做的。

但在强调文化差异、尊重对方文化的同时,也不能一味地关注文化差异。比如某美国公司谈判者在酒店碰到正和一群艺术家聊天的日本谈判对手时,他以标准的 90 度鞠躬表示对日本谈判对手的尊重,但是却换来对方的难堪。因为对于一个穿着时尚、同时熟悉日本文化和美国文化的日本谈判者而言,可能更希望收到美式的招呼方式。

根据英国人类文化学家泰勒的观点,文化是指知识、信仰、艺术、道德、风俗及人类作为社会成员所获得的其他能力和习惯的复杂整体。具体而言,影响国际商务谈判的文化因素主要包括以下几个方面:

(一)宗教信仰

宗教信仰对人们思想、行为的影响是客观存在的。有宗教信仰的人和没有宗教信仰的人、信仰不同宗教的人的思想行为有巨大的差异。受某些宗教影响较大的国家,其国家的政治事务、法律事务都会受到教义的影响,甚至这些国家对信仰相同宗教的国家和企业会有特别优惠的经济政策,而对于另外的国家和企业则做出种种的限制。在宗教信仰较为集中的国家,比如信奉伊斯兰教的阿拉伯国家、信奉基督教的欧美国家或者信奉印度教的印度,其宗教活动往往有固定的活动日,这在制定谈判行程和日期上都要加以详细考虑。"真主的意愿"是个经常在阿拉伯语言中出现的短语,在与阿拉伯客商进行商务谈判的时候,不管是谈判成功还是失败,哪怕对方想要更改谈判的时间,往往就会说:"这是真主的意愿。"

(二)社会习俗

不同的社会习俗对商务谈判成功与否的影响也是巨大的。不同的社会习俗对于价值的取向存在着很大的不同。在一些国家中被视为理所当然的或者至关重要的社会习俗在另外一些国家中可能是被忽略的东西,不了解这一点,往往会使一些谈判还没开始就面临着结束。曾经,有一位年轻有为的跨国公司高层管理人员到北京进行销售网络的建立工作,刚到中国的时候,受到了高规格的接待,而几天之后,接待方的态度却越来越冷淡。当他百思不得其解的时候,在与国内的一家咨询机构的闲聊中找到了答案。我们国家的传统往往是以年龄作为判断对方身份、地位的主要参考依据之一,中方的高级管理者认为他太年轻了,不可能对谈判有决策权,因此也就不把他当回事了。后来,跨国公司又派了一位年长的官员过来与中方进行商谈,最终促成了这次合作。

(三)商业习惯

商业习惯的不同可以使商务谈判在多个方面都有很大的差异,如:

1.对待文本态度的差异

在不同的国家,对待文字的重要性是不一样的,有些国家要求所有的细节都要在合同文本上体现,并且签字后的文本是不能更改的;而有些国家喜欢在签字后再确认文本细节,甚至要求修改其中内容。如果对这些商业习惯不甚了解的话,就可能引起纠纷,甚至谈判破裂。

2.对待商业贿赂的态度

在大多数国家中,贿赂和受贿都是违法的,但在有些国家,交易中的行贿、受贿是正常现象,不行贿就做不成交易。我们不赞成行贿、受贿,但在对待不同的国家进行商务谈判的时候,要根据该国家情况灵活对待。

3.竞争对手的情况

当了解到谈判的对象针对同一笔业务在与不同的公司进行谈判的时候,我们要详细分析几家公司产品的特点,从中推测谈判对象注重的是产品的某些特性还是产品的价格,从而制定相应的策略。

4. 商业间谍因素

在当前这个以经济地位为主导的社会,商业间谍的应用也越来越频繁,所以,对于机密文件,要有严格的保密措施。我们不鼓励商业间谍行为,但对竞争对手要严格防范,避免被商业间谍钻了空子。

5. 语言及翻译问题

国际商务谈判由于是在不同的国家或地区间进行,这就经常面临着语言不同的问题。在谈判中使用哪国语言,最终的合同文本使用什么语言,双方对于语言的理解是否相同,都是至关重要的。有些合同使用双方的两种语言进行签署,那就存在着两种语言是否对问题的阐述完全一致,是否具有同等的法律效力问题,这些都要注意。

6. 律师的作用

有些国家在谈判过程中是要律师全程参与的,在涉及合同的文本及签署方面,需要律师的全面审核。美国人在签订合同前,通常都要由律师研读合同文本是否严密并签字确认后,才能进行合同的签署。

五、心理因素

商务谈判是人与人之间的谈判,人们的行为都是其心理活动的结果。对谈判对手心理活动的掌握是谈判取得成功的前提。

(一)目标和期望

对待同一件事物,假如谈判者的目标、期望值不同,其采取的谈判方式也会有差别。通常而言,期望值较高,会挖掘谈判者的潜能;而期望值较低,会限制谈判者潜能的发挥。但是如果谈判者的心理预期和目标过高,经常与其他人目标抵触或竞争,则容易与人发生冲突,不利于谈判的进行。因此,为了确保谈判的顺利进行,应按照最大期望目标、最低期望目标和最可能实现目标确定合理的、多层次的目标和期望值。

(二)性格和情绪

不同性格的谈判者在谈判过程中展示出来的谈判模式截然不同。汤姆斯和基尔曼通过对人们在谈判过程中性格表现的研究,把谈判者的性格分为竞争型、合作型、折衷型、回避型和迎合型五种类型。这五种性格类型的谈判者在为了取得谈判目标所采用的方式、对待谈判问题的态度、传递与谈判有关的信息的途径、提出谈判条件的策略、解决谈判中出现分歧时的方法等方面有所不同。比如说大部分美国人属于竞争型谈判者,他们在谈判中多采用高压手段来实现自己的目标,过分强调自己意见的正确性,对谈判条件过分严苛,出现分歧时不考虑对方的意见;而中方的谈判者更多地表现为折衷类型和回避类型,不直接表达自己的意见,遇到矛盾常采取回避和推脱的态度,避免伤了大家的和气。

此外,谈判者的情绪也会影响谈判。情绪容易波动的谈判者,容易心浮气躁、产生气恼情绪,在谈判中容易被对方抓住弱点,会给谈判增加难度。有经验的谈判者会控制自己的情绪,不会轻易流露出情绪上的波动和变化。同时,乐观的、积极向上的情绪会给谈判者传递正面信号,提高谈判者思维能力;而悲观的、消极的情绪会降低谈判者的行为效率。

(三)思维方式

国际商务谈判是在不同国家或地区间进行的商务谈判,而不同国家或地区的人,由于有不同的风俗习惯、不同的宗教信仰、不同的教育背景,在思维方式上可能会有很大的差别。例如在一次国际商务谈判中,卖方向采购商报价非常高,采购商面对卖主的较高报价,或许认为卖方比较贪婪,或许认为卖方要讨价还价,不同的思维方式会导致不同的谈判结果。

【本章参考书目】

1.冯华亚主编:《商务谈判》,清华大学出版社,2006年。

2.刘园主编:《国际商务谈判》,对外经济贸易大学出版社,2006年。

3.汤秀莲主编:《国际商务谈判》,南开大学出版社,2005年。

4.白远主编:《国际商务谈判》,中国人民大学出版社,2004年。

5.方其主编:《商务谈判:理论、技巧、案例》,中国人民大学出版社,2008年。

【思考题】

1.国际商务谈判的概念与特点是什么?

2.国际商务谈判的类型包括哪些?

3.举例说明国际商务谈判的程序。

4.论述国际商务谈判的主要影响因素。

【案例分析题】

GEOX是意大利最大的制鞋企业,以营销起家,产品遍及全球55个国家和地区,增长速度超过50%。浙江奥康集团是一家以皮鞋为主业的全国民营百强企业,3万元起家,以营销制胜于中国市场。

在中国入世之初,GEOX准备在中国建立一个亚洲最大的生产基地,为了寻找合作伙伴,GEOX花费两年的时间对中国市场进行调研,先后考察了包括奥康在内的 8 家中国著名鞋业公司。为了在谈判中取得成功,GEOX 公司做了充足的准备,拟定了长达几十页的协议文本,在谈判中,GEOX 总裁 POLEGATO 先生甚至能够熟练地将几十页的协议文本框架及条款背出。

在双方正式谈判之前,浙江奥康对谈判成功的心理预期极低,但是还是为迎接 POLEGATO 一行进行了周密的准备和策划。通过一香港翻译小姐全面了解了对手公司的情况,包括资信情况、经营状况、市场地位、此行目的以及谈判对手个人的一些情况,而且专门成立了以总裁为首的接待班子,拟定了周密的接待方案。

当 GEOX 一行到达机场,奥康马上安排礼仪小姐献上鲜花,然后安排对方住下,并在上海黄浦江包下豪华游轮宴请对方游船赏月。在谈判过程中,双方在一些谈判内容上出现了分歧,主要体现在两个方面:一是对担保银行的确认上,奥康提出以中国银行为担保银行,对方不同意,最后选择以香港某银行作为担保行;二是关于以哪国法律解决日后争端的问题,GEOX 提出必须以意大利法律为准绳,而奥康选择以中国法律为准绳,最后确认第三国(英国)法律作为争端解决依据。

经过一系列的谈判,2003 年 2 月 14 日西方情人节当天,双方签订了合作协议。奥康负责 GEOX 在中国市场的品牌推广、网络建设和产品销售,GEOX 借奥康之力布网中国,而奥康也借助 GEOX 的全球网络走向世界。最后,奥康总裁王振滔把寓意"花好月圆"的青田玉雕赠送给了 POLEGATO 先生。

试分析:浙江奥康为什么在谈判中获得了成功?

第二章　国际商务谈判准备

【本章学习目标】

1. 了解商务谈判背景调查的内容、人员组织和资料收集要求。
2. 掌握商务谈判目标确定的原则和因素。
3. 掌握谈判方案制订的基本要求和内容。

古人云:知己知彼,百战不殆。谈判的准备工作对洽谈的成功起着至关重要的作用。因此可以说,任何一项成功的谈判都是建立在良好的准备工作的基础之上的。如果没有充分、细致的准备,那么在谈判中就极容易陷入被动的地位。因此,国际商务谈判的成功不仅要依赖于谈判过程中的策略、战术和技巧的灵活运用,而且还要依靠谈判前充分、细致的准备工作。按照国际商务谈判准备工作的先后顺序,本章主要讲述谈判的背景调查、人员组织、资料准备、目标确定、时空选择、计划拟定和模拟谈判。

第一节　谈判的背景调查

国际商务谈判的背景条件是影响谈判的重要因素,是商务谈判中不可忽视的客观要素,同时也是商务谈判准备工作中必不可少的环节。这是因为国际商务谈判是在一定的政治、经济、文化、社会制度和法律环境中进行的。这些背景环境将会直接或间接的影响谈判。因此,充分、全面地了解和分析谈判的背景环境将有助于谈判者制定出正确的谈判计划。对于参与国际商务的企业而言,谈判本身的成功并不是最终的,更重要的是合同的履行。如果一个企业花费了巨大的精力、物力最终按照己方的意愿达成了协议,但是在实际履约的过程中却因为某些客观因素的限制导致合同成为一纸空文,这样的谈判并不能算是成功的谈判。因此在谈判之前,作为谈判者必须要对客观存在的背景环境进行翔实的调查。

对于任何一项谈判内容的调查研究应努力做到以下几点要求。首先,调查的内容要有明确的目的,不能漫无边际。第二,搜集材料要多渠道、多层次,能够反映事物的全貌。第三,整理材料时要细心,留下能够反映事物本质和特性的材料。最后,在分析材料时要科学、客观。能够做到以上几点还是远远不够的,接下来要了解的是谈判的背景调查。背景调查的内容是由谈判的具体内容和要求决定的。所以不同的国际商务谈判,其调查的内容也不尽相同,主要由影响国际商务谈判的主要因素决定。因此,一般要包括政治状况、经济条件、政策和法律、宗教信仰、文化习俗、商业习惯、基础设施和气候等。

一、政治状况

英国的谈判专家 P. D. V Marsh 在其所著的《合同谈判手册》①中对谈判背景调查作了系统的归类,其中提到的首先要做的就是关于政治状况的调查。政治状况与一个国家或地区的政治体制是紧密联系在一起的,因此这一部分调查的主要内容应该包括下列几个方面。

(一)政治背景和政局的稳定程度

该内容在第一章第五节中已经提及,在此只作简单阐述。政治背景主要是指该项目是否抱有政治目的,该项目是否会引起对方国家政府或者领导人的注意,以及政府与买卖双方之间是否存在某种政治关系等等。动荡的政局容易使谈判中止或者使已经达成的协议变成一纸空文,这样就会造成重大损失。政局的稳定不仅仅指国内无动乱或者战乱,对方国家的大选或者政府换届也可能对谈判和签约造成影响。

(二)两国的关系

商务活动无一例外会受到外界因素的影响。如果两国关系友好,谈判中碰到的困难可以借助国家的干预进行解决,成功的可能性较大。同时在履约的过程中,如果遇到相应的困难,可以借助政府或者国家之间的友好关系进行协调解决,因此执行合同的可靠性较大。但是如果双方属于没有建立外交关系的国家或者是敌对国,谈判时交易双方可能会受到政府的干扰,这增加了谈判的障碍。即使能够签约,履行合同的困难也会很大。因为谈判双方在出现问题时无法寻求政府帮助,即使没有遇到经济或技术上的麻烦也许还会受到政府的歧视或者其设置的重重障碍。从这个角度看,两国的关系极大的影响着谈判项目的成败和合同履行的难易。

(三)两国的政治和经济体制

政治体制和社会制度的不同都会影响商务谈判的结果,这是因为不同的政治

---

① P. D. V Marsh, *Contract Negotiation Handbook* Published by Gower Publishing Company Limited, England, 1984.

制度和社会制度使人们在思想意识上对对方采取一定的歧视态度或者敌对的态度,这相当于在谈判中设置了一堵墙。因此谈判者需要了解对方国家的政治体制和社会制度,在最大程度上消除这两种因素对谈判的影响。经济体制影响商务谈判是因为在计划经济体制下,企业间的交往要受到国家计划的约束。因为只有列入国家计划的交易项目才会有相应计划指标,这样的项目才能谈判。如果在市场经济体制下,企业拥有较大的自主权,企业自身就可以决定交易的内容。因此,事先了解对方的经济体制有助于在谈判之前对对方的自主权做出准确的分析和判断。

(四)对方国家对企业的管制程度

政府对企业的管制程度会直接影响到企业自主权力的大小。如果国家对企业的管制程度高,在谈判的过程中政府会干预谈判的内容,并且涉及关键性的问题时,企业本身无权做出决定,只能由政府的有关部门来进行决策。从这一角度看,谈判成功与否将直接取决于政府的有关部门,而不是企业。相反,如果国家对企业的管制程度较低,那就意味着企业享有较大的自主权,此时谈判的成败则完全取决于企业自身。

二、经济条件

一国的经济发展状况反映了该国国内投资、消费和进出口水平。如果经济发展状况良好,经济发展趋势稳定,那么该国就拥有良好的发展对外贸易的环境。反之,如果一国的经济增长减缓或者放慢,或者经济发展处于停滞或危机状态,那么该国的对外贸易的发展必然会受到影响。国际商务谈判的最终目的是要形成跨国资产流动,因此该国经济条件对商务谈判有着不可忽视的影响。在背景调查时,应主要考虑下列因素:经济运行机制、外汇储备、汇率波动、支付信誉、税法、外汇支付能力及货币的自由兑换等。前面几种因素在第一章中已经进行了详细叙述,本章节主要叙述的是外汇支付能力和货币的自由兑换性。

(一)该国的外汇支付能力

首先,一国的外汇支付能力主要取决于其外汇储备和外债。如果外汇储备充足且远高于其外债,可以说明该国在对外支付方面能力较强;反之,则较弱。其次,要看该国出口产品的结构。如果该国的出口产品以初级产品为主,附加值较低,说明该国的换汇能力较差;反之,则较强。

(二)该国货币的自由兑换

能够自由兑换的货币通常不存在风险。如果该国的货币不能自由兑换,汇率的变动趋势和兑换的限制条件必将会成为交易双方的敏感话题。因为交易双方的货币如果不能自由兑换,那么就会涉及如何兑换和用什么样的货币来支付的问题。

汇率的变化对双方都有风险,如何将风险降到最低,需要双方协商解决。

三、政策和法律

一国或地区与商务谈判有关的政策和法律制度主要有以下几个方面:该国的政策和法律制度,该国的政策和法律的执行情况,法院受理案件的时间长短,执行他国法律的仲裁需要的程序等等,这些内容在第一章第五节已经进行了详细的阐述,在进行背景调查时,对上述几项内容进行一一核实查证。

四、宗教信仰

在一个国家或地区,影响商务谈判的宗教信仰因素有以下两个方面:

(一)在该国占主导地位的宗教信仰

由于宗教信仰对人们的思想行为有着重要而且直接的影响,因此在商务谈判中首先要了解该国有无宗教信仰。如果有,占主导地位的宗教信仰是什么?有宗教信仰的人和无宗教信仰的人的思想行为方式有什么不同?同样是信仰宗教的人,信基督教与信伊斯兰教的人的思想行为又有什么不同?正因为宗教信仰对人的行为方式影响的客观存在,使其成为商务谈判背景调查的重要环节。

(二)宗教信仰对该国在政治、法律、经济乃至个人行为等方面的影响

对于宗教色彩浓厚的国家或地区,一般其国家的施政方针、法律制度等都会受到该宗教教义的影响。同时,人们对其他人的行为认可,也会受到该宗教信仰的约束。在经济上,国家或政府甚至企业对于来自不同宗教信仰国家的谈判者可能持有歧视或敌对的态度或施加种种限制。由于宗教信仰对个人的社会交往和行为有着深刻的影响,那么有无宗教信仰的人或不同宗教信仰的人在社会交往方式、思维模式、价值取向以及行为选择等方面必然存在着极大的不同。节假日和工作时间也会由于宗教信仰的不同而不同。为避免发生冲突,宗教信仰及其影响因素的调查成为背景调查必不可少的环节。

五、文化习俗

不同的国家有不同的文化和习俗,这些文化和习俗在一定程度上影响着谈判活动。在谈判之前,必须充分了解下列因素:首先是合乎习俗的称呼,让对方感觉熟悉。其次是穿着,要合乎对方的社会规范。再次,还要注意人们习惯谈论的话题,比如是否可以谈论政治、宗教或者皇室新闻等。最后,业务洽谈时间的选择是否会引起对方的不愉快。见面是否应准备礼品,礼品的内容和包装有什么习俗,如何赠送等等。妇女是否可以参与业务,如果参与是否与男子具有等同的权利。

六、商业习惯

影响国际商务活动的商业习惯主要有以下几个方面：该国企业的决策程序；语言文字以及翻译；在商业活动中，该国是否存在贿赂现象；在正式场合，双方领导及陪同人员的发言次序；企业在洽谈业务时，有无商业间谍活动以及律师的作用等等。

七、基础设施和气候

一国的基础设施、后勤供应状况、自然资源以及气候等因素也会影响国际商务谈判活动。

(一)基础设施

交通状况、运输能力、通信能力、港口设施、建筑设备等会在一定程度上影响商务谈判活动。例如，在设施落后的港口进行装运，由于没有现代化的装卸设备，如果涉及装卸大型设备，那样就很难应对，谈判即使成功，也会由于无法成功装卸大型设备或成本太高而无法具体执行。

(二)后勤供应和自然资源

后勤供应主要指该国的人力、物力、财力等状况。要进行设备生产，是否有必要的、充足的熟练工人和技术人员，有无建设所需的物质材料、电力能源、水力资源等等。

(三)气候

气候状况同样会对商务谈判产生影响，气候状况不仅会间接地影响商务谈判活动还可能影响到合同的履行。例如雨季的长短、雨量的大小、全年的平均气温、冬季与夏季的温差、空气的平均湿度、地震情况等。

第二节 谈判人员的组织

要做好国际商务谈判工作，无论是谈判前的准备工作，还是谈判中策略与技巧的运用都离不开谈判人员的高效率工作。而谈判者素质和能力的高低将会直接影响谈判的成败。因此，要使谈判成功，获得预期的经济效益，要依靠本企业的信誉和产品的质量。此外，谈判人员的组成、分工和配合将会直接影响到谈判的成败。那么，如何组建一个高效有力的谈判小组呢？

一、谈判小组的规模

谈判小组的规模究竟多大才是最合适的？根据谈判的规模，谈判可分为一对一的个体谈判和多人参加的集体谈判。个体谈判即参加谈判的双方各派出一名谈判人员完成谈判的过程。美国人常常采取此种方式进行谈判,他们喜欢单独或在谈判桌上只有极少数人的情况下谈判。个体谈判的优势在于:在授权范围内,谈判者可以做出自己的判断,抓住机遇。而在集体谈判中,因为需要先统一内部意见,然后再做决定,这样常常错失机会。另外,一个人参加谈判独担责任,不必担心对方利用计谋在己方谈判人员间制造意见分歧;同时由于无所依赖和推诿,因此会产生较高的谈判效率。当然,一个人谈判也有其缺点。它只能适用于谈判内容比较简单的情况。但现代的谈判往往涉及面很广,包括商业、贸易、金融、运输、保险、海关、法律等多方面的知识,所要运用收集的资料也非常多,这些单纯依靠个人的精力、知识、能力是无法胜任的。因此,谈判通常由多个人组成,谈判小组可以满足谈判多学科、多专业的知识需要,谈判人员之间形成知识结构互补,能力互补,发挥综合的整体优势。

但是,如果人员过多,则会造成调配不灵,增大开支;人员过少,又难以应付谈判中需要及时处理的问题。因此,确定谈判小组的组成规模是谈判人员组织工作的首要问题。一般在确定小组的人员组成时,要依据下列原则:

(一)需要与节俭原则

谈判小组的人数根据谈判的具体内容、性质、规模以及谈判人员的知识、经验、能力来决定。实践表明,谈判桌上的人不宜过多。一般的商品交易只需要二到三人即可。如果谈判涉及的项目多、内容较为复杂,则可以把谈判人员分为两部分,一部分主要从事背景材料的准备,人数可适当多一些;另一部分直接上谈判桌,这部分人数在 4 人左右。主要原因是 4 人左右的规模能保证谈判的有效进行,谈判小组内部的分工、协调、意见交流比较容易,信息能够保持通畅。在谈判中,由于首席谈判者既要发挥个人的谈判能力和应变能力,还要随时协调谈判小组内部意见统一,因此人数不宜太多。如果谈判项目复杂,既要配备专业技术人员,又要配备具有商业知识、金融知识、运输知识、国际法律、国外民情以及国际问题的专家等等。此时最好是谈判人员能身兼数职,如果不能,可以采取人员轮换的办法,也可以将一些专家作为后援,为谈判人员出谋献策。

谈判的整个过程,必然要有费用支出,其中很多费用可能需要外汇支付。对企业来说,对外谈判的费用支出都是由企业自行负担的,人数越多,企业的外汇支付越多,负担就越重。因此,在组建谈判小组时,对谈判人员的数量决定上应该本着节俭原则,尽可能选择知识面广的专业人员或者一专多能者来减少人数,从而节约成本提高效率。同时,还会给谈判对手留下企业管理效率较高的印象,有助于谈判的成功。

(二)结构和分工原则

谈判会涉及许多专业知识,因此谈判仅靠小组负责人是难以胜任的,所以在选择谈判人员时,既要有掌握全面情况的企业经营者,作为法人代表或者谈判领导,可以签订合同或者协议,因为谈判的目的就是要达成协议;又要有具有各类专业知识的人员,在谈判的过程中,提供各种专业知识辅助谈判。谈判小组各类人员的构成与分工应根据需要设定。分工一定要明确,从而避免发生责任推卸或者问题遗漏的现象。

二、谈判人员的组织结构

在商务谈判中,本着谈判需要的原则组织谈判小组时,首先要确定谈判所需的专业知识。一般所需的专业知识可以概括为下列几个方面:技术方面、贸易方面(包括价格、交货、支付条件和风险划分等)、法律方面(包括合同权利、义务等)和语言翻译方面等。这样在组织谈判小组时人员结构应为:

(一)商务人员

商务人员应该掌握洽商交易过程中可能涉及的各种商务知识,如商品知识、市场知识、金融知识和运输、保险等方面的知识,熟悉贸易惯例和价格谈判条件,了解市场行情,熟悉合同条款,并能够决定支付方式与资金担保。在实践中,商务人员大都为谈判小组的首席谈判员。其主要的作用就是在谈判桌上实现预先准备好的谈判目标。在一般的贸易谈判中,商务人员有时还兼任技术人员。

(二)技术人员

在进行涉及比较复杂的项目的谈判时,需要有专门的技术人员或者工程师参加谈判。技术人员熟悉生产技术、产品性能、品种、规格、质量标准、工艺设计和技术发展趋势等问题,因此在谈判中可负责有关产品的性能、技术质量、产品验收和技术服务等问题的谈判。

(三)法律人员

法律人员需要熟悉我国颁布的有关涉外法律、法规与规则,并了解有关国际贸易、国际技术转让和国际运输等方面的法律、惯例以及有关国家的政策措施、法规和管理制度等方面的知识,为谈判提供法律咨询或参考。

(四)财务人员

财务人员应熟悉成本情况、支付方式及金融知识。在谈判中,对谈判项目的期望值进行核算以确保谈判成功。

(五)翻译人员

在商务谈判中,即使所有的谈判人员都能够熟练地使用外语与对方进行交流,仍然需要配备高水平的翻译人员,以便谈判人员在翻译进行时有时间进行思考,并观察对方的反应,避免因考虑不周而出现失误。翻译人员是谈判中的实际核心人员,要能洞察对方的心理和发言的实质,能改变谈判的气氛,又能及时挽救谈判失误,善于与他人配合,还要懂得专业技术知识。

(六)记录人员

记录人员应熟悉计算机操作并能快速、准确地输入文字,记录谈判的内容,包括双方讨论的问题、提出的条件、达成的协议等等。

三、谈判人员应具备的素质和能力

商务谈判成功与否的决定因素在于商务谈判人员的素质和能力。因此,选拔优秀的谈判人员是进行商务谈判的重要环节。优秀的谈判人员应具备下列素质和能力:

(一)良好的思想品德

参与商务谈判的人员,无论是领导、普通的谈判员还是翻译员都应该具备良好的思想品德。首先,谈判者在谈判的过程中,不仅要维护国家、企业和个人的经济利益,还要维护国家、企业和个人的形象,不能因贪图诱惑或个人的利益而出卖国家或企业的商业机密,损害国家或企业的利益。因此,良好的思想品德是挑选谈判人员的第一要素。

(二)强烈的责任感和主观能动性

谈判最终的目的是坚持原则,达成目的。这就要求参与谈判的人员在谈判过程中始终要坚守职责,不能轻言放弃,要有耐心和信心,同时具备积极开拓进取的精神,而且要把谋求国家和企业的利益放在首位,不能假公济私。在谈判过程中,积极主动,能够独当一面。

(三)较高的个人修养和必备的涉外知识

其一,在谈判过程中,要注重礼仪和礼节,要做到举止优雅、谈吐大方、不卑不亢,尤其不能崇洋媚外,凡事应顾全大局。同时还应能经受挫折的考验,保持自信的态度应对各种问题。另外,要善于倾听,无论对方的观点如何,应在听完之后再发表意见,不能断章取义。

其二,谈判者应事先了解我国和对方国家的相应政策、法规和法律,避免发生无效的谈判行为,更不能发生违法行为。因此,必备的涉外知识可以防止谈判者在谈判过程中出现失误。

(四)必需的心理素质和能力

良好的心理素质是谈判人员必需的基本素质,其中包括人的心理活动的速度、强度、灵活性和稳定性等。在谈判实践中表现为灵活的应变能力、敏捷的创造性思维能力、准确的分析推理能力、较强的运筹能力和果断的决策能力。如何细致的谈判准备都不可能预料到谈判中可能发生的所有情况,因此谈判人员必须具备沉着、机智、灵活的应变能力,以控制谈判的局势。应变能力主要包括处理意外事件的能力、化解谈判僵局的能力、巧妙袭击的能力等等。如果不具备良好的心理素质,即使谈判者的知识再丰富,能力再强,谈判技巧再多,经常会因为一个或者两个考虑不周的问题而失去谈判先机。

(五)必备的专业知识和能力

谈判的准备阶段和洽谈阶段充满了多种多样、始料未及的问题和假象,优秀的谈判者能够通过观察、思考、判断、分析和综合的过程并结合本次谈判所涉及的有关专业方面的内容,了解对方的真实意图。同时,熟练掌握谈判技巧,能够灵活运用自己的专业知识,分清主次,善于抓住事物的本质问题,不能本末倒置。

(六)较强的语言文字运用能力和健康的身体素质

谈判是人类利用语言工具进行交往的一种活动。谈判就是信息交流和磋商的过程,交流的顺利与否就取决于语言文字的运用是否得当。信息交流如果存在障碍,即使达成合同,在履约的过程中也会产生重重问题。一个优秀的谈判者,应该能够通过语言的感染力强化谈判的艺术效果。谈判中的语言包括口头语言和书面语言两类。无论是哪类语言,都要求准确无误地表达自己的思想和感情,使对手能够正确领悟你的意思,这是最基本的要求。谈判中的语言不仅应当准确、严密,而且应生动形象、富有感染力。语言运用能力还直接关系到交流的通畅和谈判的气氛。语言风趣幽默的人在谈判中往往更能吸引人的注意,能够活跃气氛,化解矛盾,促使谈判成功。另外,谈判的复杂性、艰巨性也要求谈判者必须有一个良好的身体素质。谈判者只有具有充沛的精力、健康的体魄才能适应谈判超负荷的工作需要。

四、谈判人员的分工配合

谈判小组的成员在进行谈判时并不是各行其是,而是在谈判小组领导的指挥下密切配合,既要根据谈判的内容和个人的专长进行适当的分工,明确个人的职责,又要在谈判中相机而动,采用语言、动作、手势或眼神等方式附和、赞同己方发言人,彼此配合形成一个谈判整体,为共同的谈判目标努力。切忌在主谈人员提出己方观点时,其他谈判员充耳不闻或心不在焉更有甚者自己做自己的事,这样既会影响己方的谈判信心,也会给对方造成内部不团结、谈判小组没有效率的印象。谈判小组的分工配合如下：

（一）谈判小组的领导或首席代表

谈判小组的领导或首席代表的职责就是明确谈判目标，控制谈判进程，从整体上把握谈判大局，随时听取专业人员的建议保证谈判的合理性。在谈判小组内部意见不一致时，负责协调内部意见，决定谈判过程中的重要事项，代表单位签约，并总结汇报谈判工作等等。

（二）专家或者专业人员

作为专家或专业人员，在谈判过程中主要负责某一方面的谈判工作。例如，技术人员在进行技术条款的谈判时可以作为主谈判员，其他的财务、法律和商务人员作为辅谈人员为技术人员提供有关技术以外的咨询意见，从不同的角度支持技术人员的观点和立场。在谈判商务条款时，则以商务人员为主谈人，技术、法律和财务人员处于辅谈的地位，从技术、法律和财务的角度给予支持。当然，在涉及合同的法律条款时，应以法律人员为主，其他人员为辅，从而使合同中的每项条款都合法有效。

（三）谈判的工作人员

主要是指谈判的记录人员和其他工作的辅助人员，首先是做好记录以及谈判的准备工作；其次，在谈判过程中需要的任何材料都能够及时备好，用过的材料及时整理好，在谈判需要额外的资料时，能及时提供。

五、谈判人员的知识结构

谈判是人与人之间利益关系的协调磋商过程。在这个过程中，合理的知识结构是讨价还价、取得谈判成功的重要前提条件。合理的知识结构指谈判者必须要有广博的知识面，同时具备精深的专业学问。

（一）谈判人员的横向知识结构

优秀的谈判人员，必须具备完善的相关学科的基础知识，要把自然科学和社会科学统一起来，把普通知识和专业知识统一起来，在具备贸易、金融、营销等一些必备的专业知识的同时，还要了解心理学、经济学、管理学、财务学、控制论、系统论等学科的知识，这是谈判人员综合素质的体现。在现实的经贸往来中，谈判人员知识技能单一已经难以满足谈判工作的需要，技术人员不懂商务、商务人员不懂技术会给谈判工作带来很多困难。因此，谈判人员必须具备多方面的知识，即知识必须有一定的宽度，才能适应复杂的谈判活动的要求。

（二）谈判人员的纵向知识结构

优秀的谈判人员，除了必须具备广博的知识面，还必须具有精深的专业知识，即专业知识要具有足够的深度。专业知识是谈判人员在谈判活动中必须具备的知识,没有系统而精深的专业知识功底,就无法进行成功的谈判。因此,谈判者专业知识的学习和积累是必不可少的。

第三节　谈判资料的准备

谈判资料主要指的是与谈判活动密切相关的信息。在国际商务活动中,无论是引进外资或技术,还是跨国合作开发新产品等等,前期谈判资料的准备直接关系到谈判的成败和合同履行的顺利与否,还关系到项目实施后的社会效益和经济效益的高低。因此,谈判资料的收集分析是谈判准备工作的重要内容。谈判前收集了相关的资料,才能采用相应的谈判策略、方法、有针对性地制定相应的谈判方案和计划。否则,对对方的情况一无所如,或者知之不多,就会造成盲目谈判。谈判的资料主要包括两方面:一是与谈判标的有关的资料,二是与谈判对手有关的资料。本节主要包括谈判资料的收集内容、谈判资料的收集途径、谈判资料的整理与分析和资料的使用、信息的传递与交流四个部分。

一、谈判资料收集的内容

谈判资料收集的内容主要是与本次谈判密切相关的信息,包括市场信息、行业状况、产品资料和有关谈判对手的信息。

(一)市场信息

市场信息主要包括下面几点:

1. 商品的市场分布情况

收集国内外与交易相关商品的市场信息,包括商品市场的分布区域、地理位置、运输条件、辐射范围、市场潜力以及与其他市场的经济联系等等。

2. 商品的市场需求情况与销售状况

收集与谈判有关的商品在对方国家市场的消费需求信息,主要包括消费者的数量及其构成、消费习惯、消费水平、消费质量、家庭收入以及购买力、消费趋势、消费偏好、对该商品的消费有无特殊服务要求等等。收集与谈判有关商品的市场销售状况,主要包括商品在该市场的销售路径和销售区域、销售价格、销售量、销售的季节变化以及在该市场行之有效的销售策略等等。

3. 商品的市场竞争情况与价格变动

市场竞争情况主要包括竞争对手的数量、经济实力、营销能力、商品的数量、种类、质量、特性、知名度、信誉度、商品的性能和提供售后服务的质量等等。在该市场上商品的价格受经济周期、通货膨胀、垄断和投机活动、自然灾害、季节变化等因素的影响,根据价格的变动信息就可以推测出价格的变动趋势,从而决定推销商品或采购商品的最佳时机。

(二)行业状况

行业的状况主要指行业规模、行业和产品生命周期、行业成本结构和决定行业成功的因素,也是在涉及对外投资、合资办厂或开发新产品、进入新领域时这些都是必须要了解的信息。

1.行业规模

收集现有的同行业的相关资料,分析其发展趋势,处于扩张、不变还是紧缩状态,得出该行业可能的发展趋势和规模,从而决定本企业的发展趋势和规模。

2.行业和产品生命周期

收集不同国家不同阶段的该行业发展周期和同类产品的生命周期,以及在各个时期产品的竞争力。

3.行业成本结构

成本与经济收益直接相关。因此对行业状况信息的收集需要对行业成本进行估算,对行业成本的结构进行调查,这样才有可能知道该行业的成本有无下降的可能,利润是否有上升的空间。

4.决定行业成功的因素

一种产品可以带来一个行业的兴盛,同样,行业的繁荣也可以给产品带来无限生机。要使产品在市场上占有一席之地,可通过对行业成功材料的收集来分析其成功的因素,从而分析与谈判相关产品的前景。

(三)产品的资料

首先,收集与产品本身有关的技术、工艺、包装、商标等信息;其次,要收集该产品在性能、质量以及其他方面与同类产品相比的优缺点;再次,该产品的配套设施、零部件的生产、供给以及售后服务的信息;最后,该产品的发展前景,开发新产品、新技术所需要的费用,技术的先进性、寿命长短和生产周期等等。

(四)谈判对手的资料

如果说谈判之前的背景调查是谈判成功的重要前提,那么对谈判对手资料的收集、调研和分析则是谈判成功的必要条件。对谈判对手资料的调查主要包括对对方公司状况的调查、对对方公司能力的调查、对谈判对手的个人资料的搜集等。

1.对方公司状况

对方公司的状况主要包括公司的规模、经营状况(增长率、盈利情况和成本结构)、资信情况、企业文化、商业信誉、高层管理者的特点、经营理念、目前和过去的经营战略、在管理、营销、财务、创新、服务等方面的优势与劣势等。这些有助于判断对方公司的实力,明确己方在谈判中的目标以及判断在合同签订之后对方的履约能力。

2.对方公司能力

对方公司的能力如对方的财务状况、支付能力、经营范围、经营能力、销售能力、销售额、销售地区、销售方式、营业中的利润、增长率、在市场中的地位、支付方式和付款条件等等。实际上就是从整体上判断对方公司是在盈利还是在发展,是一个问题型的公司,还是一个发展型的公司,同时还要分析了解他们想通过谈判得到什么。

3.谈判对手的个人资料

在充分了解上述资料之后,还应了解对方谈判小组成员的有关资料,如对方谈判人员的人数、职务、年龄、分工以及各谈判人员的生活习惯、性格、专长、爱好、需求,当然如果可能的话最好了解他们各自的弱点等。除上述内容外,还应了解各谈判人员的谈判风格和情况,如是否参加过谈判、对方谈判人员之间是否有分歧、是否取得谈判目标所需的见识和事实、对方准备的资料是否充分、参与谈判的人是否能够做决定、对方的时间是否紧迫以及对手是否有足够的能力达到目标等。借助于上述资料,再分析对方的谈判实力从而帮助己方选择合适的谈判员进行谈判,争取在谈判中占据主动地位。

4.评估对方的实力

谈判是与竞争对手或谈判对象沟通的过程。因此,对于谈判对手的评估是非常重要的。怎样来评估谈判对手呢? 在分析谈判对手个人材料的基础上,还要预测对手的目标,分析对手弱点。对方想通过谈判达到什么目标,目标大致在什么范围之内,在谈判之前要仔细分析。当然,预测不一定准确,但谈判者心中要有这一概念。然后再分析谈判对方的弱点,包括他的需求弱点、谈判人的弱点、谈判队伍之间的弱点等,要对谈判对手进行全面的分析,以获得最准确的资料。

此外,还要了解什么事情对对方来说是最重要的,什么事情是不重要的;如果谈判没有成功,会对对方谈判人员产生什么样的影响;谁来负责检查和评估整个谈判的过程以及结果等等。谈判是一个逐步从分歧走向一致或妥协的过程,所以要全面收集信息,整体评估谈判对手。

二、谈判资料的收集途径

在确定好要调查的内容和收集的资料之后,就应该确定如何收集充分的资料? 通过哪些途径能够收集到客观的、公正的、准确的资料? 下面提供一些收集资料的途径。

(一)从国内有关单位或部门收集资料

各个国家都有专门的部门或机构进行信息收集和信息咨询工作。这些机构有政府部门,也有以盈利为目的的商业性机构。在国内可能提供信息资料的单位有商务部、对外经济贸易促进委员会及各地的分支机构、中国各大银行的咨询机构以及一些提供咨询服务的公司。当然还可以联系与谈判对手有过业务往来的国内企业以及国内的报纸、杂志等新闻媒介等。

(二)从国内在国外的机构及与本单位有联系的当地单位收集资料

我国的驻外使馆、领事馆、商务代理处等相关机构都负有了解当地经济发展动态和企业经营状况的职责,其主要的目的就是为国内企业的贸易和投资活动提供可靠的信息来源和恰当的建议。另外,中国银行以及国内其他金融、投资机构在世界各地都有众多的经营网点,为国内的企业提供相应的信息,这是他们所提供的服务的一部分。还有部分大规模的企业已经在国外建立了分支机构或办事处,这些分支机构或办事处对当地的经济发展状况和市场环境比较熟悉,也可以作为信息来源的途径。

(三)从公共机构提供的已出版和未出版的资料中获取信息

这些公共机构有可能是官方的,也有可能是以赢利为目的的,他们可以提供已经出版的各类资料包括报刊、网络和各类专业杂志,这是收集信息最容易的渠道。如图书馆中关于贸易统计数据的年鉴、有关市场基本经济信息的资料、各种产品交易的统计资料和各类企业的信息、国家统计机关公布的统计资料、行业协会发布的行业资料、专业组织或研究机构提供的调查报告等。

(四)本企业或本单位直接派人员到对方国家或地区考察,收集资料

在国际商务活动中,如果涉及交易复杂、涉及金额较多、工程项目较大、交易履行期较长时,为确保能够获得客观全面的信息资料,可以由本单位或企业直接派人到对方企业进行实地考察和了解信息,从而获得资料。需要注意的是,在出国之前应尽可能多地搜集对方的资料,在已有的资料中筛选出真实的内容,同时注明哪些信息资料需要补充,哪些需要进一步考察分析。带着明确的目标和问题去获取资料,同时在时间安排上给自己留下充足的支配时间,按自己的日程办事,抓住利用各种机会,深入了解对方,获取资料。

三、谈判资料的整理与分析

收集资料就是为谈判所利用,因此在收集之后,就应该对谈判所需要的材料进行利用和整理。如果不加以利用和整理,那么所搜集的资料则毫无用处。如何利用所收集的资料呢?首先,应该鉴别资料的真实性与可靠性。只有真实的、可靠的资料才能反映对方的真实情况,基于真实的资料,才能分析得出客观的结论,在谈判中才能占据优势。其次,要分析各种因素与谈判项目的关系。做准备工作时,收集到的资料通常会有很多,这就需要谈判人员在谈判之前对所有真实可靠的资料

进行分析,分析这些资料与谈判项目的关系。最后,根据各种因素对谈判的重要性和影响程度排序,从而制定出具体可行的谈判方案。究竟如何处理这些资料呢?根据资料整理的先后顺序可以分为四个阶段:分别是评价、筛选、分类和保存。

(一)对资料的评价

对资料的评价是资料整理的第一步。各种资料由于其侧重及重要程度不同,其作用也不同。有些需要立即用到,有些后来才能用到,还有部分资料可能一直都用不上。用不上的资料需要舍弃,不在同时使用的材料则需要分开保存,用时才能方便。因此,对资料的评价就非常重要。评价资料时,可以将资料直接区分。没有用的直接舍弃,有用的分为几类:一类是立即用的资料,一类是以后肯定要用的资料,还有一类是以后可能会用得上的资料。这样区分,以后在使用时才能快捷地找到。

(二)对资料的筛选

舍弃费时费力收集到的资料并不是一件容易的事。但是如果不剔除不需要的或者用处很小的资料,就会延长查找所需要资料的时间,同时也会因为材料太多占用空间,不易保存,因此应及时对所收集的材料进行筛选。资料的筛选大致有以下几种方法:

1.查重法

这是筛选资料最简单的方法。实际上就是剔除重复的资料,选出有用的资料。当然,不完全重复的重要信息也可以保存一部分备用。

2.时序法

对所收集的资料按时间顺序进行排序。在同一时期内,比较新的资料留下,旧的资料可以舍弃,这样选出的资料会更切合实际。

3.类比法

将信息资料按市场营销业务或按空间、地域、产品层次,进行分类对比,接近实际、真实、可靠的资料留下,其余的舍弃。

4.评估法

应该由具有深厚的市场学专业人员来进行操作,保证评估的准确性。专业人员对资料进行评估时,主要针对自己所熟悉的业务范围,从资料的主要内容或题目进行评估、取舍。

(三)对资料的分类

对筛选后的资料进行分类整理是资料整理分析阶段耗时最长、也是最重要的工作。因此资料的整理者要极具耐心。分类的方法大致有两种:

1.项目分类法

这种分类方法主要是根据使用的目的来进行分类。大致可以分为商务开发资料、市场信息资料、技术信息资料、金融信息资料、交易对方资料以及有关的政策法规等等。也可以根据谈判资料的内容来区分，如根据不同产业或经营项目进行分类，可分为农产品、工业产品、服务等类别。

2. 从大到小分类法

从设定大的分类项目开始，大项目不要太多，最好不要超过十项，经过一段时间的使用之后，可以分得再细一些，但是不能太细，以免出现重复。

(四)对资料的保存

把分类好的资料妥善地保管。即使经常使用的资料也要放好，按分类放入相应的文件夹中以便随时查找。

四、资料的使用、信息的传递与交流

为了获得有利的谈判地位，谈判人员必须十分注意信息的传递方式，恰当地选择信息传递的时机，把握好传递场合。通过谈判信息的传递，实现信息的交流和沟通，使己方的谈判人员保持有效的沟通，最大限度地实现己方的目标。

信息传递方式的选择不是任意的，它往往受到自身特点的制约。因此，传递方式的选择既要考虑谈判的目的，同时又要注意自身条件、环境的影响和对方的变化情况。谈判信息的传递一般是借助于谈判者之间的口语、手势、文字、形象等实现的。一般认为信息的传递方式有以下几种：

1. 明示

明示是指谈判者在恰当的场合明确地提出谈判的条件和要求，阐明谈判的立场、观点，表明自己的态度。明示可以在双方谈判的现场表示，也可以在宴会、集体性聚会、单独会见场合或会议场合进行。

2. 暗示

暗示是指谈判者间接地向对方表示自己的意图、条件、立场和观点等。暗示可以通过语言进行传达，也可以通过其他方式表示。暗示在谈判中具有重要的意义，可以传达在明示条件下无法传达的信息，同时避免直接对抗。因此，暗示比明示的方法更具灵活性，作为优秀的谈判者必须善于运用暗示。缺乏主见的人容易接受暗示，而独立性强或善于独立思考的人相对较难接受暗示，从而产生的效果可能不太理想。

3. 意会

意会是一种既不同于明示也不同于暗示的特殊传递方式。它是谈判双方在对对方和交流的信息有所了解的基础上达成的默契的信息传递模式。这种默契的传递方式既避免了明示和暗示所带来的不利影响，又防止了信息的泄露。

第四节　谈判目标的确定

谈判的目标实际上就是在谈判中所要争取的利益目标。任何一次谈判都应以目标的实现为导向。因此,在谈判前要明确自己在谈判中的主要需求并为之努力。

一、谈判主题的确定

谈判主题是谈判活动的中心内容,也是谈判时的公开观点。一般情况下,一次谈判只有一个主题。既然是谈判的主题,也就是己方的观点,因此不必过于机密。为保证全体谈判人员能够记住,一般言简意赅,如"以最优惠的条件达成某项交易",至于什么样才是最优惠的条件,如何达成则是谈判目标和谈判方案中应涉及的内容。在谈判的主题确定之后,接下来的工作就是确定谈判的目标,谈判的目标就是谈判主题的具体化。如何确定谈判的目标首先要了解制定谈判目标应遵循的原则。

二、制定谈判目标应该遵循的原则

谈判的具体目标体现谈判的基本目的。整个谈判活动都要紧紧的围绕着这个具体的目标来进行,为实现该目标服务。谈判的目标在实际商务谈判中根据谈判的具体内容不同而有所差异。比如,谈判是为了推销产品,目标就是销售量和交货量;如果是为了获得资金,目标就是争取资金数额的最大化和获得的时间;为获得先进技术而进行的谈判,谈判的目标可能是可利用的最先进的技术内容等等。总之,谈判目标的内容依据谈判类别、谈判进程的需求而定。谈判的目标主要依据下列原则来确定:

(一)实用性

制定谈判目标时,首先要考虑实用性,也就是合同达成之后可以预见的收益。可预见的经济效益或社会效益会督促谈判双方认真履行合同,从而减少损失的发生。

(二)合理性

在制定谈判目标时,不能将目标设定得太高或太低,太高对方不会接受,直接导致谈判失败。太低,对己方来说利益太少,即使达成协议,在履约时就不会认真。因此,一个合理的目标非常重要,会使双方各取所需,这就是通常所说的"双赢",这是谈判目标的最高境界。

(三)合法性

谈判的目标必须合法,目标合法达成的合同才有效,否则即使达成合同,合同也是无效的,这样既浪费时间又浪费精力。这也是商务谈判中需要有法律专业人士参加的一个重要原因。

三、谈判目标的层次

根据上述原则和谈判主题确定目标,首先要分析该谈判是否会涉及多项目标,如果是,则先要对这些目标确定一个优先顺序,从而使次要目标服从主要目标。优秀的谈判者常常会将自己的目标划分为三个层次:一是最低限度目标;二是可接受目标;三是最优期望目标。在这三个目标中,己方争取的最优期望目标是最高目标,在必要时可以放弃;可接受目标是己方力保的实际需求目标,只有在万不得已的情况下才考虑放弃;最低限度目标是要坚守的不能被突破的底线,毫无讨价还价的余地。这样,就使谈判划定了明确的界限。

1. 最低限度目标

最低限度目标是谈判必须达到的最基本的目标。对己方来说,宁愿谈判破裂,放弃商贸合作项目,也不愿接受比最低限度更低的条件。在谈判中,对最低限度目标要严格保密,否则会使对方主动出击,而己方则陷入困境。

2. 可接受目标

可接受目标是指谈判人员根据各种主要客观因素,通过考察种种情况,经过科学论证、预测和核算之后所确定的谈判目标,介于最优期望目标与最低限度目标之间的目标。这个目标是一个区域范围,谈判中的讨价还价就是在争取实现可接受目标,所以可接受目标的实现往往意味着谈判的成功。

3. 最优期望目标

最优期望目标是对谈判者最有利的一种理想目标。它在满足某方实际需求利益之外,还有一个"额外的增加值"。这个目标虽然很难得到实现,但它激励谈判人员尽最大努力去实现,也可以很清楚地评价出谈判最终结果与最高期望目标存在多大差距。在谈判开始时,以最高期望目标作为报价起点,有利于在讨论还价中使己方处于主动地位。谈判时,不能盲目追求最高期望目标,忽视谈判过程中出现的困难,这样容易造成束手无策的被动局面。

四、制定谈判目标时主要考虑的因素

在谈判目标的制定过程中,要全面地考虑相关的因素。这些因素包括谈判的性质及其领域、谈判的对象及其环境、项目所涉及的业务要求、各种条件变化的可能性、变化方向、对谈判的影响等。另外,还要考虑长期目标和短期目标的问题。

以简单的商品贸易为例,在制定目标时不能仅仅考虑价格水平,只考虑价格就会牺牲质量;也不能只考虑质量,以高价购入高质量的商品,期望再以高价销售保证利润;而是要把价格水平、商品质量、免费的广告宣传、支付方式、交货时间与罚金以及保证期的长短等因素结合起来,综合考虑确定谈判的目标。

五、谈判目标的优化和体系

谈判目标的制定过程本身就是谈判目标不断优化的过程。对于谈判中的多重目标,需要进行综合平衡。在确定谈判目标的时候,一定要分清自己想要的和需要的内容并将其罗列出来。明确什么是自己想要的、需要的之后,接下来要明确谈判对手想要和需要的内容。谈判中会出现很多常见的问题,包括价格、数量、质量、交货期、付款、折扣、培训、售后服务等等。根据优先等级将谈判目标做相应的排序。目标要分清轻重缓急,分清重要的目标和次要目标,把己方最终目标、现实目标和最低限度目标一一排列,再列一个竞争对手的目标,考虑对方可能关心的内容,把它一一地列出来。设定目标时,作为卖方,可能最关注的首先是价格、时间,然后是能够卖多少东西及卖何种质量、档次的产品给客户。客户买东西时,最关注的不一定是价格,也有可能是售后服务或产品质量。不同的客户,不同的谈判对手,所列出的目标是有差别的。这就需要通过双方的交流和谈判,使各自的目标趋于一致。作为卖方希望买方能够按照自己的目标来做,买方也希望卖方按照他的要求来做,怎样才能达成共识呢?这需要双方沟通和交流,在沟通和交流之前,一定要设定谈判的目标。在谈判过程中,目标要随着交易过程中各种条件、风险因素做适当的调整和修改,这就是谈判目标的优化过程。

列出目标的优先顺序之后,明确哪些目标是可以让步的,哪些是不能让步的,然后用简明扼要的一句话来描述,形成一个清晰的目标体系。因为谈判是一个混乱的过程,如果写得很多就需要花很多的时间去理解,比较麻烦,也容易出错。列出目标的优先顺序可以避免在不应该让步的地方做让步,而在该让步的地方却没让步,使谈判陷入僵局。

第五节 谈判的时空选择

谈判的时空选择主要指谈判议程的安排、地点的选择和座次的排列。

一、谈判议程的确定和安排

所谓谈判议程即为谈判的议事日程,主要指谈判时间的安排、谈判的议题及顺序安排。谈判议程的确定和安排本身就是一种谈判战术,因而对双方都具有十分重要的意义。

(一)谈判时间的安排

时间安排就是要确定谈判在何时举行,持续多久。谈判的时间安排有时会对谈判结果产生很大的影响。如果谈判者在旅途之后未经休整立即投入谈判,由于劳累及精力不足容易导致精神难以集中、记忆力下降、反应迟钝等。以这样的状态参与谈判,其结果可想而知。所以,谈判者应该对谈判时间的选择给予足够的重视。一般在选择时间时要考虑下列因素:一是资料的准备状况,谈判人员要有充足的准备时间,只有准备充分,才能事半功倍;二是谈判人员的状态,谈判是一项精神高度集中的工作,对体力和脑力的消耗较大,谈判时也需要思维敏捷、反应迅速、灵活地处理问题,所以谈判人员应在精神和情绪良好的状态下进行谈判,才能保证获得预期的目标;三是谈判的时机选择,谈判的时机非常重要,出口商库存积压,销路不畅,急需周转资金时,可能会将价格降到最低,反之进口商如果停工等待供应不足的原材料时,则会高价采购;最后是对方的情况,谈判是合作的起点,因此,不要将谈判安排在对对方明显不利的时间内,以防引起对方的反感,导致谈判失败。

(二)谈判议题和顺序

谈判的议题和顺序是指谈判的项目内容以及各谈判事项的先后次序和分别占用的时间。首先列出与本次谈判有关的所有问题,因为每个问题都关系着双方的利益,因此尽可能不要遗漏。议题的顺序可以先易后难,也可以先难后易。前者指先安排双方容易达成共识的议题,或者不太重要的议题,这样可以为整个谈判创造友好的气氛。后者指先讨论复杂的重要的问题,双方集中精力解决重点难点。还可以采用混合型的方法,不管重点还是非重点的议题,一揽子解决。经过一段时间讨论之后,再剔除已经达成共识的问题,留下有分歧的议题继续讨论。一般谈判的议程不会由谈判一方单方面决定,而是由双方进行协商。如果一方先安排谈判议程,并以此为基础与对方协商,通常谈判议程会对己方有利。

二、谈判地点的选择和安排

谈判地点的选择,往往涉及谈判的环境心理因素。人们发现动物在自己的"领土内"最有办法防卫自己,人也同样如此。所以对一些决定性的谈判,若能在自己选择的地方进行,则最为理想。但若争取不到这个地点,则至少应选择一个双方都不熟悉的中性场所,以减少由于"两地优势"导致的错误,避免不必要的损失。

(一)谈判地点的选择

谈判需要在一个具体的地点展开。商务谈判地点的选择涉及谈判的环境心理因素,因此可以对其加以利用。一般对谈判地点的选择上有在己方地点谈判、在对方地点谈判和在第三地谈判三种选择方案。

1. 在己方谈判

在己方地点谈判是最好的选择。主要原因在于谈判者在自己的领地谈判,地点熟悉,具有安全感,心理状态稳定,不需要耗费时间和精力去适应新的环境,同时可以利用东道主的身份去安排谈判之余的各类活动,节省旅途的时间和费用,降低谈判成本,提高经济效益。但是在己方地点谈判也有不利因素。谈判人员在己方公司,容易受到公司日常工作的干扰,分散精力,己方的领导联系方便,容易产生依赖心理,做决定时优柔寡断,频繁请示领导,容易造成延误。同时,作为东道主的身份,己方需要负责接待对方人员,安排宴请、游览等活动,负担较多。一般而言,在己方谈判还是最有利的,就像运动员在主场获胜的可能性较大一样。所以,有经验的谈判者,通常会热情邀请对方来本国进行谈判,从而在谈判中获得更多的利益。

2. 在对方地点谈判

在对方地点谈判也有利有弊。有利的因素在于己方的谈判人员远离家乡,没有来自家庭和公司的干扰,可以全身心地投入谈判;有利于减少谈判人员的依赖,发挥其主观能动性;可以考察对方公司的实际情况,获取直接的资料,省去了安排场所、布置会场等一系列的工作。不利的因素在于离开了己公司,有些信息和资料的获取和传递较为麻烦,无法与领导及时沟通重要的问题;旅途劳累和陌生的人文、社会环境会影响谈判人员的心理因素和身体状况;还要避免对方安排过多的旅游景点和娱乐活动耗费精力和时间。

3. 在第三地谈判

在第三地谈判的最大的好处是对双方来说机会是平等的,不存在偏倚,双方均无东道主的优势,也没有客场作战的劣势。最不利的因素是要确定双方都满意的第三方地点并不是一件容易的事请,在这方面要耗费不少时间和精力。

(二)谈判场地与座次的安排

谈判场地指谈判的具体场所和环境。谈判场地应选择在宽敞舒适、布置幽雅、相对安静、交通便利、通信方便、设备比较齐全的环境和场所。不利的环境使人心烦意乱,精力不易集中,影响谈判效果。不利的谈判环境主要包括:嘈杂的环境、极不舒适的座位、谈判房间的温度过高或过低、不时有外人搅扰、环境陌生容易引起的心力交悴感以及没有与同事私下交谈的机会等,这些环境因素会影响谈判者的注意力,从而导致谈判失误。因此我们在进行商务谈判时一定要选择一个明亮、通风、使谈判者心情愉快、精力集中的场合,从而避免对谈判产生不利影响。

谈判时的座位次序,也是一个比较突出、敏感的问题。正式的商务谈判,按照礼仪要求,一般谈判者双方代表各坐在桌子的一侧,双方主谈者居中相向而坐。通常使用长桌,圆桌和椭圆桌也可以。座位安排如图 2-1。

译员席　　客方首席

6	4	2	1	3	5	7	客方席位

7	5	3	1	2	4	6	主方席位

主方首席　　译员席

正门

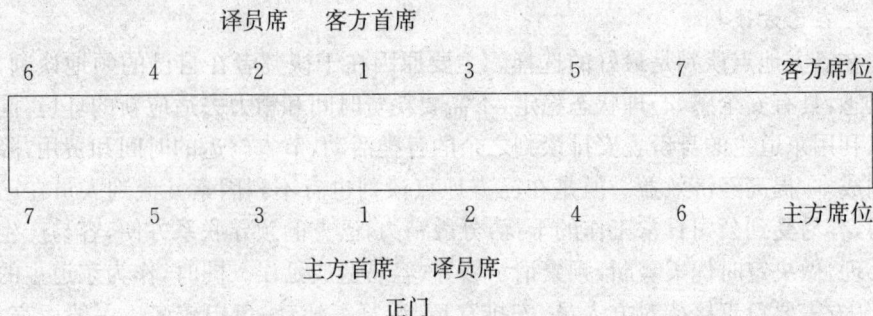

图 2-1　谈判人员的座位安排

主方谈判人员背对正门而坐。双方均以首席谈判员为首，其右手为上，左手为下，近位为上，远位为下。译员一般在首席谈判人员的右侧，即第二席位上，也有少数国家将译员席设在首席谈判人员的左侧或者后面，可根据实际情况来安排。双方人员分别坐在谈判桌的一边，容易使谈判成员产生安全感和自信感，也便于查找一些不愿意让对方知道的资料，还方便与己方人员交换意见。

第六节　谈判方案的制订

商务谈判的方案，是指为了完成某种或某类商品的进出口任务而确定的经营意图、需要达到的最高或最低目标以及为实现该目标所应采取的策略、步骤和做法，是谈判者行动的指针和方向，关系到对谈判的整体规划，其目的就是做到能够有效的组织和控制贸易谈判活动，使其既有方向，又能灵活地左右复杂的谈判局势。谈判方案是建立在对谈判信息进行全面分析和研究的基础之上的，是根据双方的实力对比为本次谈判制定的总体设想和具体实施步骤，是整个谈判小组的行动纲领，在整个谈判中起着非常重要的作用。

一、合理谈判方案的现实标准

如何制定合理的谈判方案？首先是要基于事实，制订相对合理的谈判方案。相对合理指的是谈判方案至少从表面看来具有可操作性和可行性。其次方案要客观、理性、与具体谈判内容相联系，这样才具有指导意义。最后，制订方案时要考虑特定的时间与条件，从而使方案与实际相结合具有一定的可行性。

二、谈判方案的基本要求

谈判方案的目的是有效的控制复杂的谈判局势，使其按照既定的方案进行。谈判方案一般以文字的形式出现，可以是长达十几页的书面文稿，也可以是一页纸

的备忘录。但是,一个成功的谈判方案应符合下列三个方面的基本要求:

(一)谈判方案要简明扼要

简明扼要就是让谈判人员能够容易记住其主要内容和基本原则,在谈判中依据该方案的要求与对方进行谈判。所以,谈判方案越简要,谈判人员在执行时越容易记住,在错综复杂的谈判中更容易把握谈判的主题方向,从而掌控谈判的局势。

(二)谈判方案要具体

谈判方案要以谈判的具体内容为基础,具有可操作性。比如将谈判的总目标细化为若干个分目标或子目标。谈判方案要具体,并不意味着要把谈判的所有细节都包括在内,那样执行起来将十分困难。

(三)谈判方案要灵活可行

谈判方案只是谈判前的主观设想,是单方面考虑谈判过程的结果。但是在实际过程中,各种随机的因素都可能影响谈判,因此方案应该具有灵活性,以防出现一些无规律可循而又不可控制的因素影响谈判。在谈判方案的可行性研究阶段,还需要拟订出谈判的各种方案进行比较和选择。因为谈判可能不会按照自己的预期设想达成协议。不论是己方还是对方的原因,最终可能无法实现所有目标。所以应制订几套替代方案,并从中选出最佳替代方案,以便自己有回旋的余地。能使己方获取最大利益的方案就是最佳谈判方案,在谈判时要尽可能按最佳方案执行。

三、谈判方案的内容

要制定谈判方案,明确谈判方案的基本内容,首先要确定谈判的基本策略。

(一)确定谈判的基本策略

谈判策略是指在谈判过程中为了达到预期的目标采取的行动和方法。谈判策略不是客观的谈判程序,而是针对预期的谈判效果采取的进攻或防卫措施,是为达到谈判目标单方面采取的行动。谈判策略的采用注重的是谈判结果,追求整个谈判的公正。从谈判的过程来看,谈判的基本策略可以分为开局策略、报价策略、磋商策略、成交策略;从谈判的技巧来看可以分为让步策略、进攻策略、防守策略、语言策略、打破僵局策略等等。

(二)确定谈判方案的内容

谈判方案的内容繁简不一。对大宗进出口商品交易所拟定的经营方案,一般比较详细具体,尤其是制定某些大宗交易或重点商品的谈判方案时,更要考虑周全,因为谈判方案的完善与否是决定成败的关键。在谈判方案中,对需要谈判的问题,应分清主次,合理安排谈判的先后顺序,明确对每一主要问题应当掌握的分寸和尺度,以及准备好在谈判中出现某些变化时所应采取的对策和应变措施。对一般中、小商品的进出口,则只需拟定简单的价格方案即可。谈判方案的内容主要探讨合同条款或交易条件方面的内容和价格谈判的幅度问题。

1. 合同条款或交易条件方面的内容

在确定合同条款和合同交易条件的内容时,首先要确定对己方来说最佳的合同条款和最好的成交条件,然后确定可以接受的最低条件。在确定方案时应准备几套不同的方案,在对其中的某一条件让步时,看其他条件是否可以要求提高。

2. 价格谈判的幅度问题

在确定谈判的价格幅度问题时,首先要推测对方能够接受的价格范围,考虑己方预期的最好价格和能够接受的价格底线。这样在报价时,己方就能够占据主动权。

四、评价和选择谈判方案

在准备好的一系列谈判方案中,最后要进行的是评价、对比和选择,找出最佳的几种谈判方案备用。在这一环节中首先应确定出评价标准和方法,该评价标准和评价方法应该由专业人员根据实际谈判的主题和内容确定。接下来应对各个方案进行分析和判断,认真寻找差异,正确区分优劣,从一系列谈判方案中选出采用方案。然后具体分析形势变化对执行方案的具体影响、影响的程度和不良后果,在该过程中应尽可能多地考虑各种不确定因素的影响。最后根据评价标准和评价结果写出评价报告。

五、讨论定案

将评价报告提交企业最高领导讨论或者发动职工进行讨论,完善谈判方案,并作为谈判中实施的方案。

第七节　谈判模拟

一项完整的谈判计划,除了确定谈判方案,还应包括谈判模拟。实际上就是在谈判正式开始之前,根据具体情况提出各种假设,进行谈判演习,找出谈判方案中存在的问题,进行改进。

一、模拟谈判的必要性

模拟谈判一般在谈判方案确定之后和正式谈判开始之前进行,主要是用于改进和完善谈判的准备工作,检查谈判方案中可能存在的漏洞。其必要性主要体现在以下三个方面:

首先是模拟谈判能够使谈判者发现谈判方案中的问题或准备工作不充分的地方,有利于及时纠正,更利于争取谈判的主动性。谈判方案通常是谈判人员根据主观经验规划的,尽管进行了大量的资料准备和充分的分析,但是难免有疏忽的地方。模拟谈判则有助于谈判者从对方的角度思考问题,使谈判者能够及早发现问题,及时查漏补缺,使谈判方案具有实用性和有效性。

其次是模拟谈判能够使谈判者获得谈判经验,在谈判练习中提高谈判能力。模拟谈判可以训练和提高谈判人员的应变能力,为实际的谈判发挥做好铺垫。

最后是模拟谈判为谈判人员之间的分工配合提供练习,磨合谈判队伍,提高己方谈判小组整体的默契程度和谈判能力。谈判人员在实际谈判中需要做到默契配合,提高整体的谈判能力。模拟谈判提供了谈判人员之间配合的练习。

二、拟定假设

模拟谈判的第一步要进行模拟假设。根据既定的事实和常识来拟定假设。假设是建立在客观和科学的基础上,同时这些假设也是模拟谈判的前提。

根据假设的内容,假设可以分为三类。

1. 对外界客观存在的事物的假设

对外界客观存在的事物的假设包括对环境、时间、空间的假设,目的是找出外在世界真实的东西。通常假设外界环境如果出现了不利的因素,比如谈判时间、谈判场所等应如何应对进行假设。谈判者根据这些假设,做好充分的应对准备。

2. 对对方的假设

对对方的假设通常是商务谈判的制胜法宝。对对方的假设,主要包括对方的合作意愿、愿意接受的风险的程度、在谈判具体内容上的态度,如在商品的质量、价格、支付方式、运输方式等方面可能提出的要求。对对方的假设,目的就是明确对方的真实意图,明确在遇到谈判对方坚持己见时如何处理,轻易让步时如何处理,加快或拖延谈判时如何处理。

3. 对己方的假设

对己方的假设主要是对己方谈判能力、心理素质、谈判方案等方面的自测与评价。除此以外,对己方的假设还有建立在对对方假设的基础上所采取的对策。实际上对这三方面的假设最终都落实在对己方的假设上。通过对外界因素和对方的假设,根据自身的实力来假设对策,以用于实际的谈判。

面对同样的条件,假设不同,结论则会相差很远。因此,在假设的过程中,要尽可能多地依据事实,不能主观臆断。事实依据越多,假设的精确度就越高,那么结论相对就越准确。

三、模拟谈判过程

实施模拟谈判有两种方式。

1. 会议式模拟

就是把谈判者聚集在一起,以会议的形式,充分讨论,自由发表意见。谈判者根据自己的理解,发表自己的看法,互相启发,共同提高谈判水平。这种方法可以让所有的谈判人员开动脑筋,积极进行创造性思维,通过集体思考发现问题、解决问题。

2. 实战模拟

实战模拟是将谈判人员一分为二,或在谈判小组之外再建立一个实力相当的谈判小组,一方实施己方的谈判方案,一方站在对方的立场,根据假设实施对手的谈判方案。这种实战练习可以更换不同的人员来扮演对方的角色,想出不同的问题,从而让己方对对方可能的谈判方案及目标有充分的了解,进一步完善谈判方案,提高己方谈判人员的谈判能力。

四、谈判模拟总结

进行模拟谈判的目的就是为了及早地发现谈判方案中的问题,提出解决问题的对策,掌握谈判的主动权。因此在实施模拟谈判之后,需要及时进行总结、分析,找出谈判准备的各项内容中所存在的问题,有针对性地进行改进,从而制定出一份完善的谈判方案。

【本章参考书目】

1. 毛国涛主编:《商务谈判》,北京理工大学出版社,2006 年。

2. 蒋三庚、张弘主编:《商务谈判》,首都经济贸易大学出版社,2006 年。

3. 陈福明、王红蕾主编:《商务谈判》,北京大学出版社,2006 年。

4. 易开刚主编:《现代商务谈判》,上海财经大学出版社,2006 年。

5. 刘园主编:《国际商务谈判——理论·实务·案例》,中国商务出版社,2005 年。

【思考题】

1. 如果你是谈判的买方,在谈判中你最关心的内容是什么? 反之,如果你是谈判的卖方,你会注重哪些方面的东西?

2. 谈判的准备工作从何时开始,到何时结束? 怎样才能知道己方准备工作已经足够了?

3. 思考一个你正在准备的谈判,尽你所能明确地说出你对对方利益与价值观念的假设。详细指明你如何在谈判中验证这种假设。你将会采用什么样的谈判方案？如果你的假设最终完全是错误的，你计划如何改进你的谈判方案？

4.在商务谈判中，谈判者在选择谈判场合时要考虑哪些因素？

5.假如你今天去找老板要求加工资。如果你的目的只是加工资，但是在谈判的过程中，老板给你再增加一点点工作量，就可以增加工资，那么你应不应该接受？

【案例分析题】

我国某冶金公司要向美国购买一套先进的组合炉，派一位高级工程师与美商谈判，为了不负使命，这位高级工程师作了充分地准备工作，他查找了大量有关冶炼组合炉的资料，花了很大的精力将国际市场上组合炉的行情及美国这家公司的历史和现状及经营情况。谈判开始，美商一开口要价150万美元。中方工程师列举各国成交价格，使美商目瞪口呆，终于以80万美元达成协议。当谈判购买冶炼自动设备时，美商报价230万美元，经过讨价还价压到130万美元，中方仍然不同意，坚持出价100万美元。美商表示不愿继续谈下去了，把合同往中方工程师面前一扔，说："我们已经作了这么大的让步，贵公司仍不能合作，看来你们没有诚意，这笔生意就算了，明天我们回国了。"中方工程师闻言轻轻一笑，把手一伸，做了一个优雅的请的动作。美商真的走了，冶金公司的其他人有些着急，甚至埋怨工程师不该抠得这么紧。工程师说："放心吧，他们会回来的。同样的设备，去年他们卖给法国只有95万美元，国际市场上这种设备的价格100万美元是正常的。"果然不出所料，一个星期后美方又回来继续谈判了。工程师向美商点明了他们与法国的成交价格，美商又愣住了，没有想到眼前这位中国商人如此精明，于是不敢再报虚价，只得说："现在物价上涨得厉害，比不了去年。"工程师说："每年物价上涨指数没有超过6％。一年时间，你们算算，该涨多少？"美商被问得哑口无言，在事实面前，不得不让步，最终以101万美元达成了这笔交易。

请分析中方在谈判中取得成功的原因及美方处于不利地位的原因？

第三章　国际商务谈判过程

【本章学习目标】

1. 掌握商务谈判活动的基本流程,明确每一阶段工作的主要内容和注意事项。
2. 了解各阶段的准备工作和应考虑的因素。
3. 熟悉各种谈判策略,并能准确地使用谈判策略。

商务谈判是一个两方合作或者多方合作的活动,为了使这种复杂活动的结果更加有利于己方,必须遵循一定的程序。谈判程序类似于生产运作的工艺流程,流程水平的高低直接决定着产品的好坏。也就是说,谈判程序的科学有序,直接关系到谈判的效果。

关于商务谈判的程序,不论是国际还是国内的专业人士,持有的观点多种多样,有的观点主张"谈判三部曲",即谈判准备阶段、正式谈判阶段和谈判妥协阶段;有的观点则在"三部曲"基础上,主张"谈判五步走",即谈判探询阶段、谈判准备阶段、正式谈判阶段、谈判小结阶段和谈判妥协阶段;还有的观点提出了"谈判的六个步骤",即谈判准备、制定战略、谈判开局、相互了解、讨价还价和谈判收尾。

上述观点各有灼见,为了更简洁、实用的勾画商务谈判的活动框架,本章在综合上述观点的基础上,介绍商务谈判的"四个流程",包括开局阶段、报价阶段、磋商阶段和成交终结与缔约阶段。

第一节　开局阶段

开局阶段是指谈判双方见面后,在进入具体实质性交易内容讨论之前,相互介绍、寒暄以及就谈判内容以外的话题进行交谈的过程。

良好的开局,可以顺利导入正题并展开实质磋商,甚至会影响谈判能否取得令人满意的结果。

一、营造洽谈气氛

商务谈判多是以口头形式进行，而且多数谈判的目的就是为了达成某种协议。因此，对于这种建设性的谈判，需要在谈判之初具备良好的氛围，即首先要营造一种融洽、合作的气氛。

【相关链接】

真诚开局　气氛融洽

有一天，一位旅居美国的学者正在家里看报，忽听有人敲门，开门一看，原来是一个八九岁的女孩子和一个五六岁的女孩子。大孩子非常沉着地说："你们家需要保姆吗？我是来求职的。"学者好奇地问："你会什么呢？年纪这么小……"大孩子解释道："我已经九岁了，而且已有 14 个月的工作历史，请看我的工作记录单。我可以照看您的孩子，帮助他完成作业，和他一起做游戏……"大孩子观察出没有聘用她的意思，又进一步说："您可以试用我一个月，不收工钱，只需要您在我的工作记录上签个字，它有助于我将来找工作。"学者指着那个五六岁的孩子说："她是谁？你还要照顾她吗？"他听到了更令人惊奇的回答："她是我的妹妹，她也是来找工作的，她可以用手推车推您的孩子去散步，她的工作是免费的。"

虽然小女孩求职时直接迅速地切入主题，但如此赏心悦目的开局，充满了真诚和友好，营造出温馨的洽谈气氛，很容易在谈判双方间建立趋同的愿望，从而搭建达成一致的桥梁，进入下一阶段的实质磋商几近无碍。

(一)洽谈气氛的类型

洽谈气氛大致可以分为四类：

第一类是冷淡、对立及紧张的洽谈气氛。在这种气氛中，谈判双方人员的关系并不融洽，互相表现出的不是信任与合作，而是较多的猜疑与对立。

第二类是松松散散、旷日持久的洽谈气氛。这是指谈判人员在谈判中表现出漫不经心的态度，在谈判中出现东张西望、私下闲聊、打瞌睡、吃东西等现象，使谈判进展缓慢，效率低下，会谈也常常因故中断。

第三类是热烈的、积极的和友好的洽谈气氛。在这种气氛中，谈判双方互相信任、互相谅解、精诚合作，谈判人员心情愉快，交谈融洽，会谈有效率、有成果。

第四类是平静的、严肃的、谨慎的以及认真的洽谈气氛。意义重大、内容重要的谈判，双方态度都极为认真严肃，有时甚至拘谨。每一方讲话、表态都思考再三，决不盲从，会谈有秩序、有效率。

很显然，上述四类洽谈气氛中，第三类是最受谈判者欢迎的，实践证明其谈判效果也是较理想的。

(二)洽谈气氛的影响因素

谈判是一项互惠的活动,一般情况下,谈判双方都会谋求一致,所以谈判的气氛也应该是真诚的、合作的、认真的和轻松的。要想取得这样的谈判气氛,需要在一定的时间内,利用各种因素,协调双方的思想和行动。

1.气质与风度

气质与风度的表现,影响着谈判人员的内在形象。

气质与风度是人们稳定的个性特征。良好的气质是以人的文化素养、文明程度、思想品质和生活态度为基础的。风度则包含精神状态、谈吐礼节、表情动作等。在谈判中,谈判手的气质和风度是通过他的态度、言语和行为表现出来的。良好的气质与风度,既能向谈判对手表现出礼貌和尊重的态度,又能够展现出我方高昂的精神面貌,使对手肃然起敬,从而营造出理想的谈判气氛。

2.着装与服饰

着装与服饰的选择,影响着谈判人员的外部形象。

服装的款式与色调、配件的搭配和衣服的清洁状况,可以间接地反映出谈判人员的心理特征、审美观点和参加谈判的态度。一般来说,谈判人员的装束应该整洁、美观和大方,但由于服饰属于文化习俗的范畴,所以在不同的文化背景下,会有不同的要求,应视情况而定。例如在法国谈判或对方是法国人时,就应该穿整洁的深色服装;如果是在丹麦或美国,衣着的问题就无足轻重了,只要干净整洁,穿便服或运动装也未尝不可。

3.姿态与表情

人的姿态和表情作为表达的一种重要的表现形式,同有声语言一样,具有强烈的感染力,反映出的是内心的自信和精力。所以在谈判进入正题以前,谈判双方的表情和姿态,就已经开始在传递无声信息了。例如面无表情,可能会使魅力和信用度降低;自然的表情,可能会消除紧张的感觉;微笑的表情,可能会显示出镇定自信的态度等。

4.中性话题的选择

在谈判进入正式话题以前,选择中性的话题是比较合适的,也容易引起共鸣,有利于营造和谐的谈判气氛。一般来说,中性话题可以选择双方都感兴趣的业余爱好,可以回忆往日合作成功的欢乐感受,还可以用轻松愉快的语气谈些双方容易达成一致意见的话题,如谈判的目的、议事日程安排、进展速度、谈判人员的组成情况等。

5.会场布置与座位安排

谈判中对谈判场地设施的布置和对谈判双方座位的安排,都会影响到谈判的心理状态,从而影响到洽谈的气氛,包括谈判桌的大小形状、座位的顺光逆光、电话设施的准备和茶点冷饮的供应等。例如,有的人认为桌椅的大小显示的是"权力"大小,能给对方造成一种心理压力;也有的人认为,没有合适的桌椅,会产生一种失落感,使谈判者在整个谈判过程中感到困窘。

(三)营造洽谈气氛的技巧

一般来说,营造恰当的谈判气氛,可以有以下三种方法:

1. 感情攻击法

通过某一特殊事件来引发普遍存在于人们心中的感情因素,使这种感情迸发出来,从而达到营造气氛的目的。运用感情攻击法的前提是了解对方参加谈判的人员的个人情况,尽可能了解和掌握谈判对手的性格、爱好、兴趣、专长、职业、经历以及处理问题的风格、方式等。投其所好通常可以取得意想不到的成功。

【相关链接】

照片带来感情共鸣

法国空中客车公司(Airbus)成立初期推销相当艰难,因为时值世界经济衰退。公司派了销售部的贝尔那·拉第峻去印度航空公司谈判飞机销售,谈判对手是印度航空公司主席拉尔少将。贝尔那见到拉尔时说:"是你使我有机会回到我的出生地",然后介绍自己的身世,最后拿出一相片,是印度有着"圣雄"之称的甘地和一个小孩。他告诉拉尔:"那个孩子是我,当年父母带我去欧洲时与甘地同乘一条船。"就这样,用一张旧相片同印航谈判代表拉近了距离,再用印度人都很崇拜的甘地产生感情共鸣,使谈判结果非常成功。

2. 称赞法

在谈判开局阶段,双方谈判手还不熟悉,必然带来相互之间的自我防卫意识。通过称赞对方的优点,可以削弱对方的心理防线,从而调动对方谈判的积极情绪,激发谈判热情,营造热烈的谈判气氛。发自肺腑的赞美,总是能产生意想不到的效果。人一旦被认可其价值,总是喜不自胜。

3. 幽默法

幽默是人类智慧的结晶,是一种高级的情感活动。幽默可以消除谈判对手的戒备心理,促使谈判双方积极地参与到谈判中来,从而营造高调的谈判开局氛围。同时,幽默也可以展现自信的心理状态,从某种意义上说,也是个人优势的体现。

二、破题

破题是双方由寒暄转入正式议题的过程。开局气氛的营造实际上已经为开场破题做好了准备。前一阶段,双方多是站着寒暄,从而使社交活动更为便利,同时也利于双方调整接触角度。一旦双方坐定下来,彼此的阵容及个人的地位也就明确下来,并且会自然而然地从一般性的交谈转入正式的业务谈判,精力也就随即集中起来。

破题的时间可以根据谈判的性质和谈判的总时长来确定。一般来说,破题期应控制在谈判总时间的5%以内。例如将要进行2个小时的洽谈,破题期大约控制在6分钟以内较为合适;如果谈判将要持续几天,那么破题时间就会延长。

三、开局方式

在营造了洽谈气氛并经历了破题期后,谈判就可以进入正式的开局阶段了。

开局是影响整个谈判格局和未来发展的重要阶段。首先,开局阶段,谈判双方的精力是最为充沛的,注意力也较为集中,容易从双方的交谈中理解谈话的内容和获得最多的信息;其次,洽谈格局就是在谈判开局后的几分钟内形成的,一经确定就难以改变,而格局对谈判后面要解决的问题有着直接影响;再次,开局是双方阐明各自立场的阶段,也是各自重要观点的首次亮相;最后,双方谈判人员的个人地位和作用也是在谈判开局阶段显示出来的,所以这一阶段也利于双方了解各自的谈判阵容。

一般来说,谈判的开局方式有以下三种类型:

1. 提出书面条件,不做口头补充

这是一种局限性较大的开局方式,一般只在两种情况下使用:(1)本部门在谈判规则的约束下不能选择其他方式。例如,本部门向政府部门投标,这个政府机构规定在裁定期间是不准与投标者磋商的。(2)本部门准备把所提交的最初的书面交易条件也作为最后的交易条件。这时对文字材料的要求是:各项交易条款必须写得准确无误,让对方一目了然,只需回答"是"或"不是",无须再作解释。如果是对对方提出的交易条件进行还盘,还盘的交易条件也必须是终局的,要求对方无保留地接受。

2. 提出书面条件并做口头补充

在会谈前把书面条件交给对方,由于书面说明完整清晰,能把复杂的条件用文字的形式明确的表述出来,对方也可以一读再读,全面了解,为谈判的后续工作奠定基础。但由于书面的形式死板固定,不如口头表达灵活,而且不如口语热情,精细的差别表达也不如口语,特别是在多语种谈判中,就更有局限性。所以,谈判者应该综合两种表达形式。例如在提出书面条件后,让对方充分发言,但不可多回答对方提出的问题。尽量试探出对方反对意见的坚定性,即如果不做任何让步,对方能否顺从意见。不要只注意眼前利益,还要注意目前的合同与其他合同的内在联系。无论心理如何感觉,都要表现出冷静、泰然自若的态度。要随时注意纠正对方的某些概念性错误,不要只在对本企业不利时才纠正等。

3.面谈提出交易条件

谈判双方事先不提交任何书面材料,只在会谈时提出交易条件。这种方式的优点在于:首先,可以见机行事,灵活多变;其次,可以充分利用感情因素,建立个人关系,缓解谈判的紧张氛围;再次,这种方式也可以先磋商后承担义务。当然,这种开局方式也有一些局限性,例如语言不同可能会产生误会;数字和图表用语言的形式难以表述;提前准备不足可能导致对方的反击等。

四、开局阶段应考虑的因素

总的来说,开局阶段的工作,一是吸引对方的注意力和兴趣,二是完成建设性的基础工作。所以,有效合理的开局,是顺利进行谈判的前提条件。在开局阶段,应该着重考虑以下几方面的因素:

1.形成良好的开局结构

开局结构主要是指谈判双方发言的次序安排、发言的时间分配以及议事日程的确定等问题。形成良好的开局结构,可以遵循以下几条基本原则:

(1)提供均等发言机会。开局阶段,一般不具备由一方主导谈判的条件,所以,双方都应该获得均等的发言机会和倾听时间。

(2)语言要简洁、轻松。开局阶段,是双方阐明自己立场和观点的阶段,所以应该轮流做简单陈述,切忌滔滔不绝,拖延时间。

(3)应充分合作。开局阶段,应该积极提出双方意见趋同的建议和问题,同时给对方足够的时间和机会提出不同意见和设想,努力树立、巩固和发展一致意见的意识,加强合作。

(4)乐于接受对方的意见。在开局阶段,只要对方的建议合理,就应该尽量、积极地接受。从心理学上来说,赞同对方的观点比反对对方的观点效果要更积极一些。

2.正确估计自己的能力

谈判人员常犯的错误之一就是不能正确地估计自己的能力,而危及合理开局的建立。首先,谈判人员不应该缺乏自信,不要低估自己的能力,也不要一味地以为对方清楚自己的弱点而唯唯诺诺;其次,也不应该过于自信,不要认为自己已经掌握了对方的要求而过早的暴露实力,应该始终保持谨慎的态度;最后,谈判人员还应该镇定自若,不要被对方的身份地位吓倒,不要被对方无理的要求吓住,也不要被对方提出的原则、规则、数字、先例等迷惑,要保持怀疑的态度。

3.谈判双方企业之间的关系

谈判双方企业曾经的合作关系会影响到开局气氛的营造。例如,如果双方企业曾经有过长期合作,并有很好的业务关系,那么会自然形成一种热烈的、友好的、轻松愉快的开局气氛;如果双方企业曾经有过业务往来,但关系一般,则可以营造一种友好、和谐、合作的气氛；如果双方企业过去的合作效果不佳，或关系紧张，则可以营造一种亲切而不亲密，有距离而不疏远的气氛；如果双方企业是初次接触，在开局阶段，真诚就显得尤为重要。

4.谈判双方的谈判实力

开局阶段，也是谈判双方观察对方谈判实力的阶段。谈判实力的强弱，可能会影响到谈判双方的心理，从而形成一种潜在的谈判格局。

如果谈判双方的实力旗鼓相当，则可以以友好、合作、互利为中心，营造一种和谐稳定的谈判氛围；如果我方实力具有明显优势，则切忌在谈判中显露"霸气"，不能有任何轻敌意识，在开局时，仍应该以友好真诚示人；如果对方实力强于我方，则切忌紧张、害怕，要充满自信，要沉着、大方，力求合作。

第二节　报价阶段

在开局阶段，如果谈判双方已经表现出了良好的合作意愿，就可以针对双方共同认定的一些重要议题加以阐述，进行垂直式的谈判。

报价，是指谈判一方向另一方提出自己的所有要求的过程，如商品的数量、质量、包装、价格、装运、保险、支付、商检、索赔、仲裁等交易条件。报价阶段一般是商务谈判由横向展开式谈判向纵向深入式谈判的转折点。在实际操作中，一般都是由一方当事人报价，另一方当事人还价。这种报价和还价就是报价阶段的主要工作。需要指出的是，这里所说的"价"是广义而言的，并非单指价格，还包括与谈判有关的各种交易条件。

一、报价的原则

为了能够更有利的向对方提出自己的交易条件，报价需要遵循以下几个基本原则：

1.报价的合理性原则

即报价应该合乎情理，提出的条件应该与谈判的目的和内容相一致，也应该符合谈判双方的能力。

2.报价的综合性原则

即报价时，不仅要考虑按照自己的报价所能获得的利益，还需要综合考虑该报价能否被对方所接受，是否有议价的可能，即报价成功的几率问题。

3.报价的艺术性原则

报价也是一门艺术，首先，报价方应该充满自信，果断而坚定的提出交易条件；同时，报价用语应该简洁、明确，所用的概念、术语和提出的条件务必严谨、准确、无懈可击。

当然,报价的时候不必做过多的说明和解释,因为谈判对方肯定会对相关内容提出质疑。

二、报价的方式

报价既可以采用书面报价的形式,也可以采用口头报价的形式。

书面报价比较正式、规范,但白纸黑字,一定程度上限制了企业的条件变化,不利于及时做出更正和改善。口头报价则相对具有很大的灵活性,使谈判方可以见机行事,没有约束感。书面报价较适合实力较强的谈判者,而口头报价则对实力较弱者有利。为了使报价获得期望的效果,应该综合利用两种不同的报价方式,一般来说,应以书面报价为主,口头报价为补充。

下面介绍两种应用较广的报价方式:西欧式报价和日本式报价。

1.西欧式报价方式

在西欧式报价中,卖方首先提出留有较大余地的价格,通过给予各种优惠,如数量折扣、价格折扣、佣金和支付条件方面的优惠(延长支付期限、提供优惠信贷)等,逐步接近买方的条件,达到成交的目的。这种报价方式的关键目的在于稳定对手,也就是买家,使之就各项条件与卖方进行磋商,最后的结果往往对卖方比较有利。

2.日本式报价方式

在日本式报价中,卖方报出最低价格,并列出对卖方最有利的结算条件。如果买主要求改变有关条件,则卖主就会相应提高价格。因此,买卖双方最后成交的价格,往往高于开始的价格。这种报价方式关键目的在于用最低价引起买主的兴趣,排斥竞争对手。当其他卖主纷纷放弃时,买方市场的优势就不复存在了,买方想要达到一定的需求,只好任卖方一点一点地把价格抬高才能实现。

三、报价的时机选择

对于应当由哪一方先报价的问题,目前还存在争议。

一般来说,先报价的谈判一方会自然地占有有利地位,因为先报价的一方通过报价,实际上已经为以后的谈判规定了一个发展的框架,这个框架使最终协议有可能在此范围内达成,在整个谈判过程中或多或少地支配着对方的期望水平。

先报价也存在不利之处。首先,当对方听了我方的报价后,很可能对他们自己的想法进行最后的调整,由于对我方的价格起点已经有所了解,他们就可以修改自己的报价,获得本来得不到的好处。例如,我方先提出要价 20 万元,对方很可能一开始就还价 16 万元,但在他们听到我方报价之前,本来可能准备提出 18 万甚至更高的报价。先报价的另一个不利之处是,对方会试图在磋商过程中迫使我方按照他们的套路谈下去,也就是说,对方会集中力量对我方的报价发起进攻,逼我方一步一步地降价,而不泄露他们究竟打算出多高的价格。当然,这种情况是我们必须坚决拒绝的,我们应该让对方报价、还价,绝不能使谈判转变为一场围绕我方报价的防御战。

报价的先后顺序,应视具体情况而定。按照商业惯例,在货物买卖谈判中,多数是由发起谈判的一方先报价,例如由卖方先报价,买方进行还价;在冲突程度较高的商务谈判中,根据谈判的冲突程度,先报价比后报价更为合适;如果谈判双方的实力不相当,可以由实力较强的一方先报价;如果双方的谈判经验不相当,则由经验较丰富的一方先报价;如果双方的行内经验不相当,则由较为内行的一方先报价。

四、确定开盘价

对于报价者来说,报价阶段需要考虑的问题是如何有利地确定报价的起点,即确定开盘价。

实际谈判过程中的最初报价称为开盘价。开盘价应根据国际市场价、市场需求以及购销意图和报价策略等确定一个符合情理的可行价。

理论上来说,开盘价应该是最高的可行价格,通常有两种形式:一种是以最高价格报出的期望价,由卖方提出;另一种是以不能突破的最低底盘价报出的期望价,由买方提出。买卖双方如何报出期望价要根据具体情况具体定夺。实践证明,如果卖主开价较高,则往往在较高的价格上成交;相反,如果买主还价很低,则往往在较低的价格上成交。大多数的最终协议结果往往在这两个价格的中间,或者接近中间的价格上成交。国外专家认为,卖方在开盘时报出的期望价,理所当然是"最高价",其内在含义及作用在于:

(1)开盘价给本方的要价定了一个最高限制,往往开盘价一报,自己就不能再提出另一个更高的价格了,对方也决不会再接受另一个更高的价格。

(2)开盘价为对方提供了一个相应的评价本方价格尺度的标准。

(3)报出一个高的开盘价,为下一步价格磋商提供了回旋余地。开盘时报出的最高期望价,本质上是一张为整个交易留用的"牌"。

(4)开盘价代表着谈判者的实在利益。在报价信息掌握得比较充分和可靠且策略运用得当的前提下,开盘价越高越可行,使报价的一方能够得到的好处也就越多。

曾经有这样一个真实的案例。美国加州一家机械厂的老板哈罗德准备出售他的三台更新下来的数控机床,有一家公司闻讯前来洽购。哈罗德先生非常高兴,准备开价360万美元,即每台120万美元。当谈判进入实质性阶段时,哈罗德先生正欲报价,却突然停住,暗想:"可否先听听对方的想法?"结果,对方在对这几台机床的磨损与故障做了一系列的分析评价后,说:"我公司最多只能以每台140万美元的价格买下这三台机床,多一分钱也不行。"哈罗德先生大为惊喜,竭力掩饰内心的喜悦,还装着不满意的样子,讨价还价了一番,最后自然是顺利成交。

俗话说"喊价要狠"。对于卖方,只要能找到理由加以辩护,可以尽量提高开盘价。

【相关链接】

铁娘子的报高价策略

1975年12月,在柏林召开的欧洲共同体各国首脑会议上,进行了削减英国支付共同体经费的谈判。各国首脑们原来以为英国政府可能希望削减3亿英镑,从谈判的惯例出发,撒切尔夫人会提出削减3.5亿英镑,所以,他们就在谈判中,提议可以考虑同意削减2.5亿英镑。这样讨价还价谈判下来,会在3亿英镑左右的数目上达成协议。可是,完全出乎各国首脑们的意料,撒切尔夫人狮子大开口,报出了10亿英镑的高价,使首脑们瞠目结舌,一致加以坚决反对。可撒切尔夫人坚持己见,在谈判桌上始终表现出不与他国妥协的姿态,共同体各国首脑——这些绅士们,简直拿这位女士——铁娘子没有任何办法,不得不迁就撒切尔夫人。结果不是在3.5亿英镑,也不是在2.5和10亿英镑的中间数——6.25亿英镑,而是在8亿英镑的数目上达成协议,即同意英国对欧洲共同体每年负担的经费削减8亿英镑。撒切尔夫人用报高价的手法获得了谈判的巨大成功。

但是,在实际谈判中,报价并不是简单的卖方或买方单方面的事情,它既要寻求本方的最高利益,又要兼顾对方能够接受的可能性。脱离对方可能接受的最高报价,只能是一厢情愿的甜蜜美梦。这是因为,当我方抬高报价时,对方必然千方百计地压低我方报价。而当我方为了自己的利益向对方施加压力,尽可能设法压低对方的开盘价时,对方也会顽强地坚持开盘价,或在开盘价的基础上被迫做出让步的同时,又相应的从其他方面争得好处,以使自己的利益得到必要的保护。

在提出报价时,一般应注意以下几个问题:

(1)明确报价。报价时切忌含含糊糊使对方产生误解。一方报价必须让对方准确无误地了解其期望的价格,达到报价的目的。

(2)果断报价。果断的报价才能给谈判对方留下认真又诚实的印象。

(3)报价时不需要过多的解释或说明。因为如果要使对方相信自己提出的开盘价是符合情理的,就没有必要为合乎情理的事情进行过多的解释和说明。而且,在议价阶段,对方肯定会就报价的有关问题提出质疑,如果在对方提问前,我方主动地对有关问题做过多的解释或说明,就有可能使对方从中找到某些突破口。

卖方在报价阶段还可以用"抬价"的方式获得额外利益。许多人常常在双方已商定好的基础上,又反悔变卦,抬高价格,而且往往能如愿以偿。抬高价往往会有令人意想不到的收获。抬价作用还在于,卖方能较好地遏制买方的进一步要求,从而更好地维护己方的利益。

【相关链接】

抬价获利

美国谈判专家麦科马克有一次代表公司交涉一项购买协议,对方最初的开盘价是 50 万美元,他和公司的成本分析人员都深信,只要用 44 万美元就可以完成这笔交易。一个月后,他开始和对方谈判,但对方却又声明原先的报价有误,现在开价 60 万美元,这反倒使麦科马克怀疑自己原先的估计是否正确。直到最后,当他以 50 万美元的价格与对方成交时,竟然感到非常满意。这是因为,他认为是以低于对手要价 10 万美元之差达成了交易,而对方则成功地遏制了他的进一步要求。

五、还价

在商务谈判中,还价既是对对方的尊重,也是推进谈判的重要步骤。几乎所有的谈判高手对还价都持缜密的态度。

所谓还价,亦称回价、新报价、新要约或反要约,是指受要约人对要约做出了更改,或者受要约人超过了要约规定的有效期限才做出承诺的行为。在面对面谈判中,还价一般是指谈判一方在听取了对方的报价说明以后,为了对对方的报价做出适当的反应,而向对方提出自己要求的交易条件。还价的核心部分是价格,也就是说,还价的理论依据就是成本。

商务谈判中还价的方式要根据谈判的内容决定。例如可以采取整体还价的方式,也就是按照交易标的的总价格"还个价儿",假如一家酒店的报价是 2 亿元,经过几番价格商讨后,买方提出 1.6 亿元的价格,这就是整体还价;还价也可以采取分组还价的方式,即根据谈判标的计算价格的便利,依据物品的使用性,进行分组还价,假如上述酒店可以分为客房、餐厅、家具设备、空调系统等若干部分,买家可以按照每一部分进行还价;还价还可以采取逐项还价的方式,比如对酒店转让价的评价,按桌、椅、橱具等分别还价,其意义与分组还价相似。当然,还价的方式应该灵活掌握,根据交易物的具体特征确定还价方式,切不可生搬硬套。商务谈判的实践证明,究竟是整体还价在先,还是分组或逐项还价在先,并不存在硬性的规定,可以灵活选择。

在商务谈判中,还价方还应注意以下几个问题:

(1)在还价前,要准确了解对方的报价内容。为此,可以向对方提出一些必要的问题,例如,在谈判设备价格时,可以向对方询问价格中是否包括佣金、是否包括机器的调试及技术培训费、是否包括一切必要的零配件费用等,以便得到一个准确无误的价格定位。当提问完毕后,应把自己对对方报价的理解进行归纳总结,并加以复述,以检验与对方在要约内容的理解上是否一致。

(2)还价也应当是提出符合情理的可行价。

(3)在还价所涉及的提问过程中,必须使对方认识到,这些问题只不过是为了弄清他们的报价,而不是在要求对方解释如此报价的原因。这样做不仅仅是对对方的尊重,而且对谈判双方都有好处。当然,从另一方面来说,报价的一方对于对方要求解释报价原因的提问应予以回避,并要求对方提出还价。

买方在还价阶段还可以用"讨价"的方法,抓住卖方条件中不合理的地方要求卖方调低报价。讨价是指买方对卖方的报价评论持否定的态度,即价格不太合理,提出要求卖方改善价格等商务要求的行为。讨价也叫吹毛求疵战术,即买主再三挑剔,提出一大堆问题和要求,这些问题有的是真实的,有的只是虚张声势。他们之所以这么做,是为了使卖主把价格降低,使买主有还价的余地。一般讨价的说法如:"请就我方刚才提出的意见报出贵方的改善价格","贵方已听到我们的意见,若不能重新报出具有成交诚意的价格,我们的交易将难以成功","我方的评价意见说到此,待贵方作出新的报价后再说"等。

【相关链接】

科文的讨价策略

律师科文的邻居是一位医生。有一次,这位邻居的房屋遭受台风的袭击,有些损坏。这房屋是在保险公司投了保的,可以向保险公司索赔。他想要保险公司多赔一些钱,但又知道保险公司很难对付,自己没有这种能力做到这一点,于是去请科文帮忙。科文问医生希望得到多少赔偿,以便有个最低的标准。医生回答说,他想要保险公司赔偿300美元。科文又问:"这场台风究竟使你损失了多少钱?"医生回答:"大约在300美元以上,不过,我知道保险公司是不可能给那么多的!"不久,保险公司的理赔调查员来找科文,对他说:"科文先生,我知道,像你这样的大律师,是专门谈判大数目的,不过,恐怕我们不能赔太大的数目。请问你,如果我只赔你100美元,你觉得怎么样?"多年的经验告诉科文,对方的口气是说他"只能"赔多少,显然他自己也觉得这个数目太少,不好意思开口,而且,第一次出价后必然还有第二次、第三次。所以他故意沉默了半晌,然后反问对方:"你觉得怎么样?"对方愣了一会儿,又说:"好吧!真对不起你,请你别将我刚才的价钱放在心上,多一点儿,比方说200美元怎么样?"科文又从对方回答的口气里获得了情报,判断出对方的信心不足,于是又反问道:"多一点儿?""好吧,300美元如何?""你说如何?"最后,以950美元了结,竟高出邻居希望数的三倍多。

第三节　磋商阶段

磋商是指谈判双方在原先报价的基础上进行讨价还价的行为过程。

磋商阶段是谈判双方面对面讨论、说理及论战,甚至发展为争吵的阶段,是实质性的协调或较量阶段。在谈判开始时,双方都在试探对方的实力,各自的行为不免有些"讹诈"的味道,只有到了实质性磋商阶段,双方才开始真正地根据对方在谈判中的行为,对自己的谈判策略进行调整,并决定自己的接受程度和条件要求。所以,磋商阶段是商务谈判的核心环节,磋商的过程及结果将直接关系到谈判双方所获利益的大小,决定着双方各自需要的满足程度。

一、讨价还价

讨价还价是谈判双方为解决尚存的差距,而在单位时间内同时进行讨价和还价的行为,亦称议价。由于在同一时间内同时进行买卖双方的进攻转换,其节奏与激烈程度比前述阶段更甚,要求也更高,不论买方或者卖方,都应该注意以下几个问题:

(一)讨价还价阶段的开始时机

何时进入讨价还价阶段,直接影响该阶段的谈判效果和效益。如果进入过早,前阶段谈判不够充分,有理的一方将凭空失去战机,放弃权利,可能还会导致谈判难度的加大;如果进入太晚,也会加大谈判成本,造成不必要的谈判风险。所以适时进入议价阶段是必要的。

1. 时间与成效标志

在前一阶段,谈判双方所用的谈判时间充分,即买方和卖方的权利均得到充分运用。同时,通过前阶段谈判,双方的意见交换已经取得明显的效果,双方差距明显缩小。

2. 意思表示

即谈判双方达成共识:该进入磋商阶段了。这个共识很重要,因为一方是不能进行讨价还价的。一般来说,意思表示是一种明示的协议。常见的表述例如"我方已将还价做了多次调整,该贵方考虑新的态度了","我方也有改进,且次数比贵方多,力度比贵方大,为什么还让我单方改善条件","那让我们双方共同努力解决难题"等。买方和卖方的说法使彼此均意识到新的阶段开始了。

(二)讨价还价的方式

讨价还价的方式要求形式简明,主要是交错式和往来条件对应。

1. 交错式

即礼尚往来式的谈判行为。"你来,我往;你不来,我不往"。这种方式的优点在于使谈判双方均为谈判结果的产生付出努力,平等互谅。既有礼,又有理,是谈判手应该坚持的讨价还价方式。

2. 往来条件对应

往来的条件既可以是笼统的、总括的交易条件,也可以是分项的、具体的交易条件。往来条件的形式或内容应该与项目对应,不可来为总价、总条件,去为分项价、具体条件。该方式旨在集中双方力量逐一解决分歧。

(三)讨价还价的地点选择

讨价还价的活动地点有以下几个选择:

1. 基本选择

讨价还价的地点原则上应该选在会议室中,这样易于营造谈判气氛、集中精力、抓紧时间。

2. 辅助选择

场外交换条件只能作为一种辅助形式,而且应在会议室议价取得一定进展,但陷于僵局以后应当采用。常见的辅助场所有饭店、宴会厅、旅游地、机场等。

3. 电话中讨价还价

当议价已经接近尾声,只剩最后一击的时候,也可以通过电话进行。处于策略考虑,在电话谈判时,可以通过助手或翻译传话的方式进行。其优点是自由、轻松、留有余地,问题是对所传达的内容要格外谨慎,注意斟酌。这种方式首先要讲究清晰的表达,为此,说话应简短明了,当然对方讲话时间较长也无妨,便于我方谈判手摸清信息;其次要讲究说辞,不强人所难,当然也不能自降身份;再次要讲究说法的灵活性,若对方态度诚恳,己方条件方可为条件,不会变;如果对方态度圆滑,己方条件则为参考数,这也是对传话人的事先要求;最后要讲究出手条件,即要能达到双方成交线,但又是最低的成交条件。如果双方主谈人或负责人相互之间很熟悉,也可由他们亲自出面在电话上完成最后的谈判。不过此时,应有翻译或助手事先铺垫,然后再隆重请出双方主帅,这种气氛的营造对谈判效果是有利的。

(四)讨价还价准备的条件

作为谈判人员应该充分了解讨价还价阶段的难度和关键度,所以在进入该阶段时应该有充分的准备。一般应首先考虑以下问题:

1. 出手条件的整理

出手条件就像谈判桌上掌握的"牌"。有多少张牌、牌的作用有多大,都必须整理。首先,要把条件规范化,例如双方差距是以数字表示,则应确定是以万元(内贸)、万美元(外贸)还是以百分数(％)表示,彼此要统一,便于讨价还价中条件的提出,即出牌;其次,要理清分歧,理清分歧数量与分量,可以由谈判双方共同做出,通过唱价,彼此核对,确认分歧状况,也算是对前一阶段谈判的小结;分歧情况也可以由谈判单方面清理,有时作为技巧,故意将双方协议点扩大,视对方某些方面已做让步,以加强谈判力。不过单方清理时应谨慎,不要把已经达成协议的问题当成分歧,也不要把现存的分歧当成协议。为此,在开始讨价还价后,必须先主动"独唱"单方清理的结果。

2. 出手条件的配置

配置出手条件实为做谈判方案。主要把握两点:一是要统观全局、牢记总账,即按清理出的双方分歧总量以及己方与双方剩余的力量(条件),看可调用的资源总量并预测双方手中的"牌",同时评估存在不合理部分的价值。统观总量过程中,还应注重细目,总账与细目兼顾,才可以确定进什么、进多少及退什么、退多少,使讨价还价思路明确,进退有度。二是要谨记目标、步步为营。出手时间可依对方松紧而调整,即对方先出手,我方后出手,对方坚持,亦随之;也可依己方目标实现情况而调整出手时机,例如在对方出手两次后再出手,或己方已出手两次,要求对方做出反应。此间要谨记我方最低的追求目标,同时突出紧逼对手的强劲谈判作风。

3. 讨价还价时的保密问题

事先的保密措施是发挥信息效力的保证,也是谈判技能的一部分。讨价还价阶段的保密主要包括以下几个环节:

(1)出手条件。出手条件是绝密的,一般只有主谈人与负责人知道。虽然在群体谈判时,可以集体参与谈判方案的设计,但底线的确定权仍是掌握在高层(领导与业主)和主谈人、负责人手中的,由主谈人配置出手的次数和条件。

(2)记载方式。记载己方与双方条件的方式,要求均不用笔与纸而是用脑记。因为纸笔记录的行为会使对手产生兴趣或关注的信息,无意中产生有意义、有价值的认识,不利于逼迫对手做出让步的行为。若用脑记,肢体变化小,形成直面对手的状态,易于发出冷漠的信息,进而使对手心虚,感到自己的条件不为人接受,这样对手的压力变大,进而试图思考让步。即使对方条件已进成交线,如此表现仍可动摇对方的自信,为扩大战果创造机会。对于十分复杂的问题则非记不可,如调价的公式等,那么手中的笔记本不能离手,或者本上仅记对方开出的条件,己方条件均在脑中。

(3)面部表情。注意参谈人员的面部表情,若喜形于色,则易泄密。遇到僵持,即着急、抓耳挠腮;得手,即喜上眉梢,均属泄密行为。主谈人不得如此,参谈人也不得如此。情不自禁、缺乏控制力的人容易泄密,应予以注意。

4. 讨价还价的主持

讨价还价中的主持工作一般由主谈人负责。不过,这里所说的主持问题,主要是强调发言必须集中,以保证快速出价与应对,同时增加己方讨价还价的锐气和合理性,也可进一步创造互动的气氛,保持谈判的热度,"趁热打铁"向对方提出条件。有时,谈判手为了维持谈判的热度,抓住进攻火候,需克服可能的疲劳、饥饿甚至病痛。在有多个发言人的状况下,应利用多人优势,营造热烈的气氛,尽量避免因意见分歧需休会商量而冷却气氛等情况。

二、妥协

妥协,也被称为让步,就是对先前所持有并公开陈述的立场、观点等进行的修正,以便不断地推进谈判进程的发展。谈判本身就是一门妥协的哲学,谈判过程中的相互让步,也是理智取舍的过程。妥协是谈判的讨价还价阶段不可缺少的重要环节,没有妥协就很难达成最终协议。

(一)妥协的一般原则

妥协让步固然是必要的,但在让步之前,谈判手应该反复考虑:现在是否应该让步,该如何让步,让步能带来什么利益? 等。因此,妥协时应该注意以下内容:

1. 不要轻易提出让步

即使是优秀的谈判手,在谈判中也有不得不让步的时候。但是高明的谈判手不会轻易提出让步,因为即便已经占据了有利的谈判地位,也有可能因为先做出让步而坚定对方的信心,也使对方强化了其立场,从而丧失了自己的谈判主动权。

商务谈判的成功往往取决于许多心理因素。当讨价还价处于僵持阶段,双方谈判者的心理活动异常激烈,此时与其说双方是在计较利益,不如说双方是在较量心理。所以谈判中首先要沉住气,不要主动提出妥协方案,也不能在未经施压的前提下做出大幅度的让步。来看以下的例子:

某公司想以每亩 60 万至 70 万元的价格转让一块土地,这块土地具有相当的增值前景。但在谈判的报价阶段,该公司报价为 120 万元/亩,以便试探对方的反应。其实,买方事先已经对该土地进行了评估,也调查过周边的土地价格,结论是该土地的市场合理价格为每亩 58 万至 60 万元之间。于是,买方提出每亩 50 万元的出价。这时,该公司急于将这块土地出手,随即同意将价格直接降为 80 万元/亩,即先前报价的 2/3。由于卖方一开始就做出了大幅度的让步,所以在接下来的谈判中就失去了主动性,任凭对方"砍价",毫无还手的能力。最终,双方以 55 万元/亩的价格成交,甚至低于买方的市场估价。

上述案例表明,卖方公司不应该这么快就做出大幅度的让步,使得买方坚定对这块土地价格的信心,迫使卖方继而多次让步妥协。

因为,在商务谈判中,即使需要让步,也不应该轻易地先做出让步,只有在最需要的时候,或谈判无法进行下去的情况下,再做出适当的妥协,而且要掌握让步的尺度,要循序渐进,不要轻易做出与谈判对手同等幅度的让步。

2. 提出有条件的让步

在面临不得不做出让步决定之前,要对让步附加某些条件,以有换有,而不是像上述案例中的卖方公司的"随即同意"。从追求自身经济利益最大化的角度出发,只要有可能,就应该对每一步妥协寻求一定的回报,即换取对方的让步。可以先与对方提出让步条件,在对方认同我方提出的条件的前提下,再谈让步。例如上述案例中的这家公司,如果不是"随即同意",而是说:"看样子价格上差距太大,当然我们双方都不可能不做些让步,如果贵方能够考虑分两次付款并且前后时间为三个月的话,那么我方可以重新考虑我们的报价。"这样一来,卖家公司可以在价格上先做出让步,但要求对方必须是"分两次付款并且前后时间为三个月"付清所有土地款,这就是卖方让步的条件。

3. 做到有效的让步

商务谈判实践表明,除了有条件让步外,还应该考虑做到有效的让步,使我方的让步不至于使得对方得寸进尺,同时也迫使对方不得不让步。有效让步需注意以下几个方面:

(1)让步应有明确的利益目标。让步可以从对方手中获得利益补偿。无谓的让步会被对手视为无能。"没有交换,决不让步",这是一个谈判者首先应该遵循的。

(2)让步要分轻重缓急。对谈判的条目进行分析,急需让步的问题才能进行让步。一般不先在原则问题、重大问题或者对方尚未迫切需求的事项上让步。

(3)让步要使对方感到是艰难的。千万别让对手轻而易举地得到己方的让步。因为按照心理学的观点,人们对不劳而获、轻易得到的东西通常都不加重视和珍惜。

(4)严格控制让步的次数、频率和幅度。让步次数不宜过多,一般3~4次。过多不仅意味着损失大,而且影响谈判信誉、诚意和效率;让步频率不可过快,过快容易鼓舞对方的斗志和士气;让步幅度也不可太大,太大反映了己方条件"虚头大",会使对方进攻欲望更强,程度更猛烈。

(5)让步要避免失误。一旦发现承诺的让步有失误时,在协议尚未正式签订以前,要采取巧妙策略收回。比如,可以借在某项条款上对方坚持不让步的机会,己方趁机收回原来让步的承诺。

(二)价格让步策略

价格让步是让步策略中最重要的内容。让步的方式、幅度直接关系到让步的利益。

这里,我们假设谈判一方在价格上让步的总幅度是100,分四次让步,可采取的让步策略有以下9种(见表3-1):

表 3-1   让步策略

让步策略	第一次让步	第二次让步	第三次让步	第四次让步
1. 一次式让步	100	0	0	0
2. 冒险式让步	0	0	0	100
3. 快速式让步	90	0	0	10
4. 均等式让步	50	50	0	0
5. 均衡式让步	25	25	25	25
6. 有限式让步	55	25	15	5
7. 满足式让步	50	30	25	-5
8. 递增式让步	10	20	30	40
9. 递减式让步	40	30	20	10

　　第一种让步被称作一次式让步策略。这种策略的特点是诚恳、务实、以诚制胜。但谈判一开始就把自己能做的让步和盘托出,会断送自己讨价还价的资本,以后的谈判过程中会因为没有退让的余地,而只好完全拒绝做任何进一步的退让。这种让步策略一般适用于谈判中处于劣势的一方。

　　第二种让步被称作冒险式让步策略。这是一种最后一次让出全部可让利益的策略。其特点是谈判的前三次丝毫不让步,给对方一种没有讨价还价余地的感觉,到了最后一次一步到位地让出全部利益,促成和局。使用这种让步策略时,如果对方比较软弱,有可能得到很大利益,但更大的可能是导致谈判的破裂,所以要冒很大风险,应该慎用。一般适用于谈判中处于优势的一方。

　　第三种让步被称作快速式让步策略。这种让步的特点是表现求和的精神,一开始让出绝大部分利益,显示己方的诚意,给人诚实的感觉,成功率较高。由于这种策略后几次的让步幅度剧减,表示出强烈的拒绝态度,也会让对方感觉到让步已到位;而最后一次让步再让出微小利益,也会让对方有满足感,而促成和局。当然,这种忽冷忽热的让步也可能会让对方困惑,有诚心不足的嫌疑。一般只在谈判处于劣势又急于求成的情况下偶尔一用。

　　第四种让步被称作均等式让步策略。即分两次做均等让步,而且让步幅度较大。这种让步的方法有两个缺点:一是让对方感觉到我方的让步是大概的,而不是精确的;二是对方如果还想要求继续让步,我方又拒不让步了,会使对方感到缺乏诚意。这种让步的策略在谈判中通常是不可取的。

　　第五种让步被称作均衡式让步策略。其让步特点是等额、定额增减,态度稳健、谨慎。但这种让步会刺激对方要求继续让步的欲望,因为在多次等额让步后,对方完全有理由多等待一个等额的让步,而如果我方一旦停止让步,就很难说服对方,甚至导致谈判的终止或破裂。所以,一般情况下这种让步策略也是不可取的。

第六种让步被称作有限式让步策略。这种让步的特点是先作一次很大的让步,从而向对方表示一种强烈的妥协姿态,表明自己的成交欲望。继而让步幅度急剧减小,也让对方明白,己方已经尽了最大的让步努力,再作进一步的妥协根本不可能了。这种让步经常会在谈判实力较弱的一方使用。

第七种让步被称作满足式让步策略。这种让步的特点是在第三次让步时设一个加价,这当然会遭到对方的坚决反对,于是第四步再去掉加价,给对方一种满足感。但这种作法会造成过头之嫌,让步到最后又加价,会使对方感到不理解,弄不好还会产生怀疑和不信任。所以这种策略登不得大雅之堂,在大多数正规庄重的谈判场合,切不可使用。

第八种让步被称作递增式让步策略。其特点是每次让步都比前面的幅度大,这会让对方坚信,让步会越来越大,从而诱发对方的幻想,造成我方的损失。所以,这种让步是最忌讳的,一般只用于陷入僵局的或危难性的谈判中。

第九种让步被称作递减式让步策略。这种让步与第八种策略有本质的区别,是一种从大到小,渐次下降的让步策略,其特点是自然坦率,符合规律,容易被对方所接受;让步幅度的逐次递减,也可以防止对方的进攻,效果较好,是谈判中最普遍采用的策略。

以上九种让步策略,均可依据谈判的实际状况和谈判双方的实力对比来进行选择。

第四节　终结与缔约阶段

谈判的终结,即谈判过程的完成及结束。缔约,即谈判双方利益得以最终确立的过程。通常情况下,人们习惯将成交或破裂视为谈判结束。其实谈判是否结束,只看成交或破裂这些表面现象是远远不够的。作为谈判手,还应将谈判终结的概念定义得更远一些。由于终结具有一定的风险性,若能及早发现终结的趋势,就可采取预防措施,使谈判更成功。

一、谈判终结

(一)谈判终结的判定标准

谈判终结的判定标准也就是标志谈判结束的信号或条件。

一般来说,谈判终结的判定标准有以下三种:

1. 条件标准

所谓条件标准,是指用谈判所涉及的所有交易条件(文字或数字表示)解决的状况来衡量谈判是否完结的做法。该做法是把双方文字与数字条件的谈判点，或称分歧点，予以量化，该分歧全部的解决也就标志着谈判的终结。条件标准表现为两个层次：成交线和分歧量。

（1）成交线。即可以接受的最低条件，在分歧点较多的情况下，如果某部分（90%左右）的分量已经相当于成交线，且该部分被双方接受，那么谈判实际上已可以终结，因为谈判的最低目标已实现。谈判手看到尚存分歧未解决，尚有机会再获利，才将谈判继续下去，以求扩大谈判战果。

（2）分歧量。即交易双方尚存条件分歧的数量。作为谈判技术掌握时，谈判手不分其价值量，即不论其与成交线的关系，一谈到底，全部达成一致时才终结谈判；作为谈判利益掌握时，谈判手会以价值量为原则重点突破，再论其他。前者谈判起来条件更苛刻，也更艰难，后者谈判起来轻重分明，较为灵活。

2. 时间标准

所谓时间标准，是指以谈判可用时间来判定谈判终结的做法。从谈判实践看，有三种可能的时间标准：所需的时间标准、所限的时间标准和竞争的时间标准。

（1）所需的时间标准。即以双方根据谈判内容明示约定的谈判时间作为判定谈判结束的标准。通常，谈判的首轮会面中，谈判双方就会交换对谈判任务的看法，并提出所需的时间和人员。这个时间既反映出谈判正常所需的时间，也反映了双方公认的谈判时间。一旦时间用完，不论成交与否，分歧多少，谈判都要结束。

（2）所限的时间标准。即以谈判任一方提出的可参与谈判的时间长度作为判定谈判结束的标准。单方提出时间限制的可以是法人，也可以是自然人；可以明示理由，也可以用通告的形式表明；可以在谈判一开始就明确，也可以在谈判过程中明确。单方限定时间时，其言可能为真，也可能为假。客观与策略两种情况均存在，所以要判断其真假，充分利用时间。

（3）竞争的时间标准。即以参与竞争的第三方的行动时间表为判定谈判结束的标准。在竞争激烈的谈判中，多个竞争对手同时投入某项交易的谈判是常有之事。此时，谈判进度与终结的时间一定受第三方的活动时间的限制。自然的反应是抢在竞争对手前，加快谈判进度。有时，在条件具有竞争力时，也要静观其变，到该出手时再出手，以求最大利益。

3. 策略标准

所谓策略标准，是指以谈判中某些策略是否被应用来判定谈判终结的标准。以策略判定谈判终结时，只看策略是否被运用，而不看其是否有效。典型的策略有三种：最后通牒、折中调和与好坏搭配。

（1）最后通牒（边缘政策）。即在谈判进行到一定阶段（多为中后期），通过提出一个新的让步条件作为决定合同成败的最后妥协条件，并逼对方对此抉择的做法。有时，在对方采取积极响应，但并不完全接受该条件，而是将成交差距缩短时，该策略的"最后"可能变成"近最后",使双方还有再谈判的一线生机。这种现象的存在又使该策略有"边缘政策"之称,即几近"悬崖"而不"勒马"。由于该策略总的外在特征是"最后",故可作为判定谈判终结的标志。

(2)折中调和。即在谈判后期,谈判双方共同拿出条件以缩小差距,相互向对方靠拢,以解决谈判最后分歧的做法。由于该策略运用的谈判阶段特点和谈判双方积极靠拢的意愿,使该策略具有判定谈判结束的功效。若一方不同意另一方折中的调和意见,势必使谈判陷于僵局;当主动的一方认为另一方行为系无理敲诈时,谈判必以破裂而终结。若双方同意折中,但对折中方案有分歧,势必顺势再提出新的折中方案,或就对方折中方案再折中,这时双方的谈判走向也是终结。

(3)好坏搭配。即在谈判中,为了打破僵局或结束谈判,将相对己方或对方要求优劣不同的条件组合在一起,作为完整的一个方案提出,让对方只有两种选择,即全盘接受或全盘否定的做法。由于该策略体现了一种总体的交换,使谈判手只有判断是或否的机会,也是最后的机会。即使出现不同的搭配,也只是在分量上有所微调,犹如折中调和,谈判方向已经固定,也将带领谈判走向结束。所以,该策略也具有判定谈判终结的作用。

(二)谈判终结的方式

谈判的终结方式是指结束谈判的形式与要求。不同的终结形式有不同的谈判原则要求。总的来说,结束谈判有三种基本的形式:成交、破裂和中止。

1.成交

即谈判双方达成协议而结束谈判。不过成交有可能按原询价与报价内容及相关条件全部达成一致,也可能经过协商仅对原询价或报价中的部分内容及相关条件达成一致。两种情况均视为成交,只在交易内容和规模上有量的变化。

2.破裂

即因双方的严重分歧而导致交易失败或结束。在谈判实践中,谈判破裂与谈判成交相比是居多的。由于交易成败并不等于谈判成败,所以在重视交易成败的同时,还应考虑如何使谈判成功。从谈判成功的角度看破裂的交易,可分为友好破裂和愤然破裂。前者为成功的谈判、失败的交易,后者为失败的谈判、失败的交易。

3.中止

即双方由于某种原因未能就交易内容或条件完全达成协议即结束谈判全过程的做法。中止可以由双方共同商定,也可由单方提出要求。对中止的谈判,双方可以约定恢复谈判的时间,也可不进行约定。不同的情况又会产生不同的中止与恢复谈判要求。

(三)总结分析与最后让步

在谈判终结时,还要求谈判双方认真总结前期谈判的情况,总结各自取得的成绩,同时发现存在的问题,并对谈判最后阶段存在的问题作出决策。例如,最后出现的一两个有分歧的问题,可以采用最后让步的做法来解决,就像酒宴结束前端上来的一盘水果,使人心满意足。

二、谈判记录

根据国际商务谈判的性质,有许多记录谈判的方法。但根本的要点是:每一次洽谈之后,双方离去前,要用书面记录将双方达成一致的议题拟一份简短的报告或纪要,并由双方草签认可,以确保以后该共识不被违反。这种文件具有一定的法律效力,在日后的纠纷中尤为重要。

在商务谈判中,确认谈判记录通常有以下几种方法:

(1)通读谈判记录或条款,以确定双方在各项要点上均保持一致同意。这种方法通常在谈判涉及商业条款及规格时使用。

(2)日常谈判记录由谈判一方在当日晚些时候整理就绪,并在第二天作为议事日程的第一个项目宣读,然后由双方通过。并且只有在这个记录得到双方通过以后,才能再继续进行谈判。这项工作虽费力,但对于长时间的谈判来说是可取的。

(3)如果只进行两三天的谈判,则由谈判一方整理谈判记录后,在谈判结束时宣读通过。在未经双方同意并且书面记录在案的情况下,谈判不可中断。

需要注意的是,主观臆断是谈判记录人员很容易犯的错误,例如他往往会记下他认为人们说了些什么,而不是实际上人们说了些什么。这一点记录人员应当特别注意。

谈判者通常要争取自己一方做记录。谁保存着会谈记录,谁就握有一定的主动权。如果对方向你出示他们的会谈记录,那就必须认真查看,要将自己的记录与对方的加以核对,发现偏差就应指出和要求修正。

在宣读谈判记录后,如果双方共同确认纪录正确无误,那么所记载的内容便是起草书面协议或合同的主要依据。

三、成交与签约

对于取得成交结果的谈判,谈判双方的分歧已经逐步消除,意见趋于一致,一般都要签订书面协议即合同文本,经双方法人代表或被授权人签字盖章后,成为约束双方的法律性文件。合同中确定的各项条款,双方都必须遵守和执行。任何一方违反相关条款的规定,都必须承担法律责任。因此,协议的签订是一项十分重要的工作,任何疏忽都可能造成重大的损失。一般来说,签订书面协议,必须注意以下几个问题:

1.最后小结,书面确认

通过最后小结和书面确认,起草一份协定备忘录。为了确保充分理解所达成协议的各项条款,谈判者必须整理谈判记录。对已经取得共识的条款形成原则性文本,以备忘录的形式由双方签订确认。备忘录虽然不是正式协议书或合同书,但一经双方签字,就代表双方的承诺,是下一步正式签订合同或协议的重要依据。

2.规范文字,准确用词

对协议或合同中的各项条款所使用的词语必须要准确,不能用含糊不清的词语来表述,同时还要求使用规范的文字表达。在双方确认无误后,由双方谈判代表或法人代表正式签字生效。

3.落实合同,保持联系

一项协议如果不能得到切实落实,也不能算成功。因此,应在谈判协议中写入落实计划。该计划应该明确做什么,什么时候完成,由谁来做;有时也将这种落实条款,单独在补充协议中表述,以便保证合同或协议的落实。

此外,合同或协议一旦生效,双方必须严格履行。如果发生了违背合同的行为,就需要通过新一轮的谈判进行纠正或制止,严重的情况下还要进行索赔谈判。因此,谈判双方必须对已签字的合同条款熟记在心,在合同执行的有效期内,保持经常性的联络沟通,进行必要的交涉和提醒,以便保证合同的有效履行。

四、谈判总结

不论谈判成功或失败,都需要对谈判进行总结。总结既有利于履行谈判合同条款,也便于督促对方执行合同,同时还有助于反思谈判过程中的得失或经验和教训,提高自身的谈判能力。

J·M·希尔特洛普和S·尤德尔在《如何谈判》[①]一书中用自问自答的方式列出了谈判结束后需要总结的问题:

- 我方对谈判结果的满意程度如何?
- 谁是最有效的谈判者?谁退让的最多?
- 哪些行动妨碍了谈判?
- 我方对对方是否信任?对此影响最大的是什么?
- 时间利用得如何?是否可以利用得更好?
- 对方互相听得如何?谁说话最多?
- 是否提出了有创意性的方案?如果提了,对方是否理解我方的意图?
- 我方的准备是否充分?这种准备对谈判起了什么作用?
- 对方提出了哪些最有力的论证?对方对我方的论证和观点接受程度如何?
- 我方从这次谈判中学到了什么?下次谈判应该怎样做?

概括性地说,谈判结束后的总结应该包括以下几方面的内容:

---

① J·M·希尔特洛普,S·尤德尔著,刘文军译:《如何谈判》,中信出版社,1999年。

（1）我方的战略。包括谈判对手的选择、谈判目标的确定等。

（2）谈判情况。包括准备工作、制定的程序与进度、采用的策略与技巧等。

（3）我方谈判小组的情况。包括小组的权力和责任的划分、成员的工作作风、成员的工作能力和效率，以及有无进一步培训和增加小组成员的必要性等。

（4）对方的情况。包括工作作风、小组整体的工作效率、各成员的工作效率及其他特点、所采用的策略与技巧等。

至此，谈判任务圆满结束。

【本章参考书目】

1. 白远主编：《国际商务谈判：理论案例分析与实践》，中国人民大学出版社，2002 年。

2. 陈莞主编：《实用谈判技巧》，经济管理出版社，2003 年。

3. 宋贤卓主编：《商务谈判》，科学出版社，2004 年。

4. 李品媛主编：《现代商务谈判》（第三版），东北财经大学出版社，2005 年。

5. 刘文广、张晓明主编：《商务谈判》，高等教育出版社，2005 年。

6. 丁建忠主编：《商务谈判》（第二版），中国人民大学出版社，2006 年。

7. 方其主编：《商务谈判：理论、技巧、案例》（第二版），中国人民大学出版社，2008 年。

【思考题】

1. 谈判人员在谈判开局阶段应该如何营造合作的洽谈气氛？

2. 举例说明谈判开局需要考虑哪些因素？

3. 什么是报价？如何确定开盘价？

4. 相互让步是磋商阶段不可缺少的重要工作。妥协时需要注意哪些问题？又有几种让步策略？分析每种策略的优缺点。

5. 如何判定谈判是否终结？谈判终结的方式有哪些？谈判终结后还需要做哪些工作？

【案例分析题】

案例 1：

用寒暄打开局面

柯达公司创始人乔治·伊士曼，在成为美国巨富之后，热心社会公益事业，捐赠巨款在罗彻斯特建造了一座音乐厅、一座纪念馆及一座戏院。为能承接这批建筑物内的座椅，众多制造商展开了激烈的竞争。可是找伊士曼谈生意的商人无不乘兴而来,扫兴而归,毫无收获。

正是在这种情况下,美国优秀座位公司的经理亚森访问伊士曼,希望可以得到这笔价值 8 万美元的生意。伊士曼的秘书在引见亚森前,就对亚森说:"我明白您急于想得到这批订货,但我现在可以告诉您,假如您占用了伊士曼先生 5 分钟以上的时间,您就完了。他是一个非常严厉的大忙人,所以您进去以后要快快地讲。"

亚森被引进伊士曼的办公室后,看到伊士曼正埋头于桌上的一堆文件,于是亚森静静地站在那里仔细地打量起这间办公室。

过了一会儿,伊士曼抬起头来,发现亚森就问道:"先生有何见教?"

秘书将亚森做了简单的介绍,便退出去。这时,亚森没有谈生意,却说:"伊士曼先生,我利用等您的时间,仔细地观察了您的这间办公室。我本人长期从事室内的木工装修,可从未见过装修的如此精致的办公室。"

伊士曼回答说:"哎呀!您不提醒我差点忘记了,这间办公室是由我亲自设计的,当初刚建好的时候,我喜欢极了。可是后来一忙,一直都没有机会仔细欣赏一下这个房间。"

亚森走到墙边,用手在木板上一擦,说:"我想这用的是英国橡木,是不是?意大利的橡木质地不是这样的。"

"是的,"伊士曼高兴地站起身来回答说:"那是从英国进口的橡木,一位长期研究室内细木的朋友专程去英国帮我订的货。"

伊士曼心情非常好,就带着亚森仔细地观察他的办公室。他将办公室内所有的装饰一件件地向亚森作介绍,从木质谈到比例,又从比例谈到颜色,从工艺谈到价格,然后又详细介绍了他设计的过程。亚森微笑着聆听,显得饶有兴趣。

亚森看到伊士曼谈兴正浓,就好奇地问起他的经历。伊士曼便向他讲述了自己青少年时代苦难的生活,母子俩怎样在贫困中挣扎的情景,自己发明柯达相机的过程,以及自己准备为社会所做的巨额捐款……

亚森由衷地赞扬他的公德心。

本来秘书警告过亚森,会谈不能超过 5 分钟,可是亚森和伊士曼谈了一个钟头又一个钟头,一直谈到中午。

最后,伊士曼对亚森说:"上次我在日本买了几张椅子,放在我家的走廊里,因为日晒,都脱了漆。昨天我上街买了油漆,准备由我自己把它们重新油漆好。您是否有兴致看看我的手艺?"

午饭以后,伊士曼便动手把椅子一一油漆好,并且深感自豪。一直到亚森告辞的时候,两人都没有谈及生意。但是亚森不仅得到了大批的订单,而且与伊士曼结下了终生的友谊。

思考题:请结合案例,分析如何营造洽谈气氛?

案例 2：

知己知彼，百战不殆

我国某冶金公司要向美国购买一套先进的组合炉，派高级工程师俞存安与美商谈判。为了不辱使命，俞存安做了充分的准备工作，他找了大量有关冶金组合炉的资料，花了很大的精力将国际市场上冶金组合炉的行情及美国这家公司的历史和现状、经营情况等情况调查得一清二楚。

谈判开始，美商一开口要价 150 万美元。俞存安列举各国成交价格，使美商目瞪口呆，最后终以 80 万美元达成协议。当谈判购买冶炼自动设备时，美商报价 230 万美元，经过讨价还价，把价压到 130 万美元，俞存安仍然不同意，坚持出价 100 万美元。美商表示不愿继续谈下去了，把合同往俞存安面前一扔，说："我们已经做了这么大的让步，贵公司仍不合作，看来你们没有诚意。这笔生意就算了，明天我们回国了。"俞存安闻言轻轻一笑，把手一伸，做了一个优雅的请的动作。美商真的走了，冶金公司的其他人有点着急，甚至抱怨老俞不该抠得这么紧。俞存安说："放心吧，他们会回来的。同样的设备，去年他们卖给法国是 95 万美元，国际市场上这种设备价格 100 万美元是正常的。"

果然不出所料，一个星期后，美商又回来继续谈判了。俞存安向美商点明了他们与法国的成交价格，美商又愣住了，没有想到眼前这位中国人如此精明，于是不敢再报虚价，只得说："现在物价涨的厉害，比不得去年。"俞存安说："每年物价上涨指数没有超过 6% 的，一年时间，你们算算，该涨多少？"美商被问得哑口无言，在事实面前，不得不让步，最后以 101 万美元的价格达成了交易。

思考题：俞存安在谈判中采取了什么技巧？这些技巧为什么会奏效？

第四章　国际商务谈判合同签订与履行

【本章学习目标】

1.了解国际商务合同的定义与特征。

2.掌握国际商务合同签订的原则和基本格式。

3.认识国际商务合同的履行和违约处理方式。

谈判双方经历了智慧与体力的较量后,终于达成了一致,使得双方最终能够达成共识。而一项商务谈判最终要以合同的形式加以确认,也要通过合同的法律效力来保证双方的利益。因此如何签订合同,合同的格式,合同的履行和合同的违约处理也是我们必须要掌握的知识。

第一节　合同的签订

谈判结束后双方会签订合同,合同一旦签订将具有法律效力,本节将介绍合同的定义和特征,签订合同的原则和注意事项。

一、国际商务合同的定义及其特征

(一)合同定义及其特征

合同也称为契约,我国学者一般认为,合同在本质上是一种合意或者协议。例如,《民法通则》第85条规定:"合同是当事人之间设立、变更、终止民事法律关系的协议,依法成立的合同受法律的保护。"我国"合同法"继续沿用了民法通则第85条的规定。《中华人民共和国合同法》第2条规定,合同是平等主体的自然人、法人及其他组织之间设立、变更、终止民事权利义务关系的意思表示一致的协议。据此可见,合同具有以下法律特征:

1.合同是平等主体的自然人、法人和其他组织所实施的一种民事法律行为

民事法律行为是民事主体实施的能够引起民事权利和民事义务的产生、变更或终止的合法行为。因此,只有在合同当事人所作出的意思表示符合法律要求,合

同才具有法律约束力,并受到国家法律的保护。如果当事人作出了违法的意思表示,即使达成协议,也不能产生合同的效力。同时,由于合同是一种民事法律行为,因此民法关于民事法律行为的一般规定,如民事法律行为的生效要件、民事行为的无效和撤销等,均可适用于合同。另外,合同是由平等主体的自然人、法人或其他组织所订立的,这就是说,订立合同的主体在法律地位上是平等的,任何一方都不得将自己的意志强加给另一方。

2. 合同以设立、变更或终止民事权利义务关系为目的

所谓设立民事权利义务关系,是指当事人订立合同,旨在形成某种法律关系(如买卖关系),从而具体地享受民事权利、承担民事义务。所谓变更民事权利义务关系,是指当事人通过订立合同使原有的合同关系在内容上发生变化。变更合同关系通常是在继续保持原合同关系效力的前提下变更合同内容,如果因为变更使原合同关系消灭并产生一个新的合同关系,则不属于变更的范畴。

所谓终止民事权利义务关系,是指当事人通过订立合同,旨在消灭原合同关系。

3. 合同是当事人协商一致的产物,是意思表示一致达成的协议

合同是合意的结果,它必须包括以下要素:第一,合同的成立必须要有两个以上的当事人;第二,各方当事人须互相作出意思表示;第三,各个意思表示达成一致。

由于合同在本质上是一种协议,因此合同与能够证明协议存在的合同书并不相同。合同书和其他有关合同的证据一样,都只是用来证明协议的存在及协议内容的证据,其本身并不等同于合同关系,也不能认为只有合同书才产生协议或合同关系的存在。

根据合同法第 2 条的规定,合同具有以下法律特征:

首先,合同是一种民事法律行为。《民法通则》第 54 条规定:"民事法律行为是公民或者法人设立、变更、终止民事权利和民事义务的合法行为。"合同的这种民事法律行为,在主体方面要求有两个以上的当事人,在意思表示方面要求当事人的意思表示一致。

其次,合同以设立、变更、终止民事权利义务为目的。所谓设立,是指当事人订立合同以形成某种法律关系;所谓变更,是指当事人协商一致以使原有的合同关系在内容上发生变化;所谓终止,是指当事人协商一致以消灭原法律关系。

再次,合同当事人法律地位平等。这是合同关系与以命令服从为特征的行政关系的根本区别。

(二)国际商务合同的特征

国际商务合同的当事人、客体、内容、纠纷的解决都具有涉外因素,使得国际商

务合同具有以下特征：

1. 跨国性的特点

涉及国外当事人和当事人国家的法律管辖和支配。由于合同标的必须跨越国境，也就必然涉及各种进出口海关手续，许可证和支付结算问题。

2. 受到国家间政治关系的影响

由于国际商务合同涉及两个或者两个以上国家之间的经济交往，与其所在国的利益密切相关，也就必然受到国家间政治关系的影响。

3. 合同需要符合国际贸易惯例的规定

国际商务合同还要受到双边条约和国际条约的支配，同时还要力求符合国际贸易惯例的规定。

二、国际商务合同签订的原则

(一)注重法律依据

涉外商务活动的法律依据并非仅仅强调本国的法律，它还应该考虑对方所在国的法律以及国际公约和国际商务中不成文的国际惯例。首先，谈判者应该注意我国法律对涉外经济合同的基本要求，同时也应该注意我国有关外汇管理、许可证管理相关制度及有关国家安全、公共健康、社会治安、外资企业管理、涉外税收法规等方面的法律与法规。其次，在遵循我国这些法规的同时，亦应充分了解对方所在国的有关许可证、关税等方面的法律。

(二)追求合同条款的公平与平衡

合同条款必须体现权利与义务对等的原则。合同条款对双方义务和权利的规定不是偏向某一方面的，而是公正地根据其应尽的义务赋予其所得的利益。

(三)条文明确严谨

在合同条款中用词造句要明确，专业、法律方面的术语及其表达方式应该力求标准、规范。如果没有统一与标准的表达方法，则应该通过反复商洽使得双方共同理解后，采用双方一致同意的文字描述。如果合同中用词含混不清或模棱两可，以及存在各种漏洞，就会造成不必要的损失。

三、合同的签订

(一)签字前的审核

合同签订前，要核对合同文本一致性(当合同文本为两种语言时)的或文本与谈判协议条件的一致性。还要核对各种批件，如项目批件、许可证、设备分交文件、用汇证明、订货卡片等是否完备以及合同内容与批件内容是否一致。当审核中发

现问题时,应及时互相通告,并调整签约时间。签字前的文件审核包括:

(1)在两种语言情况下,要核对合同文本的一致性;在一种语言情况下,要核对谈判协议条件与文本的一致性。

(2)核对各种批件,主要是项目批件、许可证、设备分交文件、用汇证明、订货卡等等是否完备,合同内容与批件内容是否相符等等。

(二)签字人的确认

主谈人不一定是合同的签字人,商务合同一般应由企业法人代表签字,也可以由具有所属企业最高领导人签发"授权书"的代理人来签字。签字人的选择主要出于合同的保证。复杂的合同涉及面广,也可以让有关上级、政府部门加以了解或适当参与。这样,在合同执行中若产生问题容易被理解,保证合同的顺利履行。商务合同的签字,是出于对合同履行的保证,一般情况下由企业法人代表签字。

四、签字仪式的安排

签字仪式的举行,没有一定之规。仪式的繁简取决于双方的态度、经济和合同的分量与影响。一般的合同签订,主谈人签字即可。重要合同的签字由政府官员出席,仪式就要隆重些。签字仪式要专门安排,诸如备好专门签字的桌子、场所、席间祝酒、签字后的宴请,宴请桌次、座次要严格按来宾身份排列。

第二节　合同的格式

合同通常采用的格式由三部分构成:首部(Head)、主体(Body)和尾部(End)。

一、首部

合同的首部称为约首,主要包括:
(1)合同的名称;
(2)合同的编号;
(3)签约日期;
(4)签约地点;
(5)买卖双方的名称、地址、联系方式;
(6)序言。

二、主体

也就是合同的正文,用以规定双方交易的各项条款、双方的权利和义务,是合同的主要部分。主要包括：

  (1)合同标的与范围；

  (2)数量与质量及其规范；

  (3)价格与支付条款及相应条件；

  (4)违约责任；

  (5)合同效力。

三、尾部

  尾部是合同结束部分,内容包括合同的份数、合同的有效期、通讯地址、合同的签署和批准等。

四、合同范例

表 4-1   出口合同

货物出口合同(Sales Contract)

编号(No.)：

签约地点(Signed at)：

日期(Date)：

卖方(Seller)：

地址(Address)：

电话(Tel)：   传真(Fax)：

电子邮箱(E-mail)：

买方(Buyer)：

地址(Address)：

电话(Tel)：   传真(Fax)：

电子邮箱(E-mail)：

买卖双方经协商同意按下列条款成交：

The undersigned Seller and Buyer have agreed to close the following transaction according to the terms and conditions set forth as below:

  1. 货物名称、规格和质量 (Name, Specifications and Quality of Commodity)：

  2. 数量(Quantity)：

  3. 单价及价格条款(Unit Price and Terms of Delivery)：

  (除非另有规定,"FOB"、"CFR"和"CIF"均应依照国际商会制定的《2000 年国际贸易术语解释通则》办理。)

  (The terms FOB, CFR or CIF shall be subject to the International Rules for the Interpretation of Trade Term (INCOTERMS 2000) provided by International Chamber of Commerce (ICC) unless otherwise stipulated herein.)

---

4. 总价(Total Amount)：

5. 允许溢短装(More or Less)：_____%.

6. 装运期限(Time of Shipment)：

收到可以转船及分批装运之信用证_____天内装运。

Within _____ days after receipt of L/C allowing transshipment and partial shipment.

7. 付款条件(Terms of Payment)：

买方须于_____前将保兑的、不可撤销的、可转让的、可分割的即期付款信用证开到卖方,该信用证的有效期延至装运期后_____天在中国到期,并必须注明允许分批装运和转船。

By Confirmed, Irrevocable, Transferable and Divisible L/C to be available by sight draft to reach the Seller before _____ and to remain valid for negotiation in China until _____ after the Time of Shipment. The L/C must specify that transshipment and partial shipments are allowed.

买方未在规定的时间内开出信用证,卖方有权发出通知取消本合同,或接受买方对本合同未执行的全部或部分,或对因此遭受的损失提出索赔。

The Buyer shall establish a Letter of Credit before the above-stipulated time, failing which, the Seller shall have the right to rescind this Contract upon the arrival of the notice at Buyer or to accept whole or part of this Contract non fulfilled by the Buyer, or to lodge a claim for the direct losses sustained, if any.

8. 包装(Packing)：

9. 保险(Insurance)：

按发票金额的_____%投保_____险,由_____负责投保。Covering _____ Risks for _____ 110% of Invoice Value to be effected by the _____.

10. 品质/数量异议（Quality/Quantity discrepancy）：

如买方提出索赔,凡属品质异议须于货到目的口岸之日起 30 天内提出,凡属数量异议须于货到目的口岸之日起 15 天内提出,对所装货物所提任何异议于保险公司、轮船公司、其他有关运输机构或邮递机构所负责者,卖方不负任何责任。

In case of quality discrepancy, claim should be filed by the Buyer within 30 days after the arrival of the goods at port of destination, while for quantity discrepancy, claim should be filed by the Buyer within 15 days after the arrival of the goods at port of destination. It is understood that the Seller shall not be liable for many discrepancy of the goods shipped due to causes for which the Insurance Company, Shipping Company, other Transportation Organization /or Post Office are liable.

11. 由于发生人力不可抗拒的原因,致使本合约不能履行,部分或全部商品延误交货,卖方概不负责。本合同所指的不可抗力系指不可干预、不能避免且不能克服的客观情况。

The Seller shall not be held responsible for failure or delay in delivery of the entire lot or a portion of the goods under this Sales Contract in consequence of any Force Majeure incidents which might occur. Force Majeure as referred to in this contract means unforeseeable, unavoidable and insurmountable objective conditions.

12. 仲裁(Arbitration)：

凡因本合同引起的或与本合同有关的任何争议,如果协商不能解决,应提交中国国际经济贸易仲裁委员会深圳分会。按照申请仲裁时该会当时施行的仲裁规则进行仲裁。仲裁裁决是终局的,对双方均有约束力。

Any dispute arising from or in connection with the Sales Contract shall be settled through friendly negotiation. In case no settlement can be reached, the dispute shall then be submitted to China International Economic and Trace Arbitration Commission (CIETAC), Shenzhen Commission for arbitration in accordance with its rules in effect at the time of applying for arbitration. The arbitral award is final and binding upon both parties.

13. 通知(Notices)：

所有通知用_____文写成,并按照如下地址用传真/电子邮件/快件送达给各方。如果地址有变更,一方应在变更后_____日内书面通知另一方。

All notice shall be written in _____ and served to both parties by fax/e-mail/ courier according to the following address. If any changes of the addresses occur, one party shall inform the other party of the change of address within _____ days after the change.

14. 本合同为中英文两种文本,两种文本具有同等效力。本合同一式_____份。自双方签字(盖章)之日起生效。

This Contract is executed in two counterparts each in Chinese and English, each of which shall be deemed equally authentic. This Contract is in _____ copies effective since being signed/sealed by both parties.

The Seller：   The Buyer：

卖方签字：   买方签字：

表 4-2   技术转让合同

合同登记编号：

【章名】技术开发合同书

项目名称：_____委托方：_____(甲方) 研究开发方：_____(乙方)

签订地点：   省   市(县)

签订日期： 年 月 日

有效期限： 年 月 日 至 年 月 日

【章名】填写说明

一、"合同登记编号"的填写方法：

合同登记编号为十四位,左起第一、二位为公历年代号,第三、四位为省、自治区、直辖市编码,第五、六位为地、市编码,第七、八位为合同登记点编号,第九至十四位为合同登记序号。

以上编号不足位的补零,各地区编码按 GB2260-84 规定填写(合同登记序号由各地区自行决定)。

二、技术开发合同是指当事人之间就新技术、新产品、新工艺和新材料及其系统的研究开发所订立的合同,技术开发合同包括委托开发合同和合作开发合同。

三、计划内项目应填写国务院部委、省、自治区、直辖市、计划单列市、地、市(县)级计划,不属于上述计划的项目此栏划(/)表示。

四、标的技术的内容、形式:

包括开发项目应达到的技术经济指标、开发目的、使用范围及效益情况、成果提交方式及数量。

提交开发成果可采取下列形式:

1.产品设计、工艺规程、材料配方和其他图纸、论文、报告等技术文件;

2.磁盘、磁带、计算机软件;

3.动物或植物新品种、微生物菌种;

4.样品、样机;

5.成套技术设备。

五、研究开发计划:

包括当事人各方实施开发项目的阶段进度,各个阶段要解决的技术问题,达到的目标和完成的期限等。

六、技术情报和资料的保密:

包括当事人各方情报和资料保密义务的内容、期限和泄漏技术秘密应承担的责任。

双方可以约定,不论本合同是否变更、解除、终止,本条款均有效。

七、其他:

合同如果是通过中介机构介绍签订的,应将中介合同作为本合同的附件。如果双方当事人约定定金\财产抵押及担保的,应将给付定金、财产抵押及担保手续的复印件作为本合同的附件。

八、委托代理人签订本合同书时,应出具委托证书。

九、本合同书中,凡是当事人约定认为无需填写的条款,在该条款填写的空白处划(/)表示。

依据《中华人民共和国技术合同法》的规定,合同双方就_____项目的技术开发(该项目属计划※),经协商一致,签订本合同。

一、※标的技术的内容、形式和要求:

二、应达到的技术指标和参数:

三、※研究开发计划:

四、研究开发经费、报酬及其支付或结算方式:

(一)研究开发经费是指完成本项研究开发工作所需的成本;报酬是指本项目开发成果的使用费和研究开发人员的科研补贴。

本项目研究开发经费及报酬:_____元

其中:甲方提供_____元,乙方提供_____元。

如开发成本实报实销,双方约定如下:_____

(二)经费和报酬支付方式及时限(采用以下第种方式):

①一次总付:_____元,时间:_____。

②分期支付:_____元,时间:_____。

③按利润_____%提成,期限:_____。

④按销售额_____%提成,期限:_____。

⑤其他方式:_____。

五、利用研究开发经费购置的设备、器材、资料的财产权属:

六、履行的期限、地点和方式:

本合同自_____年_____月_____日至_____年_____月_____日在_____(地点)履行。

本合同的履行方式:_____

七、※技术情报和资料的保密:

八、技术协作和技术指导的内容:

九、风险责任的承担:

在履行本合同的过程中,确因在现有水平和条件下难以克服的技术困难,导致研究开发部分或全部失败所造成的损失,风险责任由_____承担。(1.乙方;2.双方;3.双方另行商定)

经约定,风险责任甲方承担_____%,乙方承担_____%。

本项目风险责任确认的方式为:_____

十、技术成果的归属和分享:

(一)专利申请权:

(二)非专利技术成果的使用权、转让权:

十一、验收的标准和方式:

研究开发所完成的技术成果,达到了本合同第二条所列技术指标,按_____标准,采用_____方式验收,由_____方出具技术项目验收证明。

十二、违约金或者损失赔偿额的计算方法:

违反本合同约定,违约方应当按技术合同法第二十九条、第三十一条和技术合同法实施条例第四十二条,第四十三条规定承担违约责任。

(一)违反本合同第_____条约定,_____方应当承担违约责任,承担方式和违约金额如下:_____。

(二)违反本合同第_____条约定,_____方应当承担违约责任,承担方式和违约金额如下:_____。

十三、解决合同纠纷的方式:执行本合同发生争议,由当事人双方协商解决。协商不成,双方同意由_____仲裁委员会仲裁(当事人双方不在本合同中约定仲裁机构,事后又没有达成书面仲裁协议的,可向人民法院起诉)。

十四、名词和术语的解释:

十五、※其他(含中介方的权利、义务、服务费及其支付方式、定金、财产抵押、担保等上述条款未尽事宜):①:本合同书标有※号的条款按填写说明填写。

第三节　合同的履行

合同的履行,是指合同的当事人按照合同完成约定的义务,如交付货物、提供服务、支付报酬或价款、完成工作、保守秘密等。在社会生活中,人们之所以要磋商和订立合同,以自己的某种具有价值的东西去与别人交换,无非是期望能获得更大的价值,创造更多的财富。而这一价值能否实现,完全依赖于双方订立的合同能否真正得以履行。如果仅仅是订立了合同而没有实际履行合同,那么,不但为争取签约的所有努力都会付诸东流,而且还可能招致经济上和信誉上的严重损失。因此,履行合同是实现合同目的最重要和最关键的环节,直接关系到合同当事人的利益,因此也使履行问题成为合同法实践中最容易出现争议的环节。

一、合同履行的规则

合同履行的规则主要是指当事人就某些事项没有约定时的处理方法。我国《中华人民共和国合同法》第61条规定:"合同生效后,当事人就质量、价款或者报酬、履行地点等内容没有约定或者约定不明确的,可以协议补充;不能达成补充协议的,按照合同有关条款或者交易习惯确定。"有时,当事人依照《中华人民共和国合同法》第61条仍然无法确定,此时,《中华人民共和国合同法》第62条规定了一些具体的规则。

1. 关于质量条款约定不明

合同中质量要求不明确的,按照国家标准、行业标准履行;没有国家标准、行业标准的,按照通常标准或者符合合同目的的特定标准履行。

2. 关于价款、报酬条款约定不明

价款或者报酬不明确的,按照订立合同时履行地的市场价格履行;依法应当执行政府定价或者政府指导价的,按照规定履行。

3. 关于履行期限约定不明

履行期限不明确,债务人可以随时履行,债权人也可以随时要求履行,但应当给对方必要的准备时间。《合同法》第71条规定,债权人可以拒绝债务人提前履行债务,但提前履行不损害债权人利益的除外。债务人提前履行给债权人增加的费用,由债务人负担。

4. 关于履行方式约定不明

履行方式,是完成合同义务的方法,如标的物的交付方法、工作成果的完成方法、运输方法、价款或酬金的支付方法等。履行方式与当事人的权益有密切关系,履行方式不符合要求,可能造成标的物缺陷、费用增加、迟延履行等后果。履行方式不明确的,按照有利于实现合同目的的方式履行。

5.关于履行费用的负担约定不明

履行费用的负担不明确的,由履行义务一方负担。

二、履行的原则

合同履行的原则,是当事人在履行合同债务时所应遵循的基本准则。

(一)实际履行原则

实际履行原则指当事人按照合同规定的标的完成合同义务的原则。其含义是:在合同履行中,要履行标的,不能用其他标的代替原合同标的。就是说,对于有效成立的合同,其标的规定是什么,义务人就应当履行什么。要实际履行标的,不能轻易地以违约金或赔偿金代替履行标的。义务人如果不能按合同规定的标的给付,即使向对方偿付了违约金或赔偿金,也不能轻易免除其交付标的的义务。当然,实际履行不是绝对的,在某些特殊情况下可不加以适用。如以特定物为标的的合同,当该标的灭失时,实际履行已不可能。

(二)诚实信用原则

合同履行中的诚实信用原则包括适当履行原则和协作履行原则。

1.适当履行原则

适当履行原则,又称正确履行原则或全面履行原则,是指当事人按照合同规定的标的及其质量、数量,由适当的主体在适当的履行期限、履行地点以适当的履行方式,全面完成合同义务的履行原则。适当履行与实际履行既有区别又有联系。实际履行强调履行人按照合同约定交付标的或者提供服务,至于交付的标的物或提供的服务是否适当,则无力顾及。适当履行既要求履行人实际履行,交付标的物或提供服务,也要求这些交付标的物、提供服务符合法律和合同的规定。可见,适当履行必然是实际履行,而实际履行未必是适当履行,适当履行不会存在违约责任,实际履行不适当时则产生违约责任。适当履行原则要求履行主体适当、履行标的适当、履行期限适当、履行方式适当等。

2.协作履行原则

协作履行原则,是指当事人不仅应适当履行自己的合同债务,而且应协助对方当事人履行债务的履行原则。只有债务人的给付行为,没有债权人的受领给付,合同的内容仍难实现。不仅如此,在建设工程合同、技术开发合同、技术转让合同、提供服务合同等场合,债务人实施给付行为也需要债权人的积极配合,否则,合同的内容也难以实现。因此履行合同不仅是债务人的事,也是债权人的事,而协助履行往往是债权人的义务。只有双方当事人在合同履行过程中相互配合、相互协作,合同才会得到适当履行。协作履行是诚实信用原则在合同履行方面的具体体现,一方面需要双方当事人之间相互协助,另一方面也表明协助不是无限度的。

(三)经济合理原则

经济合理原则要求在履行合同时,讲求经济效益,付出最小的成本,取得最佳的合同利益。在履行合同中贯彻经济合理原则,表现在许多方面:债务人选择最经济合理的运输方式,选择履行期限履行合同义务,选择设备体现经济合理原则,变更合同,对违约进行补救也体现经济合理原则。如《民法通则》第114条规定:"当事人一方因另一方违反合同受到损失的,应当及时采取措施防止损失的扩大;没有及时采取措施致使损失扩大的,无权就扩大的损失要求赔偿。"

(四)情事变更原则

情事变更原则,是指合同依法成立后,因不可归责于双方当事人的原因发生了不可预见的情事变更,致使合同的基础丧失或动摇,若继续维护合同原有效力则显失公平,从而允许变更或解除合同的原则。情事变更原则有其存在的合理性在于:合同依法成立之时,有其信赖的客观环境,当事人在合同中约定的权利义务是与这种客观环境相适应的。权利义务的对等,也是就该环境而言的。在合同成立之后,该客观环境发生改变或不复存在,原来约定的权利义务如与新形成的客观环境不适应,也就不再公平合理了。只有将合同加以改变乃至解除才能实现公平,符合诚实信用原则的要求。情事变更原则的适用条件有以下几项:

1. 须有情事变更的事实

所谓情事,泛指作为合同成立基础或环境的客观情况,例如合同订立时的供求关系。这里的变更,是指上述客观情况发生了异常变动,例如战争引起严重的通货膨胀。具体判断是否构成情事变更,应以是否导致合同基础丧失、是否致使合同目的落空、是否造成对价关系障碍作为判断标准。

2. 情事变更须发生在合同成立以后,履行完毕之前

之所以要求情事变更须发生在合同成立以后,是因为若情事变更在合同订立时即已发生,应认为当事人已经认识到发生的事实,合同的成立是以已经变更的事实为基础的,不允许事后调整,只能令明知之当事人自担风险。之所以适用情事变更原则要求情事变更发生在履行完毕前,是因为合同因履行完毕而消灭,其后发生情事变更与合同无关。

3. 情事变更的发生须不可归责于当事人

即由不可抗力及其他意外事故引起。若可归责于当事人,则应由其承担风险或违约责任,而不适用情事变更原则。

4. 情事变更须是当事人所不可预见的

如果当事人在缔约时能够预见情事变更,则表明他承担了该风险,不再适用情

事变更原则。

5.情事变更须使履行原合同显失公平

是否显失公平应依理性人的看法加以判断,包括履行特别困难、债权人受领严重不足、履行对债权人无利益等。

第四节　合同的违约处理

当合同双方当事人一方有不履行合同、不完全履行合同、不适当履行合同的事实或行为,或者不能提出履行合同的确切证据而中止履行合同,都是违反合同,要承担违约责任。本节将介绍合同的违约处理。

一、合同违约的原因

合同违约的原因很多,主要有以下几个方面:

(1)由于合同主体没有履约能力造成的违约;

(2)由于合同标的不明确、不具体造成的违约;

(3)由于合同不能在约定的期限、地点履行造成的违约;

(4)由于对合同审查管理不严,合同缺乏可行性研究,所签订的合同不能实际履行的违约;

(5)国际商品市场行情变化或者价格大幅变动,从而影响合同履行造成的违约。

二、合同的违约责任及处理

违反国际商务合同的责任称为违约责任,是指双方当事人因过错造成合同不能履行或不能完全履行,依照法律规定或依照合同约定应该承担的法律责任。《中华人民共和国合同法》第七章违约责任中作出了相关规定:

第一百零七条:当事人一方不履行合同义务或者履行合同义务不符合约定的,应当承担继续履行、采取补救措施或者赔偿损失等违约责任。

第一百零八条:当事人一方明确表示或者以自己的行为表明不履行合同义务的,对方可以在履行期限届满之前要求其承担违约责任。

第一百零九条:当事人一方未支付价款或者报酬的,对方可以要求其支付价款或者报酬。

第一百一十条:当事人一方不履行非金钱债务或者履行非金钱债务不符合约定的,对方可以要求履行,但有下列情形之一的除外:

(一)法律上或者事实上不能履行;

（二）债务的标的不适于强制履行或者履行费用过高；

（三）债权人在合理期限内未要求履行。

第一百一十一条：质量不符合约定的，应当按照当事人的约定承担违约责任。对违约责任没有约定或者约定不明确，依照本法第六十一条的规定仍不能确定的，受损害方根据标的的性质以及损失的大小，可以合理选择要求对方承担修理、更换、重作、退货、减少价款或者报酬等违约责任。

第一百一十二条：当事人一方不履行合同义务或者履行合同义务不符合约定的，在履行义务或者采取补救措施后，对方还有其他损失的，应当赔偿损失。

第一百一十三条：当事人一方不履行合同义务或者履行合同义务不符合约定，给对方造成损失的，损失赔偿额应当相当于因违约所造成的损失，包括合同履行后可以获得的利益，但不得超过违反合同一方订立合同时预见到或者应当预见到的因违反合同可能造成的损失。经营者对消费者提供商品或者服务有欺诈行为的，依照《中华人民共和国消费者权益保护法》的规定承担损害赔偿责任。

第一百一十四条：当事人可以约定一方违约时应当根据违约情况向对方支付一定数额的违约金，也可以约定因违约产生的损失赔偿额的计算方法。约定的违约金低于造成的损失的，当事人可以请求人民法院或者仲裁机构予以增加；约定的违约金过分高于造成的损失的，当事人可以请求人民法院或者仲裁机构予以适当减少。当事人迟延履行约定违约金的，违约方支付违约金后，还应当履行债务。

第一百一十五条：当事人可以依照《中华人民共和国担保法》约定一方向对方给付定金作为债权的担保。债务人履行债务后，定金应当抵作价款或者收回。给付定金的一方不履行约定的债务的，无权要求返还定金；收受定金的一方不履行约定的债务的，应当双倍返还定金。

第一百一十六条：当事人既约定违约金，又约定定金的，一方违约时，对方可以选择适用违约金或者定金条款。

第一百一十七条：因不可抗力不能履行合同的，根据不可抗力的影响，部分或者全部免除责任，但法律另有规定的除外。当事人迟延履行后发生不可抗力的，不能免除责任。本法所称不可抗力，是指不能预见、不能避免并不能克服的客观情况。

第一百一十八条：当事人一方因不可抗力不能履行合同的，应当及时通知对方，以减轻可能给对方造成的损失，并应当在合理期限内提供证明。

第一百一十九条：当事人一方违约后，对方应当采取适当措施防止损失的扩大；没有采取适当措施致使损失扩大的，不得就扩大的损失要求赔偿。当事人因防止损失扩大而支出的合理费用，由违约方承担。

第一百二十条：当事人双方都违反合同的，应当各自承担相应的责任。

第一百二十一条：当事人一方因第三人的原因造成违约的，应当向对方承担违约责任。当事人一方和第三人之间的纠纷,依照法律规定或者按照约定解决。

第一百二十二条:因当事人一方的违约行为,侵害对方人身、财产权益的,受损害方有权选择依照本法要求其承担违约责任或者依照其他法律要求其承担侵权责任。

我国的法律对违约责任的处理方式主要有以下几种:

(1)继续履行;

(2)赔偿损失;

(3)支付违约金;

(4)采取补救措施;

(5)解除合同;

(6)暂时中止违约合同;

(7)其他措施。

三、合同的违约免责

《合同法》虽然采取严格责任原则,但并不意味着违约方在任何情况下均须对其违约行为负责。在法律规定有免责条款或当事人以约定排除或限制其未来责任的情况下,违约方也可能不承担违约责任或只承担部分违约责任。《中华人民共和国合同法》规定的免责事由,主要有三种:

1. 不可抗力

不可抗力是指不能预见、不能避免并不能克服的客观情况,具体包括以下情形:第一,自然灾害。这类不可抗力事件是由自然原因引起的,如:旱灾、地震、水灾、火灾、风灾等。第二,政府行为。指当事人订立合同后,因政府颁发新的政策、法律和行政法规导致合同不能履行的情形,同时包括战争行为。第三,社会异常事件。如罢工、骚乱等。根据《中华人民共和国合同法》第117条的规定,因不可抗力不能履行合同的,除法律另有规定外,根据不可抗力的影响部分或全部免除责任。

2. 合理损耗

《中华人民共和国合同法》第311条规定,承运人能证明运输过程中货物的毁损、灭失是货物本身的自然性质或合理损耗造成的,不承担损害赔偿责任,这一免责事由意在平衡承运人与货主间的利益关系,由货主负担因货物本身的自然性质、货物合理损耗所导致的损失。

3. 债权人的过错

债权人的过错致使债务人不履行合同,债务人不负违约责任,如《合同法》第311条规定,由于托运人、收货人的过错造成运输过程中的货物毁损、灭失的,承运人不负损害赔偿责任。

【本章参考书目】

1. 袁其刚主编:《国际商务谈判》,山东人民出版社,2003 年。
2. 贾书章主编:《现代商务谈判理论与实务》,武汉理工大学出版社,2007 年。
3. 来奇主编:《国际贸易合同》,中国民主法制教育出版社,2003 年。
4. [英]克里斯·索普、约翰·贝利:《国际商务合同》,华夏出版社,2004 年。

【思考题】

1. 签订国际商务合同的原则有哪些?
2. 履行国际商务合同的原则有哪些?
3. 什么是合同的违约免责?哪些情况下适用违约免责?

【案例分析题】

中国 A 工厂委托 C 公司与美国 L 公司签订了一个电路生产线的采购合同。合同在 9 月签订,10 月生效后,L 公司一直急于交货,以回收资金。而 A 工厂厂房还没有建好,不希望过早接货,早了无法存放且会发生锈蚀的问题。A 工厂希望 C 公司拒绝 L 的要求。然而 L 已经发出书面通知备好货,C 公司需要备船接货。C 公司业务员作为业务合同主管答了 L 公司的要求。

在 C 公司准备对外开信用证的过程中,由于 A 资金不到位,无法办理合同的开证手续。这时这位业务主管向上级报告了此事。上级部门经理与 A 公司协调,才知道 A 公司外汇尚未到位,于是与 L 公司联系,要求推迟发货。L 公司答复,货已经到达码头,由此产生的存放费、保险费每周 2 万美元,如果 C 公司愿意承担,可推迟发货。双方为发货时间和费用问题,产生了分歧。

经过查阅合同相关条款,交货期的约定是:"第一批货不早于 12 月 31 日,第二批货不早于下一年的 3 月 31 日。"此外还规定:"C 公司所租的船如果按 L 公司的通知接货日起 30 日内未到达 L 公司指定码头,那么自 31 日起的仓储保险费用由 C 公司承担。"

请分析:

1. 在此案例中合同起到了什么作用?
2. 最终该如何解决矛盾?

第五章　国际商务谈判心理

【本章学习目标】

1. 掌握谈判者的个性心理特征以及心理活动对于谈判者行为的影响。

2. 学会分析谈判者的心理。

3. 掌握贸易谈判的一些心理策略,了解谈判心理在谈判中所起到的作用以及如何通过满足谈判者的需求而达成谈判目标。

随着国际商务活动的日益频繁,商务谈判活动日益增加。不可否认的是,在任何交易活动中,双方都力图有所多得,但究竟什么因素影响着谈判结果的分配呢?有些因素是确定的,如公司拥有的货币量、谈判双方知识深浅对比、各自不同的发展模式和产业格局等;而有些因素是不确定的,它们能够使最终结果发生潜移默化的转移,这就是谈判中的心理因素。影响国际商务谈判的心理因素包括:个人自我价值判断、自信心、理解和观察能力、对人格类型的理解和把握、个人需求标准和谈判风格等。谈判是智慧与心理素质的较量,是谋略与技巧的角逐,是心理与胆量的比拼,谈判人员的心理直接影响其谈判决策行为。对于谈判者来讲,掌握一定的心理分析技巧无疑有助于其谈判的成功。

第一节　谈判的需要和动机

一、谈判的需要

(一)需要

从一定意义上讲,需要是个体积极活动的源泉,是国际商务谈判行为产生的基本动力。那么,什么是需要呢?

需要是个体缺乏某种东西时所产生的一种主观状态,它是客观需求的反映,既包括人体的生理需求,也包括外部的、社会的需求。

商务活动,首先要从"需要"入手。

贸易商为了满足自己的需要(如赚钱)而对别人的需要加以估算,从而提供能够满足别人需要的商品。从利己的角度出发,达到某种利他的结果。之所以有商务谈判的需要,是因为谈判的一方能够提供可以满足另一方需要的产品或服务。因此,作为一个谈判人员,谈判之前应当知道什么商品或服务可以满足对方的需要。在阿拉伯国家,虔诚的穆斯林每天都要进行祈祷,风雨无阻。穆斯林祈祷的一大特点是祈祷者一定要面向圣城麦加。然而,困扰穆斯林的问题在于,当他们离家在外或在旅途中的时候,常常会辨别不清方向,为祈祷带来障碍。一个比利时地毯商发现了这个商机,他将小块的地毯进行了改造,制作出专门用于穆斯林祈祷的地毯,他聪明地将扁平的指南针嵌入祈祷地毯,指南针指的不是正南正北,而是麦加。这样,伊斯兰教徒不管走到哪里,只要把地毯往地上一铺,麦加方向顷刻之间便可准确地找到,为伊斯兰教徒提供了极大的便利。新产品一推出,在穆斯林聚居地立即成了抢手货,这个比利时商人也因此赚了大钱。他成功的根本原因就在于他提供了满足他人需要的产品。

(二)了解谈判对手的需求、兴趣和爱好

商务谈判由利益和需要引起,参与谈判的各方都希望各自的利益通过谈判协商得以实现,以此来满足各自的需要。因此,如果谈判者要顺利地获得谈判的成功,并且要维系和发展同谈判对手之间的良好关系,那么在谈判前,就应对谈判对方进行充分的调查和研究。在尽可能维护自己利益的基础上,能够顾及和满足谈判对方的直接和间接需要。在谈判中,如何运用需求理论进行分析,了解谈判对手的需要对谈判成功至关重要。

那么,人们会有哪些需要呢? 我们首先来看一看美国心理学家马斯洛对于需要层次的划分。美国心理学家马斯洛认为,人类采取各种行动是为了满足自己各种不同层次的需要。他在1943年提出的"需要层次论"将人类多种多样的需要归纳为五大类,并按照它们发生的先后顺序分为五个等级。

1. 生理需要

这是人类最原始、最强烈、最明显的基本需要,包括食物、水、住所、睡眠、性、氧气等生理机能的需要。这些需要是人类为维持和发展生命所必需的。这些需要如果不能得到满足,人类的生存就成了问题。因此,生理需要是推动人们行动的最强大的动力。如果一个人所有的需要都不能得到满足,这个人就会被生理需要所支配,其他需要都要退到次要的地位。

对于一个处于极端饥饿状态下的人来讲,食物需求将占据主导地位,除了食物,别的兴趣都退居其后,在这种极端情况下,写诗的愿望、获得一辆汽车的愿望、对权力的欲望、对科学的兴趣、对一件新衣服的需要,则统统被忘记或忽视。这个人想到的、梦见的、看见的、渴望的只是食物,充饥成为这个人的首要目标。马斯洛认为,在人们的生存需要没有得到满足之前,不会去追求其他的社会需要。

2.安全需要

当一个人的生理需要得到满足后,人们接着就要考虑安全和稳定的机制,安全需要就会被提到一个较为重要的地位上来。他希望满足其安全的需要,诸如人身安全及工作的稳定,要求在将来年老或生病时有所保障,要求避免职业病的侵袭等等。为此,人们努力寻求舒适和安全的环境。

3.社交需要(归属和爱的需要)

当人们的物质和安全需要在一定程度上得到满足之后,就表现出对情感需求的渴望。马斯洛的社交需要含有两方面的内容:

一为爱的需要。即人都希望伙伴之间、同事之间的关系融洽或保持友谊和忠诚,希望与他人有亲密的感情交往,希望得到爱情、组建家庭、交朋友等。人人都希望爱别人,也渴望得到别人的爱。

二为归属的需要。即人都有一种要求归属于一个集团或群体的感情,希望成为其中的一员,人们不仅希望得到群体成员的认可,也希望被社会所接受,并得到相互关心和照顾。

4.尊重需要

马斯洛认为,人们对尊重的需要可分为两类:一方面为自尊的需要,包括信心、能力、本领、成就、独立和自由等愿望。另一方面为来自他人的尊重需要,诸如威望、承认、接受、关心、地位、名誉和赏识等。

马斯洛认为,当人们的尊重需要得到满足的时候,能使其对自己充满信心,对社会满腔热情,体会到自己生活在世界上的用处和价值,积极地参与社会生活。但是,当尊重需要受到挫折时,就会使人产生自卑感、软弱感、无能感,甚至会使人失去生活的信心。

美国希尔顿旅馆是一家声震全球的世界连锁企业,并且以微笑服务著称于世。董事长康纳·希尔顿确信微笑有助于旅馆的世界性的大发展。他时刻要求下属:"无论旅馆本身遭遇如何,希尔顿旅馆服务员脸上都要带着微笑。"他对下属常说的一句话是:"你今天对顾客微笑了没有?"事实证明,希尔顿旅馆服务员脸上的微笑,使顾客感觉到自己受到了欢迎,受到了尊重,犹如明媚的阳光,忘却了烦恼与忧虑。人们感觉,在希尔顿旅馆,不仅可以满足衣食住宿需要,而且可以满足人们的安全与尊重的需要。在 20 世纪 30 年代发生的空前的经济萧条中,全美国的旅馆倒闭了 80%,而希尔顿旅馆则凭着服务人员脸上的微笑,成功度过了萧条时期,跨入了经营的黄金时代。

5.自我实现的需要

当人的生理需要、安全需要、社交需要、尊重需要得到满足之后,人们最重要的需要就演变成自我实现的需要了。自我实现的需要是指实现个人的理想、抱负,发挥个人的能力极限的需要。希望从事与自己的能力相适应的工作,实现自身的价值。也就是说,人必须干称职的工作,是什么样的角色就应该干什么样的事,音乐家必须演奏音乐,画家必须绘画,这样才会使他们得到最大的满足。

在谈判前,应该尽可能了解和掌握谈判对手的性格、特点、爱好、兴趣、专长,了解他们的职业、经历以及处理问题的风格、方式等。

由于谈判人员在谈判中需要注意力高度集中,且随时处于应激状态以应付随时可能出现的变化,谈判是一项需要消耗大量体力、脑力且工作强度很大的活动。人类的各种需求在谈判中都会得到体现。例如,生理需求体现在为了确保谈判人员的精力和情绪处于最佳状态,需要饮食上富有营养并且可口,住得舒服,保障睡眠,以便集中精力应对谈判。安全需要则体现在谈判人员在谈判中,保证他们的人身安全、地位安全、信息安全以及经济利益安全等。社交的需要体现在,谈判人员希望在自己的团队内部成员之间团结合作,与谈判对方建立融洽的良好的关系,能够在友好合作的气氛中进行协商,达到圆满的谈判结果。尊重的需要不仅体现在来自谈判代表团内部成员的尊重,还体现在希望得到谈判对手的尊重上。自我实现的需要表现为人们希望谈判取得圆满成功,谈判人员在谈判中所取得的利益越大,其自我实现的需求的满足程度越高。

【相关链接】

迪巴诺的面包是怎么卖出去的?

美国纽约有一家非常有名气的面包公司,纽约很多著名的大饭店都从这家面包公司定购面包,然而,同样地处纽约的一家大饭店却从未向它订购过面包。为了改变这种状况,公司经理迪巴诺每星期去拜访大饭店经理一次,也参加他所举行的会议,甚至以客人的身份住进大饭店,整整四年的时间,他的努力从未间断。然而,令他失望的是,不论他采取正面攻势,还是旁敲侧击,这家大饭店的经理却是丝毫不为其所动,这反而更激起了面包公司经理推销面包的决心。但需要采取什么策略呢?

经过了周密的调查,面包公司的老板发现,那个不肯向其购买面包的饭店的经理是美国饭店协会的会长,而且特别热衷于美国饭店协会的具体工作,并且,只要是美国饭店协会召开的会议,不论在何地,他都一定前往参加。抱着试试看的态度,当面包公司老板再次去拜访饭店经理的时候,便不再谈购买面包的事情,而是大谈起美国饭店协会的有关事情,这引起了饭店经理极大的兴趣,并且,饭店经理一改以往的态度,滔滔不绝地讲起了协会的各种情况,并声称美国饭店协会给他带来了无穷的乐趣,并盛情邀请面包公司经理加入美国饭店协会。这也是两人在四年中的多次交谈中,唯一没有涉及购买面包事宜的一次谈话,但是几天后,饭店的采购部门打电话给面包公司,表示要立刻购买该公司生产的面包。这使得面包公司经理感慨万千:单纯为了推销面包,耗时四年,竟连一粒面包渣也没卖出,可仅仅对饭店经理所热心的事情表示关注,形势竟然完全改观。

这一案例给我们一个启示,当你对你的谈判对手的兴趣和爱好表现出关注时,往往会带给你意想不到的惊喜。

高明的谈判者往往不仅在谈判前,而且在谈判过程中总是尽可能地掌握对方的各种需要,并通过尽可能地满足对方的部分需要来达到满足自己的需要的目的。谈判过程中,当不可能全面满足对方需要的时候,要尽可能地在某些方面满足对方的需要。例如,如果不能在质量上满足对方需要的时候,可以考虑在价格方面满足对方的需要,如果无法在价格方面满足对方需要,可以设法在供货速度方面满足对方的需要,只有这样,才能达成协议,而你的最终目的——自己需要的满足才能成为现实。

二、谈判的动机

需要通常是以一种不满足感或必要感被体验着,并以愿望的形式表现出来。国际商务谈判的动机由需要引发。得不到满足的需要引发了人们心理上的不平衡状态。正是由于有了获取某种商品或服务的需要,人们才产生谈判的动机,为自己提出商务活动目的,考虑行为方法(例如,考虑与特定对象进行商务谈判),去获得所需要的东西,以得到需要的满足。

(一)谈判动机的涵义

谈判动机是由于商务人员有意识或无意识地期望满足其需要而推动其采取行动或行为的内驱动力。

人们的需要绝大部分是以提供一定的商品或服务来达到满足的。由于各个国家在历史、地理、文化、生活方式等方面存在很大的差异,形成了各民族,各地区独特的满足自身需要的方式,创造出用以满足不同需要的产品。国际商务活动使各国家、各地区的人们可以互通有无,从而使得人们满足需要的方式更加丰富化。需要激发了人的欲望,市场和商品又刺激了人的欲望,正是由于人类存在各种需求的欲望使得商品具有价值。正是满足各种各样的需求的需要,激发了诸如商务谈判这类寻求满足的动机与行为的产生。

国际商务谈判的重要性和与对方长期合作的可能性通常影响谈判者的动机和态度。谈判人员需要对对方谈判代表的动机进行揣摩,对持友好的、渴望成功、追求合作态度的谈判者,与对持冷淡的、敷衍应付、成交对自己意义不大的态度的谈判者,选用的谈判技巧应有所侧重。对于参与商务谈判的人员来讲,在谈判前了解清楚对方的谈判动机是非常必要的。因为,也许积极谋求谈判的对方并没有成交

的愿望。既然没有成交的愿望,为什么还要谈判呢? 没有诚意的谈判,原因主要有以下几种:

1.为日后可能的谈判进行试探

对方很可能制造一个有诚意进行谈判的假象,以便收集一些资料,为日后可能的谈判奠定一定的基础。而当前,他们可能并没有合作的意向,谈判最终会由于某种原因而终止,但如果经过试探,认为未来有合作的可能,双方会继续保持一定的联系。

2.为了获得所需的信息

日常选购商品需要货比三家,在国际上进行商务谈判同样需要对不同的商家提出的不同条件进行比较,以此判定应该跟哪一个商家合作。

3.为别人的谈判探路

由于某种原因,一个商家可能出于为别人探路的目的发起谈判。然后,在谈判过程中,通过不断的试探了解信息。也存在这样的情况:为了拖入第三方而进行谈判。

第二节　谈判人员的心理特征

谈判至少要由两方构成。谈判能否成功在很大程度上取决于坐在谈判桌对面的那个人或那一群人。对于参与国际商务谈判的人员来讲,重要的是要辨别出对手的个性类型和性格特点,并以此为依据来调整自己的态度和方法,为取得谈判的成功打下基础。

一、谈判人员的个性心理特征

个性心理特征是个人比较稳定的心理特征的总和,包括气质、能力、性格。

(一)气质

1.气质的定义

气质是针对一个人的心理活动的动力特性而言的,其动力特性表现在心理过程的速度、强度、稳定性、灵活性等方面。

2.气质的类型

气质一般可分为胆汁质、多血质、粘液质和抑郁质四种类型。气质类型没有好坏之分,每一类型都有较典型的、代表性的、突出的特点。

(1)胆汁质。由于具有强烈的兴奋过程,较弱的抑制过程,使得有人称胆汁质气质类型为兴奋型或不可遏止型。这类人具有明显的外倾特点:开朗、热情直爽、精力充沛、主动性强、善于交往、容易适应新的环境,但情绪难以自制,易于发怒、冲动莽撞、脾气暴躁。他们反应敏捷,行动果断,敢冒风险,在社交方面表现为态度直率,具有热情、勇敢、急、直、粗等特点。

(2)多血质。这种气质类型由于其具有灵活性和较高的可塑性,又称为活泼型,属于敏捷好动的类型。反应迅速,机智敏锐,但稳定性较差,很难做到耐心、细致。情绪易于产生和改变,往往做决定快,改变主意也快。这类人具有外倾性,热情、活跃,善于交际,积极乐观,容易适应变化的工作生活条件,可塑性强,具有活、直、快、虚等特点。

(3)粘液质。较为平衡的兴奋和抑制过程使得粘液质气质类型的人沉默而安静。他们反应速度较慢,注意力稳定,转变不灵活。能够克制冲动,有较强的稳定性和持续性。较为内倾。沉着冷静,坚韧,老练稳重,交际适度,埋头苦干,忍耐力强,适于从事要求器官灵敏,比较细致的原则性工作,具有稳、迟、实、内向等特点。

(4)抑郁质。具有抑郁质气质类型的人具有较强的抑制过程,较弱的兴奋过程,属于呆板而羞涩的类型。反应发生缓慢迟钝,情绪体验深刻,感情细腻、多愁善感并且多疑,感情较脆弱,比较孤僻,严重内倾。刻板性强,注意力转变不灵活,在困难局面下优柔寡断,但富有同情心,重视他人委托的工作。

在文学作品中刻画了很多具有典型气质类型特征的代表,例如张飞这个人物是典型的胆汁质气质类型,而林黛玉则具有典型的抑郁质气质类型。然而,生活中大多数人往往是几种气质类型的混合型。

具有不同气质类型的人对待同一事物的反应差别很大。他们的心理活动、言语表现、行为方式也各不相同。谈判人员的气质类型也往往会在谈判行为中反映出来。例如,在谈判进程中如果遇到挫折和失败,胆汁质的人会暴躁易怒,面红耳赤地与谈判对手进行争辩;多血质的人会设法找出导致谈判出现问题的症结,在接受教训的同时,很快地把不愉快的事转移;粘液质的人即便对谈判对手不满,也不会轻易发表意见;而抑郁质的人如果在谈判过程中遇到挫折,行动失败,则可能经受不住打击,会怀疑别人瞧不起自己,承受很大的精神压力。

气质本身无好坏之分,每种气质类型既有积极方面,也有消极方面。现实生活中,气质的类型是很复杂的,只有少数人是某种气质的典型代表,大多数属于中间型或混合型。

在谈判中,具有胆汁质、多血质的谈判人员往往在谈判过程中表现为感知和反应速度较快,对谈判内容和形势掌握较快,易于适应多变的谈判情境,并且可以在短时间内聚集自身的能量,全力以赴地面对谈判所面临的一切困难。而粘液质、抑郁质的谈判人员,可能在谈判过程中表现为感知速度较慢,理解谈判内容的过程较长,难以适应变化较大的谈判环境。

3.谈判人员不同的气质类型与谈判角色的选择

谈判人员的不同气质类型使得他们即便是面临同样的谈判情境,反应也大相径庭。胆汁质的人能够在短时间内积聚力量,投入全部的精力,在针锋相对的谈判情境中反应迅速。而多血质的灵活性和较强的适应性则有助于他们在谈判中随机应变。具有粘液质或抑郁质的谈判人员思维谨慎,在完成搜集整理资料以及其他需要敏感性、持久性的细致工作甚至是单一的枯燥性的工作中具有优势。

一般来说,气质是相对稳定,较难发生变化的,所谓的"江山易改,本性难移"就是用来形容气质的难以改变。但这并不是说气质始终保持稳定,不会发生变化。环境教育可以在一定程度上影响气质的发展方向。随着年龄的变化,人的气质也会发生变化。青少年由于年轻气盛,气质类型呈现出显著的胆汁质和多血质特征。当人到中年时,由于生活阅历渐深,多血质、黏液质增加,到了老年,则粘液质和抑郁质较为多见。

(二)性格

1.性格的定义

性格是对行为具有最重要的影响的心理品质之一。性格是指人经常的稳定的对现实的态度,以及与之相适应的习惯了的行为方式。也可以说,性格是人对现实的态度和相应行为方式中较稳定的心理特征的综合。性格在个性特征中居于核心地位,它是个性中最重要、最显著的心理特征。一个人的兴趣爱好、行为习惯、知识技能都以性格为核心而转化,所以性格可以从本质上反映一个人的个性特征。从某种角度讲,能力决定人的活动水平和效果;而当一个人面临选择时,性格则决定人的行为和选择的方向。正因为如此,性格决定了一个人的命运。

2.影响性格的因素

(1)遗传。遗传并不直接影响人的性格,而是以间接的方式潜在的影响性格的形成。遗传奠定了性格赖以生存的物质基础,影响人的体格、体质、力量、耐力、速度、灵活性等气质性品质,正是这些品质影响了一个人对外界刺激的反应模式,而这些内容恰恰是构成性格的心理基础。性格中的很多特质都是可以遗传的,一些对于双胞胎的研究表明,50%～55%的个性特质是可以遗传的。这就解释了为什么家庭成员之间的性格有相似之处。

(2)环境。环境是影响性格形成的重要因素。有许多环境因素对性格起着塑造作用,这些环境因素包括家庭教养方式、习惯、文化、教育背景、生活环境、社会经济基础、人际关系及群体规范以及个人经验等等。

在影响性格形成的诸多因素中,文化的作用尤其重要。不同的文化有不同的伦理原则、态度与价值观,在社会生活中确立了不同的行为规范,制约着人的态度体系和行为方式,因此,我们可以看到不同民族在行事风格上存在很大的差异。日本文化强调依恋与人际情感,这使得日本人看重家庭、人际协调和团体合作。日本人在谈判中,所有谈判人员之间的默契配合在全世界也是一流的。

德国人的性格特点同样与其文化背景是有一定联系的,德国社会规范十分严格,对社会秩序有着较高的要求,因此,德国人性格中表现出刚强、自信、自负、严谨、纪律严明、做事雷厉风行、讲求效率、追求完美、注重规律性和合理性、缺乏通融性的特点。德国人崇尚哲学,思维缜密,行为理智而严谨,甚至刻板。在德国历史上出了如马克思、黑格尔、尼采、康德等哲学家。德国商人的履约率几乎是全世界最高的,在商务活动中享有较好的信誉。

美国文化强调独立和竞争,这使得美国人性格表现出富有野心和攻击性。美国人性格的幽默也素有盛名。假如在餐厅盛满啤酒的杯中发现了苍蝇,英国人会以绅士风度吩咐侍者换一杯啤酒来;法国人会将杯中啤酒倾倒一空;日本人会令侍者去把餐厅经理找来,训斥一番;而美国人则可能对侍者说:"以后请将啤酒和苍蝇分别放置,由喜欢苍蝇的客人自行将苍蝇放进啤酒,你觉得怎样?"在谈判过程中,美国商人也喜欢用轻松幽默的语言表达信息或讲讲笑话活跃气氛。

不仅社会的文化和传统影响人的性格形成,甚至出生排行对人的性格也会造成一定的影响:出生于不同的排行次序,接受到不同的家庭及社会环境的待遇,反映出不同的性格特征。在家中排行第一的孩子往往依赖性较强,较容易感受到社会压力,比较在乎别人的接纳与排斥,循规蹈矩,遵从权威,较富于雄心,善于合作,易于内疚与焦虑。而那些在家中非排行第一的孩子在行动上往往有年长于自己的哥哥或姐姐作为自己行动的参照,可以通过观察间接学习到一些经验,往往动手和自己解决问题的能力较强。

(3)情境。除了遗传和环境这两个在性格形成过程中起到重要作用的因素之外,情境也是一个不可忽视的因素。具体的态度和行为模式的表现往往是由具体环境所引发,在处理具体问题中得以体现。性格一旦形成,就具有稳固的特性。性格是相对稳定的,具有相对的恒定性,但这不是说它以刻板不变的方式保持唯一的形态。性格的稳定性,并不是狭义上的时间和空间(情境)上的一致性,而是指它在性质上不变,例如,我们说雷锋同志对待同志像春天般的温暖,对待敌人像秋风扫落叶般的无情。在不同情境中随条件的改变采取不同的态度与行为反映方式,这种性质的不变性通过对不同情境作出不同的反应而实现并维系着性格的本质特征。然而,这种"事随境迁"的做法,并不是说一个人的性格在时刻变化着,一个人工作时很严肃、谨慎,而闲暇娱乐时,可能表现得非常活泼、随意。这仅仅是随情境的变化而做出不同的反应而已。

3.性格差异

(1)感觉—感情型。具有这种性格特点的人相信眼见为实,不会轻易相信他人。行动出于个性喜好。关心人,友好而有同情心,喜欢大的交往范围满足其情感需求,总是十分欢迎别人的帮助。

(2)直觉—感情型。这类人倾向于注意事物的变化,善于并喜欢根据掌握的线索推测事物的发展。适于交往,喜欢宽松的环境,关心事物。

(3)感觉—思考型。具有这种性格特点的人以感觉为主,注重外部的细节,注重理性分析,逻辑判断,讲究实事求是,与事物及数字打交道,在处理人际关系时,缺乏敏感性、和谐性,乐于处理比较有章可循的问题。市场调查,文件分析工作非常适合具有这样的性格特点的谈判者。

(4)直觉—思考型。这类人注重事物的变化和新的可能性,关心将来,喜欢从理论角度分析问题,喜欢思考,缺点是较为书呆子气。

4.谈判人员的性格构成

谈判往往不是仅仅在两个人之间进行。进行商务谈判的两个公司会各自组成一个较为合理而完整的谈判代表团或谈判小组。在一个理想的谈判人员组合中,谈判人员的性格应该是互补和协调的。如果需要一个谈判集体进行大型的谈判活动,需要考虑在该谈判代表团中要有多种性格的人员组成。通过"性格的补偿作用"使每个人的才能得到充分发挥,不足得到弥补。

(1)独立型。具有独立型性格的人乐于承担独立性强和充分发挥个性的工作,处事果断,有较强的责任心与上进心。他们的特点是性格外露,善于交际,善于洞察对方心理。

(2)顺应型。具有顺应型性格特点的人独立性较差,但由于他们性格柔和,为人随和,具有较强的亲和力。如果安排他们从事按部就班的工作,他们往往可以完成得很好,但独当一面对他们来讲则具有一定的难度。

(3)活跃型。交际性的工作对于具有活跃型性格的人来讲是件轻而易举的事情。由于他们思维敏捷,情感丰富,性格外露,非常适合在谈判中活跃谈判气氛,当谈判陷入僵局的时候打破僵局,使得谈判得以继续。

(4)沉稳型。与活跃型性格的人相反,沉稳型的人性格内向,不善交际,但由于他们非常有耐心,做事沉着稳健,在谈判中善于观察和独立分析,在持久性的谈判中具有一定的优势。

(5)急性型。性情急躁,情绪波动性大,容易激动,待人热情,适于从事简单的,易于快速完成的工作。

(6)精细型。这类人做事有条不紊,沉着冷静,在谈判中能够捕捉细微变化并能细致分析。

独立型、活跃型、急性型都属于外向型,而顺应型、精细型、沉静型则属于内向型。不同性格特征的人可以在商务谈判中发挥各自不同的作用,都有适宜其性格积极方面发挥的工作去做使其各展所长。由于外向型的谈判人员侃侃而谈的性格特点,可以为他们安排为主谈或给他们分派一些搜集信息的交际性强的工作。内向型的人,则在从事内务性工作,如对资料、信息进行处理和加工时表现出色。

(三)能力

能力是指圆满完成某种活动所必需并直接影响工作效率的个性心理特征。由于每个人的先天素质、生活环境以及实践活动的不同,不同个体在掌握某种知识或技能的过程中表现出来快慢程度、深浅程度、难易程度、巩固程度等方面的不同,这就是能力差异。知识的掌握仅仅是能力发展的前提条件,并不等于能力的发展。因此,受到同等教育的人,能力水平也许差异很大。

作为谈判人员,需要具备多种能力,包括较强的表达能力,观察事物细微变化的能力,理解他人的能力以及推理判断的能力等等。

第三节　谈判人员的心理素质

一、谈判者所承受的压力

参与商务谈判的谈判者会在不同程度上承受来自各方的压力。通常有两种压力,一种压力来自于谈判人员自身,是对自身性格动因的反应,另外一种压力则来自于其所代表的组织。每一个谈判者要实现组织的目标和需求,同时也争取满足其自身的需求。当谈判者在进行谈判时,在努力争取完成诸如签订合同、节约资金、收购、买卖交易等组织目标的同时,也会在一定程度上争取实现其自身的需要,诸如取得成就、完成任务、获得地位、权利等。也就是说,谈判者既要设法满足自己所代表的组织的要求,同时也拥有自我的目的。因此,谈判者不仅要面对组织的压力,同时也要面对个人的压力。对于绝大多数谈判人员来讲,都存在这两种需求混合的情况,然而,并非每个人都有需求的固定的百分比。也就是说,有些人会比较容易受个人因素所影响。例如,个人在多大程度上,能坚持"走自己的路,让别人去说吧"。另外,即便是同一个人,这种比例也不是经常保持一致的。在任何谈判者的背后,都有上司、下属或同事,这些人多半是因为职业的因素,而对谈判的结果产生直接的关心。谈判人员的上司可能会根据谈判的结果评估该谈判者的能力来决定是否对其提升或调任,下属也会根据结果判断自己的上司的发展潜力,同事也会对于谈判结果的成功与否做出自己的判断,因而,谈判人员会面临一定的心理压力,需要有良好的心理素质。

二、谈判人员心理素质的要求

国际商务谈判人员的心理素质包括:责任心、协调力、创造性、自制力、意志力、幽默感和良好的心态。

1. 责任心

谈判人员心理素质的最基本的要求就是要有责任心。在谈判中认真负责，一丝不苟。谈判人员只有具有较强的责任心，才会在谈判中始终坚持自己的立场，发挥自己的聪明才智。

2. 协调力

是指谈判人员具有良好的性格，能够与他人相处融洽，建立良好的人际关系，在交流中形成良好的氛围，并能同其他谈判人员统一协调行动的心理素质。

3. 创造性

谈判是一项复杂的工作，具有创造性的谈判人员善于发现隐藏于表面竞争背后的双方共同的利益，并提出创造性的解决方案，形成双方的共赢。

4. 自制力

谈判人员在环境发生激烈变化时需要有克服自身心理障碍的能力，以便在谈判顺利时不会被胜利冲昏头脑，谈判遇到挫折不至萎靡不振。同时，在谈判中保持良好的克制力，不受个人情感和情绪的支配，避免造成不必要的冲突。

5. 意志力

是指谈判人员拥有坚强的意志品质。谈判有时会发生戏剧性的变化，这就要求参与谈判的人员具有较强的意志力，要有勇气，有魄力，处事果断，敢担风险，能够在变化的情境中做出正确的决策。

6. 幽默感

幽默有时可以化解谈判中的尴尬，使谈判者在对立的氛围当中进行和解，使谈判能够良性发展。

7. 良好的心态

谈判策略的较量，是实力的较量，同时也是心理的较量。急躁情绪会使谈判者在心态上失去平稳。谈判者的心态关乎谈判的成败。谈判是一种斗智斗勇的竞赛，一名成功的谈判者，应该具有良好的心理调控能力。意志和耐心不仅是谈判者应该具有的心理素质，同时，也是进行谈判的一种方法和技巧。

第四节　物理环境设置对谈判人员心理的影响

一、物理环境对谈判人员的心理影响

人们的态度和行为与特定的环境条件相关。在不同的环境条件下，人们的行为表现各不相同。环境包括人际环境、物理环境以及心理环境等。由于不同的客观环境能使人们产生不同的思维定势,形成不同的心理准备状态,进而影响谈判人员的态度和行为,也影响谈判的最终结果。因此,通过对物理环境改变来创设特定的心理环境,有助于谈判取得预期的结果。

1972年,美国总统尼克松访华,这是中美双方的一次具有重大历史意义的谈判。为了创造一种融洽和谐的谈判环境和气氛,周恩来总理亲自对谈判过程中的各种环境都做了精心而周密的准备和安排,甚至对宴会上要演奏的中美两国民间乐曲都进行了精心挑选。当军乐队在欢迎尼克松一行的国宴上熟练地演奏起由周总理亲自选定的《美丽的亚美利加》时,尼克松总统绝没有想到能在中国的北京听到他平生最喜爱的,并且指定在他的就职典礼上演奏的家乡乐曲。一个小小的精心安排,赢得了和谐融洽的谈判气氛,这不能不说是一种高超的艺术①。

谈判气氛往往是在双方开始会谈的一瞬间就形成了,而且会影响到以后谈判气氛的发展。通过物理环境的设置,创设一定的谈判气氛,使谈判在和谐的气氛中进行。

二、设置谈判的物理环境需要考虑的因素

(一)色彩

颜色会对谈判者产生明显的心理效应,从而影响谈判人员的态度和行为。据说,德国诗人歌德在从事创作时会利用颜色的变化为自己的创作营造一种情绪及心境,以便创作出具有不同情调的诗篇。例如,戴上红色或黄色眼镜,使自己愉快,并激发出热烈的情绪,而戴上蓝色眼镜则是来加强忧伤的气氛。

在布置谈判环境的时候,不妨巧用色彩,既能够造成必要的气氛,也能够根据谈判目的,引导谈判对象产生相应的情绪情感。首先,由于色光的波长不同,能够引起"冷"或"暖"的感觉,从而形成一定的色气候。其次,颜色也能影响人的兴奋性,诱发不同的情绪。根据颜色所能产生的心理效应,在布置谈判房间的时候,可以根据谈判的性质,谈判所要达成的目标,选用不同的色调,形成特定的气氛,便于使谈判对象形成相应的态度定势。

(二)气温

气温对于谈判者的态度和行为可以产生一定的影响。心理学家格雷菲特做过一个实验。在实验中,他创设了两种情境条件,一种是房间的温度适宜,让人感觉比较舒服,一种是房间温度让人感觉不舒服。他发现,在气温适宜的房间里进行实验的被试者比在气温不适的房间里的被试者更容易对他人产生好感。因此,保持谈判房间的适宜温度,有利于谈判双方保持对对方的好感,有利于保持友好的谈判

---

① 刘宗粤:《引导的心理策略》,中共中央党校出版社,1991年2月。

氛围。

(三)位置

谈判者所选择的空间方位往往显示了双方的态度以及谈判的性质,从而影响谈判的进程及效果。

相对于一个谈判者而言,其他谈判者可以采取四种位置。

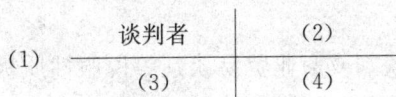

$$
\begin{array}{c|c}
& 谈判者 & (2) \\
(1) & \rule{3cm}{0.4pt} & \\
& (3) & (4)
\end{array}
$$

图 5-1　谈判者的位置

位置(1):这时,谈判对方坐在紧挨着谈判者的桌边,双方可以自由投射目光,形成一种诚挚友好、轻松自然的气氛,但这种坐法不适宜于内容比较严肃,形式比较正规的谈判。

位置(2):这种位置有益于相互合作,也容易体现"认同效应",是合作位置。当双方关系融洽、目的一致、地位相等时,他们往往采取这种位置。但是,这种位置安排的缺点在于缺乏目光及身体语言的交流。

位置(3):严肃、正式、深入的谈判往往采用这样的位置安排。它的优点在于:谈判双方面对面,有充分的目光及身体语言的交流,容易随时把握对方的心理反应,观察到对方细微的心理变化。缺点在于,它使谈判显得富于竞争性,造成一种防范性气氛,还可能由于过多的目光接触而使谈判双方感觉尴尬。为了缓解这种状况,社会心理学家提出的建议是,在谈判双方之间安放茶几之类的设施,并上面放一些鲜花、水果之类的东西或者一些小摆设,借以调节交谈气氛,缓解紧张心理,避免彼此间的直接冲突,缓和可能产生的僵局。

位置(4):这种位置暗示出"井水不犯河水"的心理。这种位置不适宜交谈。

(四)谈判桌的选择

国际贸易谈判中的座次安排分为两类:圆桌式和方桌式。

1. 圆桌式

这种安排易给谈判者一种轻松、自在、平等之感,适合于中小型谈判,便于谈判人员畅所欲言,容易造就轻松融洽的气氛。圆桌的安排方式多适用于多边的谈判中,用以创造一种平等感。

2. 方桌式

这种方式多用于双方谈判。这种安排通常意味着平等、礼貌、尊重。由于双方分坐一边,可以产生心理上的安全感,同时也便于查阅一些不便让对方知道的资料。

(五)谈判地点的选择

高明的谈判人员,不仅善用"天时",也善于运用"地利"为其服务。适宜的地点选择能够使谈判对象形成相应的心理定势,产生不同的心理效应。关于谈判地点的选择,社会心理学家提出了所谓的"居家优势"(亦称后院效应)。也就是说,谈判人员往往在自己熟悉的环境中,更能显示出"力量"。"家即堡垒"的观点是说,"家"使人产生优势感。

事实上,政治外交谈判或商业贸易谈判等说服性质极明显的谈话常常在地点上互换,以免一方独占"居家优势"。谈判时应注意这一心理效应,充分利用"居家优势",如果不能在本公司或自己熟悉的地方进行谈判,也应争取在中性环境中进行,这样对方也没有"居家优势"。

(六)在处理个体空间时几个注意问题

1. 谈判设施与谈判级别相适应

为了避免谈判设施给谈判者造成压抑不适感,谈判人员的级别越高,房间越大,台桌和椅子也应较大。

2. 座位的安排可以用来暗示谈判人员的地位及权力

例如,可以用放名牌的办法标明座位。

第五节 谈判中的印象处理

参与谈判的各方人员都会多多少少按照自己希望留给对方谈判人员的印象而对自己的穿着、举止进行某种程度的修饰,以便达到影响他人对自己的印象的目的。例如,多数人会在意自己给他人留下的第一印象。初次见面时,人们就会对对方作出很多判断,如:对方的年龄大小、智力高低、种族、文化程度、职业、社会角色、是否诚实等。而后得出诸如"我们喜不喜欢这个人"、"喜欢或不喜欢的程度有多深"等判断。

一、第一印象

第一印象之所以重要,是因为一旦在"评估"方面留下良好印象或不良印象,这种印象往往会延伸到其他情境以及其他许多无关特质上并且会对以后的交往产生很大影响。第一印象一旦产生,往往不会轻易改变。第一印象的形成有一半以上内容与外表有关。外表不仅包括脸部,还包括体态、气质、神情和衣着的细微差异。同时,音调、语气、语速、节奏都将影响第一印象的形成。

二、人际吸引规律

(一)邻近律

我们喜欢那些与我们空间距离近的人。首先,地理位置的邻近使得人们易于频繁交往。其次,双方空间距离的接近会使人们产生"长期交往"的期待,从而在人际互动中就可能做到投其所好,建立良好的关系。

(二)相似律

我们更喜欢那些与我们在个人特征、社会特征,尤其是价值观与态度方面相似的人。其中,价值观和态度的相似是决定人的相互吸引的最根本原因。一位贸易公司的职员,每次到各地长期出差,必定学会该地的方言口音。在业务洽谈时,在可能的条件下,把对方家乡的口音夹杂在自己的口音里,这种相似的口音,给客户以亲切感,使其愿意和他进行业务往来。

(三)互补律

我们喜欢那些在需要与满足途径上与我们恰成补充的人。当交往的一方所具有的品质或能力恰好可以弥补另一方的心理需要时,前者就会对后者产生强烈的吸引力。因此,人与人之间不仅以"物以类聚"为特征,也常会表现出"异性相吸"的规律。

(四)对等律

我们喜欢那些同样喜欢我们的人。一般说来,人际吸引的发生和维持要求双方在交往过程中付出的情感大抵相等。了解了在人际交往过程中哪些因素有利于吸引对方,给对方留下好感,有利于谈判气氛的和谐,引导双方从共同的利益出发,达成共赢的结果。

三、影响印象形成的因素

(一)个人特征

决定个人吸引力大小的四项最重要的个人特征是人品、仪表、地位和才能。

(二)首因效应

被知觉对象身上那些首先被发现的特性,即先行的信息,在印象形成过程中起着重要的作用。它会影响人们对后来的其他信息的处理方式,从而可能使一个人的品质受到歪曲,这种现象通常称为"首因效应"。

前苏联的包达列夫做了一个实验。他让两组被试者分别看同样的一张照片。照片上的人有两个明显的特征,即深陷的眼窝和突出的下巴。对于第一组被试者,告诉他们这个人是一个罪犯,而告诉第二组被试者这个人是个学者,然后让两组被试者描述对照片上的人的印象。被告之是罪犯的被试者将其描述为:深陷的双眼证明了他内心的仇恨,突出的下巴显示他死不悔改的执拗。而被告之是学者的被试者则将其描述为:深陷的双眼表明其思维的深度,突出的下巴表明在前进道路上克服困难的毅力。

可见,首因效应在印象形成过程中起到重要的影响作用。在商务谈判活动中,很多时候,谈判人员与谈判对手都是初次见面,要注意首因效应在第一印象形成过程中的作用,避免给对方留下一个不良印象,阻碍谈判的顺利进行。同时,对于自身来讲,也要克服首因效应造成的偏见,客观地认识谈判对手。

(三)一致性

一个人有许多特性,当不同的人知觉同一个人时,往往会看到被认知者的不同方面。认知者通常将被知觉者看成协调一致的对象。如果在知觉过程中,获得不同的信息,使得对他人的信息知觉有矛盾,便会在主观上给知觉对象组织协调,添补细节,甚至歪曲某些信息资料,综合为一致性的印象,导致印象的形成带有强烈的主观色彩。知觉的一致性使一个人不会被看成既是好的,又是坏的,既是诚实的,又是虚伪的。由于一致性的倾向,难以保证对他人的印象能够准确地反映他人的真实面目。因此,对人的认知应广泛获得客观资料,避免或减少主观臆断。

四、克服认知偏见,做出客观判断

(一)刻板印象

刻板印象是指人们对某一类人或事物产生的比较固定、概括而笼统的看法,是我们在认识他人时出现的一种相当普遍的现象。它是人们心理上的一种惯性,当知觉他人信息时,一旦发现对方所归属的群体类别,就将该群体的特性加在对方身上。它是个人在社会生活中积累的直接或间接的经验,它便于人们迅速识别信息并进行判断。但是某些固有的观念的泛化往往会造成错误的知觉。例如,人们往往认为英国人有绅士风度、保守;日本人勤劳、有进取心、狡猾;美国人天真、乐观、幽默;法国人浪漫、热情;山东人直爽、倔强;北京人文明、夸夸其谈;上海人机灵、会算计等等。在谈判过程中,应该尽量避免将谈判对象所属的群体类别的特征简单地置于谈判对象身上,造成错误判断。

(二)晕轮效应

人的社会知觉往往受到个人"内隐人格理论"的影响,他们常常从个人具有的一种品质去推断他人的另一种品质。好恶评价是印象形成中最重要的方面,人们对人的认知和判断往往只从局部出发进行扩散而得出整体印象,也即常常以偏概全。所谓晕轮效应,就是在人际交往中,人身上表现出的某一方面的特征,掩盖了其他特征,从而造成人际认知的障碍。如果一个人被标明是好的,他就被一种积极肯定的光环笼罩,并赋予他正面的有价值的特征,这就是晕轮效应,也称为光环效应。例如,漂亮的人被想象为善良、聪明,做错事容易得到原谅。而丑陋的人被认为愚笨、能力低下,对他便会过于求全责备。消极否定的光环效应,有人称它为"扫帚星作用"。晕轮效应不但常表现在以貌取人上,而且还常表现在以服装定地位、性格,以初次言谈定人的才能与品德等方面。在对不太熟悉的人进行评价时,这种效应体现得尤其明显。谈判对手初次见面,往往容易受到晕轮效应的影响,得出以偏概全的结论。

(三)投射作用

在人的认知过程中,会假定对方与自己具有相同之处,从而把自己的特征归于他人身上,这种倾向,称为投射作用。"以小人之心度君子之腹"便是投射作用的反映。在谈判过程中,谈判人员应该尽可能避免用自己的思路揣测谈判对手的想法,做出错误的判断。

(四)思维定势

思维定势是一种心理准备状态,它影响后继心理的趋向。在商务谈判过程中,作为谈判人员,要注意避免思维定势导致的可能的判断失误。

【相关链接】

定势的误区

国外一个投机的商人发现,虽然进口税高昂,一种进口的女式皮手套在国内市场非常畅销且价格昂贵,利润空间很大。于是,他从国外购进了一万副这种手套。该国海关规定,如果货物到达之后,超过规定的提货期却无人提货的话,海关便会将该批货物作为无主货物进行拍卖。为了逃避关税,牟取暴利,他采取了与一般人不同的做法,他把每副手套一分为二,将一万只左手手套打成一捆捆地发回国。货到之后他却不去提货,直到过了海关规定的提货期,这批手套被进行拍卖处理。由于都是左手手套,根本无人竞拍。这时,进口商象征性地交了一点钱便买下了这批手套。有经验的海关人员当然不会忽略这个情况,开始密切注意是否有一批右手手套到货。但是,狡猾的进口商把剩下的10000只右手手套分装成5000盒,每盒装2只。他在规定期限内提取了货物并按照规定缴纳了税金,于是,第二批手套顺利通过了海关。结果,这个投机商仅为一万副昂贵的手套缴纳了5000副手套的关税。人们往往有这样的思维定势,即,如果右手手套是成捆来的,左手手套也会成捆来,而装在一只盒子里面的两只手套就是一副手套。海关官员虽然精明,却由于没有克服掉思维定势而被投机商钻了空子。

第六节 推测对方心理

一、观察谈判对象的行为选择,分析谈判人员的心理期望值

人的心理活动可以根据他的行为分析出来,如果我们知道一个人在面临选择时的行为,便可以了解到这个人的价值观、期望值等等。例如,一位业务员打算去广州出差,他希望能够买到符合三个要求的飞机票,即:(1)在晚上 8 点钟之前到达,因为他的一些同学和朋友打算趁此机会举行一个聚会;(2)打六折的机票(因为他的公司只报销机票的 6 折金额);(3)南方航空公司的大飞机。但是,当他去购买机票的时候,发现只有三个选择。(1)南航的大飞机,可以在晚上 8 点钟之前到达,但是,要支付全额票价;(2)国航的小飞机,晚上 8 点之前到达,机票价格为 6 折;(3)南航的大飞机,机票价格为 6 折,但是晚上 11 点钟到达。

从这位业务员的选择,我们便可以分析出对于他来讲,什么是相对重要的。如果他认为朋友是最重要的,就不会选择选项 3;如果他认为价格是最重要的,就不会选择选项 1;如果他认为安全舒适是最重要的,就不会选择选项 2。当你知道了他所作出的选择,就可以推测出他的价值观和期望值。

在商务谈判开始之前,每一个参与谈判的人都会根据自身的以往经验对于即将进行的谈判能达到的目标的可能性进行分析并加以判断,得出一个谈判的目标期望值。谈判期望是指谈判者在一定时间内希望通过谈判达到一定的目标[1],通过判断出谈判对手的价值观与期望值,做出应对行为。

二、观察谈判对象的行为,分析谈判人员的态度

(一)观察谈判人员的握手方式

国际商务谈判中,谈判人员相互握手是一种普遍的表示友好的方式。握手行为虽然简单,但每个人握手的方式不尽相同。在谈判的特定环境中发生的这一行为,往往能反映出双方内心隐藏的许多秘密。每一种不同的握手方式,都反映出这个人独特的个性。

握手时,力度较大的人往往精力充沛、自信心强、处事则偏于专断独裁;力度适中的人可能性格坚毅坦率、思维缜密;喜欢长握不舍的人情感较为丰富,握手时喜欢不断上下摇动的人生性乐观,对人生充满希望;而握手时只用手指抓握对方,掌

---

[1] 《业务谈判技能案例训练手册》,机械工业出版社,2006 年 1 月。

心不与对方接触的这类人个性平和而敏感,情绪易激动,但心地善良。双方谈判人员见面时,主动握手,出手快,表明握手出自真诚,往往显示友好与尊重,乐意并重视发展双方的关系。出手慢,被动应付地握手常表明缺乏诚意,信心不足,显示出勉强、冷淡和轻视,没有进一步深交的愿望。

(二)由身体语言了解谈判对象的内心世界

身体语言已越来越引起人们的极大兴趣。身体语言包括整个人体或人体某一部分的每一个有意识或无意识的动作。身体语言往往隐藏着很多信息,可以影响面对面交流的过程和结果。例如,有人在表示不信任的时候会挑眉毛;有人在疑惑的时候会抓挠鼻子、头发;当表示无可奈何或无所谓的时候,很多人会一耸肩膀。在一个冗长的会议上,尽管一些人装作比较耐心地倾听或很感兴趣的样子,而脚尖却指向门口,说明他内心已经很不耐烦地等待会议结束了。

由于文化的不同,有些身体语言仅仅在某一文化地域中使用。越南人在表示尊重的时候会低下头,眼睛注视地面。保加利亚人脑袋抬起、低下,表示"不"而不是"是"。日本人在表示"不"或表明很"困窘"时,会吸一口气,然后将气息在齿间嘘出,而不会直截了当地说"不"。

(三)通过观察谈判人员如何落座,推测谈判人员心态

通过观察谈判人员如何落座,可以在一定程度上看出谈判者的地位和信心,或者一个谈判集体的团结力和控制力。谈判时,如果一个谈判小组的领导者坐在首位,其他队员围绕他坐,信息可以迅速传递,增强谈判团体力量。落座后的物理距离通常反映了彼此的心理距离。谈判对方落座在与己方的近距离内,一般表示着接受、亲近和肯定的心态,表明谈判双方的会谈气氛友好而融洽;而如果对方落座在己方的远距离,一般表示着拒绝、疏远和否定的心态,谈判可能进行得并不顺利。

(四)了解谈判对手成长的文化背景和个人情况,选择合适的沟通方式

1. 了解谈判对手成长的文化背景

在谈判过程中,谈判人员在沟通中相互影响。由于不同的文化背景会造成人们不同的行动方式,一方的行为可能会引起对方心理上的不适。这就需要谈判人员在谈判前了解谈判对手成长的文化背景,以避免可能造成的误解或尴尬。

商务谈判中,握手是双方见面时的一种友好的表示。心理学家认为握手是最强有力的触觉接触中的一种。美国人认为在握手时,应该看着对方的眼睛,同时,握手应该有力,这样才能显得真诚。日本商人非常重视交换名片的过程,每位接到名片者一定要花几秒钟看一下名片上的姓名、头衔、公司名称和地址,然后礼貌地说一些诸如"初次见面,请多关照"之类的客气话,然后才继续进行下一步。同时,日本商人往往希望谈判双方人员在地位上乃至年龄上的对等。由于日本公司的负责人都是年龄较大且经验丰富的资深企业家,他们感到和年轻的"毛孩子"谈判有

损于他们的尊严,是对他们的地位的贬低。

在社会生活当中,我们每个人都在各自的"个人空间领域"活动。不同地区的人在交谈的时候,会保持不同的距离。个人空间的大小代表了个人的地盘或者"个人缓冲地带"。如果被侵犯,就会明显地感到不安。人与人之间进行沟通的时候都会留有一定的空间距离,否则挨得过近,将会引起对方的不快或不满,每个人一方面想维护自己的身体空间,一方面也注意互不侵犯他人的空间。然而,不同文化中的人的空间感觉是不一样的。英国人和德国人要求的个人空间较大。中欧和大不列颠岛人大约是 1 米左右,当他人走得太近时,会使他们感觉被侵犯。美国人的"领域"大约为一臂之遥。但是拉丁美洲人和中东人要彼此靠近得多,在他们看来属正常交往的距离在许多北美洲国家居民眼中被视为亲密交往的距离,以至于美国商人声称要集多年的经验以及钢铁般的意志,才能彼此站得那么近。"交谈探戈舞"这个词用来描述来自不同文化的,彼此距离感不同的人在进行交流的时候双方的反应。初到拉丁美洲的美国人或英国人突然面临这种令人吃惊的习惯,彼此那么贴近,他的第一个反应就是后退,但是拉丁美洲人感觉彼此距离太远,便会跟上来,美国人于是再退一步,而拉丁美洲人则再前进一步,宛如双方在跳探戈舞一般。只有当那个美国人或英国人已经退到了死角,舞蹈才停止。

由于不同的国家和地区人们生活的文化背景不同,价值观念不同,行为方式和习惯不同,反映到谈判桌上,往往会表现为不同的谈判行为,对谈判对手的反应也会形成特定的预期。了解对手成长的背景和个人情况,有利于采取合适的沟通方式。

2. 了解谈判对手的个人情况

了解谈判对手的个人情况有助于谈判人员更好地采取相应的对策,以适应对方的谈判风格、性格特点。谈判人员的个人情况包括:

(1)年龄与经历。年纪较大的谈判者经验丰富但精力不足;年轻的谈判者精力有余但经验不足;中年人则年富力强又有经验,相对来讲最不好对付。经历坎坷的人,性格顽强,能百折不挠地去实现目标;一帆风顺的人,遇到困难,容易灰心丧气。如果了解到对手的谈判经历,要分析他的哪些谈判是成功的,为什么能成功? 运用了哪些谈判策略? 又有哪些谈判是失败的,为什么会失败?

(2)个性与嗜好。从个人嗜好中很容易窥视出对手的心理特征。个性倔强的,有时会刚愎自用;个性软弱的,有时会委曲求全,容易让步;性格内向的,深藏不露,有时会有阴谋诡计;性格外向的,容易激动,也容易上当受骗。

第七节 谈判的心理策略

成熟的商务人员会比较注重商务谈判中的心理策略。在错综复杂的国际商务谈判中,谈判过程不可避免地会出现争论、冲突、僵持、风险、投机、利用等情况。要在复杂多变的国际商务谈判交锋中,实现既定的谈判目标,心理策略往往可以起到重要的作用。国际商务谈判不仅是为了获得期望的利益较量,同时也是一种具有高度说服力的艺术。心里策略的选择和运用是一种和商务伙伴进行沟通的艺术。

国际商务谈判心理策略的选用需要针对具体的贸易谈判时机、场合和状况而有所不同,要因时、因地、因人、因势考虑选择不同的心理策略。

在贸易谈判中,经常可以使用以下的心理策略:

一、吊胃口

越是得不到的东西越发显得珍贵,越希望得到它,这是人性的特点之一。一般人总有一种倾向,就是对自己喜欢而越是无法获得的东西,越会产生强烈的取得意念。并且,人们总是比较珍惜难于得到的东西。

假如有个人,非常热心地想和你谈判,那么,这个人的谈判力就显得比较弱,而你的谈判力就显得比较强。对于谈判者来说,你可能非常希望与对方合作,但不应该表露得过于明显,否则,将削弱你的谈判力,甚至不得不在谈判中做出很大的让步,付出很大代价。谈判者对于对方的提案,不要表现得很热心,只要表现出感到有兴趣,就会增加你的谈判力量。

人性的心理特点之一便是人们不会珍惜轻易得到的成功,所以,应该让他们去努力争取每样能得到的东西。在商务谈判中,应该注意,除了不要太快让步以外,也不要太快便提供给对方额外的服务,包括,主动提供额外的配件,允诺快速的供货,由己方负责运费或者额外的包装费用或者降低价格。即使要作这些让步,也不能做得太快。

二、利用差异,各个击破

如果参与谈判的是一个代表团,在代表团成员之间必然存在一定的差异,可能表现在观念、理解力、意见及经验等方面。只要存在差异,哪怕是极小的差异,也可能会被扩大而为对方所利用。

在一次商务谈判中,双方的谈判涉及了一些技术性很强的问题,于是,谈判一方从总部请来一位技术专家协助工作。但由于这位专家并没有全程参与谈判,对前一阶段的谈判进行情况并不了解。这个差异被谈判对手所利用。由于每个人都有得到他人尊重的需要,希望受到他人的认可,谈判对手就利用谈判专家的这种心理需求,在新一轮的谈判中,故意表现出对这位专家的极大尊重,将全部的注意力都集中在这位专家身上,而对其他人员则采用漠视的态度。结果,这位专家因为能引起对方注意而显得乐不可支,在得意忘形中向对方泄露了极为重要的情况,严重损害了己方在谈判中的地位。

如果由于成本上涨,你公司希望给产品提价,然而,你公司三家主要的批发商联合起来反对提价。现在他们要求与你公司进行谈判,你是选择跟他们一起谈,还是分别谈呢?明智的选择应该是分别与这几家批发商单独谈判。因为,表面上他们都是反对提价,但他们之间同样存在着许多不同的利益。当其他各方联合起来反对你的时候,对你的压力就会异常沉重。你的对策是要使联盟的成员相信,你与他们单个之间的共同利益高于联盟成员之间的利益,从而可以分别与他们达成较为有利的协议。

【相关链接】

奥运会的转播权谈判

出售奥运会电视转播权作为奥运会主办国的一项重大权益,一直受到主办国的重视。在奥运会历史上,曾经为出售奥运会的电视转播权举行过多场谈判,其中最为经典的当属 1980 年在莫斯科举行的奥运会转播权的谈判。

在 1980 年之前,购买奥运会电视转播权的最高价格是 1976 年美国广播公司购买的蒙特利尔奥运会转播权,其售价是 2200 万美元。为了将 1980 年奥运会转播权卖一个好价钱,还在 1976 年蒙特利尔奥运会项目比赛期间,苏联人就开始行动了。苏联人的做法是分别同美国国家广播公司、全国广播公司和哥伦比亚广播公司这三家在美国最具影响力的电视网的上层人物单独接触,提出的要价是不可思议的天价——2.1 亿美元现金,接近 1976 年奥运会转播权的售价的 10 倍。之后,苏联人就把三家公司的代表请到了莫斯科,请他们参加角逐。通过运用各个击破的战术,在谈判进入最后阶段时,三家电视网的报价分别是:全国广播公司 7000 万美元;哥伦比亚广播公司 7100 万美元,美国国家广播公司以 7300 万美元的报价暂时占上风。然而,不甘心的哥伦比亚广播公司从德国慕尼黑雇来一个职业中间人鲍克。在鲍克的帮助下,苏联谈判代表同哥伦比亚广播公司达成了交易,哥伦比亚广播公司把价格再次提高,并附加了更多的让步条件。就在哥伦比亚广播公司看上去已经稳操胜券的时候,苏联人在 12 月初又宣布了另一轮报价并宣布,美国三家电视网都有权参加最后一轮报价。这激怒了美国人,三家公司代表全部飞离了莫斯科。苏联人请中间人鲍克再次与三家电视网接触,鲍克巧舌如簧,是个架梯子的老手。最后,苏联人以 8700 万美元的价格把 1980 年莫斯科奥运会的转播权售给了美国国家广播公司,这个价格是上届奥运会的 4 倍,也是迄今为止,奥运会历史上奥运会电视转播权销售额超出前一届最多的一次。

三、满足谈判对手获得尊重的心理需求,留下良好印象

每个人都希望获得他人的尊重,在谈判过程中,充分了解谈判对手的需要,满足他们的尊重需要在谈判中是非常重要的。当个体的尊重需要得到了满足的时候,个体会对自己充满信心,体会到自身的价值。相反,如果尊重需要得不到满足,会使人产生自卑感和无能感,自信心受挫。很多谈判者取得成功的重要原因是由于满足了谈判对手的尊重需要,进而满足自我的需要。从下面的案例中我们可以看到谈判者是如何通过满足谈判对手的需要而满足自己的需要的。

【相关链接】

乔治·伊斯曼的订单

美国著名的柯达公司创始人乔治·伊斯曼,曾经捐赠巨款打算在罗彻斯特建造一座音乐堂、一座纪念馆和一座戏院。这一举动使得许多人看到了商机。许多制造商纷纷找到伊斯曼,希望能承接这批建筑物内的座椅。然而,众多的制造商却没有人能够获得这批订单。

作为美国优美座位公司经理的亚当森,同样希望能够得到这笔巨额的订单,于是前来会见伊斯曼。亚当森通过伊斯曼的秘书约定了见面的时间,秘书好心地劝告亚当森,乔治·伊斯曼是一个很严厉的大忙人,那些占用了他 5 分钟以上时间的人是不可能得到订单的,因此,进去以后要简明扼要地讲。

秘书将亚当森带进伊斯曼的办公室,伊斯曼正埋头于桌上的一堆文件,于是他们静静地站在一边等候。过了一会儿,伊斯曼抬起头来,发现了亚当森,秘书介绍了亚当森后,便退了出去。这时,亚当森并没有按照秘书的劝告快快地谈生意,而是称赞伊斯曼先生的办公室为他所见过的装修得最精致的办公室并指出了伊斯曼的办公室所用的木料是英国出产的橡木。一句话显示了亚当森的内行。伊斯曼先生非常高兴,便带着亚当森参观起这间令他自豪的办公室。伊斯曼详细地向亚当森介绍了他的办公室内所有的装饰,亚当森微笑着聆听,并不时询问一些关于伊斯曼的经历并由衷地赞扬伊斯曼热心为社会捐赠。

虽然直到亚当森告别的时候,两人都未谈及生意。但亚当森不但得到了大批的订单,而且和伊斯曼成为终生的朋友。

亚当森之所以成功,就在于巧妙地赞扬了伊斯曼的成就,使伊斯曼的自尊心得到了极大的满足,这笔生意当然非亚当森莫属了。

四、倾听

积极地倾听是对对方表示尊重的一种方式,同时,优秀的谈判人员善于倾听和理解对方表述的内容。在谈判中,需要谈判人员不光用耳朵听,而且要用眼睛去观察对方的表情和动作,研究对方话语背后的动机,做到耳到、眼到、心到地听。在谈判中,通过倾听来获取情报是一种行之有效的方法。

一位谈判大师曾举过一个例子:有一次,他到一家工厂去谈判,他喜欢提前赶到谈判地点,通过跟人聊天来获取一些正常情况下无法获得的情报。由于这位谈判大师非常善于倾听,他甚至可以使不爱说话的人也变得滔滔不绝。当他与一位打算进工厂去上班的师傅聊天的时候发现,这位师傅居然是这家工厂的一位工段长而且非常了解谈判大师所在公司的产品。在双方融洽的交谈中,这位工段长称赞道:"你们公司的产品真是不错,在我们用过的各公司产品中,只有你们的产品符合我们的规格和标准。"结束聊天时,工段长向谈判大师表达了祝愿,对他说,"希望你们这次谈判早日圆满结束,因为我们厂里的存货快用完了。"这位谈判大师之所以能够从这位工段长那里获得了极有价值的情报,与他善于积极地倾听,诱导性地发问是密不可分的,这些重要的情报使得对方采购经理处于非常不利的谈判地位。

五、利用报价改变谈判对手的期望值

1. 卖方的高报价策略

报价为谈判结果设置了一个上限,在谈判中可以或多或少地影响到对方对于谈判的期望值。

谈判桌上的结果在某种程度上取决于你的要求被夸大了多少。这种夸大,不仅仅从数量上表示出来,还可以通过夸大所提条件的程度及夸大质量及重要性的方式表达出来。谈判双方往往在谈判开始提出一些并不期望能实现的过高的要求。谈判的对手要求的东西往往比他真正想从你这里得到的东西要多。对方过分的要求所要达到的目的之一就是动摇你的自信心,使你修改你的期望与假设,并降低你的目标与要求。随着谈判的进行,通过双方的让步来逐步修正,达到合理的目标值。

卖方高要价的原则是指,只要能够找到理由,例如,质量好、技术先进、售后服务完善等等,报价应尽量高。这样做是因为:

(1)卖方的报价为谈判结果设置了一个上限,在卖方报价之后,如果希望再提高报价,一般不会得到买方的接受,所以报价不得不高。

(2)高价会增加产品或服务的外在价值,影响对方对产品的评价,即高价格源于高质量。

(3)高报价给谈判者留出巨大的谈判空间和让步余地,如果初次与对方谈判,

做出更大的让步可以表明更大的合作诚意。这是让买家感觉自己赢了的唯一方式,创造一种对方取胜的气氛。让步时给对方造成一种错觉似乎卖方已经作出巨大的牺牲,但实际上只不过舍弃了一些极其微不足道的东西和过分的要求。

(4)如果你的开价让买家无法接受,你可以暗示对方你的价格具有一定的弹性,例如可以根据订货的数量、质量要求和供货的时间等等进行调整,让对方看到有商量的余地,一笔好的交易通常都是在经过双方不断地讨价还价,各自让步之后才显得更好。

2.非整数报价

非整数报价策略意在利用一些巧妙的数字安排,给对方造成某种错觉,从而满足其特殊需要,促使谈判成功。

非整数价格是一种典型的心理价格策略。这种策略的心理依据是利用人的感知差异造成错觉而刺激购买。在报价时不要报整数,而是要提出一个有零头的数字。听起来觉得比较强硬,坚定,也较少有谈判的余地。带零头的非整数报价给对方的另一个明显感觉是:商品的定价非常认真、精细、准确、合理,并进而产生一种可信赖感。

非整数报价策略利用了人们希望商品"价廉物美"的心理倾向。它用避免达到某一个整数的带零头的标价造成一种价格偏低的感觉信息,使之易于接受。对于不同的国家、地区或不同的人,由于受民族风俗习惯、文化传统和价值观念的影响,往往存在对某些数字的偏爱或忌讳。在具体运用时也存在一些差别。例如,我国港澳地区的人认为"8"字有"兴旺发达"之意;美国人讨厌"13",认为"13"这个数字不吉利;日本人认为,"8"字代表"吉祥如意"。通过非整数报价策略给对方造成一种数字中意的感觉,有意识地选择对方偏爱的数字,投其所好,或避开对方忌讳的某个数字,以便使谈判取得满意的效果。

六、永远不要接受对方的第一次出价或还价

想象一下下面发生的事情带给你的感受。

你打算为你公司购买一种零部件,并且这种零部件是你公司急需的,如果不能在一个月内完成定购,你公司的流水线将停工。经过一番考察,只有一家新公司可以满足你们的要求,在这种情况下,在价格上你肯定不占什么优势。

在与销售商进行谈判时,对方报价为产品单价为 200 美元,你心里非常吃惊,因为长久以来,你们给原供应商的价格都是单价 275 美元,然而,作为一个有经验的谈判者,你竭力掩饰自己的惊讶,并回答到:"价格太高了,我们只能出 150 美元。"销售商回答:"好吧,可以。"

你的反应是什么? 你会接受这个价格并且立刻签约么?

恐怕不会。

你一定会有下面两种反应：

第一个反应：我为什么没有提出我们只能接受单价 100 美元呢？那样，购买价格岂不更低？我岂不是可以做得更好？

第二个反应是：一定是出了什么差错。我需要再调查一下这个公司的信誉和产品质量，并了解一下该公司其他客户的反馈情况。或者看一看市场环境是不是已经发生了很大的变化。

这种反应与价格没有什么关系，只与对方对你给出的价格的反应方式有关。因此，遇到这种情况，千万不要接受对方的第一次报价或出价。

七、巧用沉默，给对方造成心理压力

沉默应对策略是谈判中最有效的防御策略之一。其之所以有效，根据在于，表达得越多，暴露的信息越多。良好的语言表达能力对于谈判者来讲是必需的，而保持沉默也同样是一种谈判的技巧。在激烈的争论过程中，大多数人都不甘于保持沉默。对于很多性格较为外向的谈判者而言，他们不喜欢在进行交换意见时做长时间的停顿。他们感觉对方的沉默给他们带来一定的压力，让他们感到必须说点什么，以避免由于双方的沉默带来的尴尬。这种沉默策略的使用，本质上是一种等待的博弈。在谈判中，一方保持沉默，或者以提问的方式设法使对方不停地谈下去，以便使对方暴露其真实的动机和谈判的目标。

使用沉默的策略要耐心地等待。这样才可能使对方失去冷静，形成心理上的压力。

保持沉默的另一个原因：让对方冷静下来。谈判中，谈判双方可能会由于某种原因表现出情绪化，例如，报价可能与对方的差距太大，令其对谈判前景非常失望，甚至发生相互威胁的状况，可能导致谈判的破裂。这时运用沉默的方法，使对方冷静下来，从而理智地解决问题。

【本章参考书目】

1. 何英主编：《商务英语谈判》，清华大学出版社，2006 年。

2. 霍华德等著，詹正茂译：《谈判分析》，东北财经大学出版社，2005 年。

3. 郑方华主编：《业务谈判技能案例训练手册》，机械工业出版社，2006 年。

4. 罗杰·道森：《绝对成交》，中国商业出版社，2002 年。

5. 斯蒂芬·罗宾斯：《组织行为学》，中国人民大学出版社，1997 年。

【思考题】

1. 马斯洛的需要层次论将人的需要分成哪几个层次？如何通过在谈判中满足谈判对手的需要而达到商务谈判的目标？

2.如何根据谈判人员不同的谈判类型安排合适的工作？

3.对待不同气质类型的谈判对手应当采取哪些不同的应对方式？

4.谈判人员应当具有哪些能力？谈判人员必须具备什么样的心理素质？

5.物理环境对于谈判人员有哪些影响？如何通过设置不同物理环境达到不同的谈判目标？

【案例分析题】

一位杰出的投资家出于某种考虑，打算投资杂志出版业。经由他人介绍，投资家看中了杂志出版家约翰逊先生。通过打听，投资家得知，约翰逊本人才智极高，但缺点是恃才自傲，经常对外行人表现出轻蔑的态度。在另一方面，约翰逊先生已是妻儿满堂，对于独立操持高度冒险的事业已经没有当初的兴趣了，由于整日泡在办公室里处理烦琐事务，使得家人团聚的时间很少，这些都使得约翰逊先生萌生退意。

投资家希望通过谈判达到两个目的，一是要把约翰逊先生的杂志买到手，二是要将约翰逊先生本人网罗到旗下。

请你根据上面的背景资料，为投资家设计一下跟约翰逊先生进行谈判所应该采取的对策。

第六章　国际商务谈判策略

【本章学习目标】

1. 了解国际商务谈判主体的类型和制订谈判策略的步骤。

2. 掌握国际商务谈判开局阶段的策略。

3. 了解国际商务谈判报价的依据和方法,掌握报价的策略和原则。

4. 了解国际商务谈判磋商阶段的特点和让步方式,掌握磋商阶段的策略。

国际商务谈判的过程复杂多变,并且会受到多种因素的影响,为使谈判的过程顺利并最终取得令人满意的谈判结果,实现既定的目标,谈判人员必须在谈判过程中使用适当的、灵活多变的谈判方案和对策。谈判时双边或多边人员分别代表着各自的利益和立场走到谈判桌前,开始的是一场没有硝烟的战争。这场战争中舌为剑、嘴为炮,凭借着谈判人员的智慧、体力、知识和技巧展开较量,而谈判过程涉及政治、经济、文化、天时、地利、人和以及其他各方面的内容。因此,在谈判中根据复杂的内外环境,巧妙地拟定谈判策略会对谈判的结果产生重大影响。

第一节　概述

《孙子兵法》中提到:"兵者,诡道也。夫未战而庙算胜者,得算多也;未战而庙算不胜者,得算少也;多算胜,少算不胜,而况无算乎,吾以此观之,胜负见矣。""知己知彼,百战不殆。"商场如战场,商务谈判亦不能孤立地来看,而是需要密切联系实际,并且需要运用多种谈判策略。

一、国际商务谈判策略定义

《牛津英语词典》中对策略的定义如下:"策略是一个预测最后并获得最终结果的过程。"可见策略就是可以实现目标的方案集合。国际商务谈判中的策略是指谈判者为了达到预期的谈判目标,在谈判过程中采用的各种手段、方法、技巧、战术及其组合运用的总称。

二、谈判主体的类型

在商务谈判中,谈判对象的性格特点和战略战术的特点是我们需要了解和掌握的,主要有以下几种类型。

(一)主动进攻型的谈判对象

主动进攻型的谈判对象表现为:主动报价;主动陈述交易条件;把谈判的主要问题有层次有重点地展开;喜欢掌握谈判的程序和主动权,不给对方留有太多思考和回旋的空间;往往拥有较大的权力和较高的商业地位。这类谈判对象在本行业中有一定的地位和发言权,与其进行谈判会比较艰难。应对这类竞争者,不妨先仔细观察,见招拆招,以不变应万变。

(二)顺从温柔型的谈判对象

这类谈判对象表现为:谈判人员举止低调,善于倾听,会配合谈判方的工作程序和安排,并善于在谈判中让步。这类谈判者大多是中小型组织,他们在谈判中地位较低,没有太多发言权,以柔克刚是这类谈判者的特点。

(三)被动防守型的谈判对象

这类谈判对象的特点表现为:不主动但是坚守阵地;不进攻但是防守完备。一般这类谈判对象在行业中具有一定的地位和发言权,是比较难以应付的。

(四)冷漠静止型的谈判对象

这类谈判对象大多面无表情,情绪少有波动,任凭谈判方如何进攻也不会反击;以静止的状态来应对,非常有耐心和定力。这类谈判对象要么对谈判不具有太大诚意,要么故弄玄虚,往往使得谈判陷入僵局。

三、制定谈判策略的步骤

(一)观察对方,寻找关键问题

首先要了解对手,观察对手的举止言行、性格特点和谈判的类型。其次要观察对方与谈判相关的一些因素,包括对方企业或者组织的经营状况、行业动态、热点新闻等等。对这些进行观察分析后,可以预见到谈判的焦点可能出现在哪些方面,从而找出可以利用的关键问题。

(二)确定目标,进行分析

在前面观察与分析的基础上,对关键问题进行深度分析,对已经确定的谈判目标进行比对,对需要调整的谈判目标进行调整。谈判目标应该根据具体情况不断进行修订和调整,以应对对方变化了的谈判策略。

(三)进行假设,深度分析

确定谈判目标后,谈判人员开始摸索解决的办法。运用假设,对几种可能出现的谈判结果进行分析,比较假设的结果。

(四)制定策略,拟定行动计划

制定的策略要留有余地,哪些是"上策",哪些是"下策",哪些是"中策",以应对不同的谈判情况。除了策略以外,还要拟定详细的行动计划,包括人员的安排、时间的应用、地点的选择等。

四、谈判中各个阶段的策略

谈判是按程序、阶段性进行的,因此,尽管在整个谈判中会应用到多种谈判策略。每个谈判阶段都有其各自的特点,因此,需要在不同的阶段应用不同的谈判策略,具体可以划分为:开局阶段的策略、报价阶段的策略、磋商阶段的策略、成交阶段的策略和僵局阶段的策略。

第二节　开局阶段的策略

开局阶段是谈判的起点,也是双方认识、熟悉的第一步,在很大程度上影响着谈判的顺利与否以及谈判的结果。

一、开局阶段双方关系类型

谈判双方的关系主要有以下几种情况:

(一)双方第一次建立业务往来,以前从来没有接触过

如果在过去双方从来没有过合作与接触,那么第一次的交往应该持一种谨慎和认真的态度。谨慎是由于对对方的不了解,认真则可以给对方留下好的印象。在这种关系下,开局阶段的主要工作是打破这种陌生感,淡化双方的防备心理。因此,在策略上可以采用协商式的开局策略。采用一些中性的话题,比如行业内的新闻;使用一些礼节性的语言,比如主动介绍自己谈判团队的成员,介绍自己的企业情况等。这样不仅可以有效缓和陌生的气氛,不卑不亢地给对方留下诚恳、礼貌的第一印象,而且还能够给双方一定的时间相互熟悉。此时不宜谈论这次谈判的主题,以免给对方操之过急的印象,引起对方不必要的猜疑和不信任。

(二)双方第一次建立业务往来,但是以前曾有过接触

这种情况下,双方虽然是第一次建立业务往来,但在以往的交往中已经对对方

有一定的了解,双方的陌生感不强,但是关系依然比较冷漠,关键点在于如何增进关系。此时,可采用主动式的开局策略,尽快增进双方感情,争取一个友好的谈判氛围,把点头之交进一步升级。这种策略一般要求语言上做到热情洋溢,内容上可以涉及以往的接触过程,态度上随和自然,并逐步过渡到熟悉、友好的气氛中来。

(三)双方有过业务合作,合作规模比较大,合作结果双方都比较满意

这种情况下,双方相互已经非常了解,再加上以往的合作结果比较圆满,开局可以采用坦诚式的策略。坦诚式的开局可以节约时间,不必再在相互熟悉上浪费时间,真诚、热情地畅谈双方过去的友好合作关系,坦率地陈述己方的观点以及对对方的期望,坦率地表明己方的立场。这样的开局策略可以加快谈判的进度。

(四)双方有过业务合作,合作规模比较大,但是合作过程和结果都不尽如人意

这种情况下应该采用谨慎式的开局策略。对过去谈判中双方的不妥之处表示遗憾,并希望通过本次合作能够改变这种状况。此时,不急于拉近关系,用礼貌性的提问来考察对方的态度、想法,了解对方对这次合作的态度,是期待还是带有偏见,通过开局进行观察,并为下一阶段的谈判做好准备。

二、开局阶段的一些影响因素

开局阶段还应该考虑以下一些因素:

(一)双方的实力

谈判双方的实力对比表现为以下几种情况:

1. 实力相当

在双方实力相当的情况下,容易造成紧张的谈判气氛,双方都有较强的戒备心理。这种情况下,开局阶段应当注意语言和措辞,尽量做到热情和沉稳。

2. 实力强于对方

在己方实力强于对方的情况下,开局阶段应该表现出自信和强势,但是又不能过于强势,凌驾于对方之上,把对方吓跑,所以需要做到礼貌和威慑性并重。

3. 实力弱于对方

当己方实力弱于对方时,应该在开局表现出积极主动的合作态度,另外还要不卑不亢,避免对方在气势上占据上风。

(二)谈判的地点

1. 己方地点

如果谈判地点在己方的会议室中进行,或者在己方的城市中进行,可以做到主场优势。

2. 对方地点

在对方的场地进行谈判容易产生陌生感和不安,应该注意观察谈判场地,尽快

适应场地环境。

3. 折中的地点

如果地点选择在双方城市之间的第三方城市酒店进行,对于双方来讲,地点上不存在差异,需要尽快适应。

(三)谈判人员的精神状态

由于谈判是阶段性进行的,前后耗时较多,所以谈判人员的精神状态显得尤其重要,特别是在开局阶段,良好的精神状态能给对方留下深刻的第一印象。因此,谈判人员尤其要注意休息时间的调整和心情的放松。如果是跨时区的长途飞行,则应提前为适应时差做好充分的准备。

三、谈判氛围的营造方式

(一)谈判气氛的种类

(1)热烈、积极、友好的气氛。

(2)冷淡、对立、紧张的气氛。

(3)介于二者之间,热烈中有紧张、对立中有友好、严肃中有积极的氛围。

(二)谈判气氛的营造

(1)谈判开始前想象与谈判对手即将见面的场景,提前准备好见面的礼仪,比如适宜握手还是点头,拥抱还是贴面礼。

(2)径直步入会场,以友好坦诚的态度出现在对方面前。此时应大方、庄重,展现良好的精神状态。

(3)服装、服饰要得体。不能太严肃,也不能太随意,同时需要根据天气、地点、风俗、文化进行适当的调整。还要注意服饰的搭配及色调的协调,从整体上营造出适合谈判的良好气氛。

(4)开场阶段最好站着说话,双方可分若干小组,互相交谈,并适当准备一些茶点饮料,以调节气氛。谈判人员不必过于拘谨,可选择轻松的话题,找到双方的共同点进行交流。

(三)开局会场的布置

1. 颜色和摆设

谈判的气氛比较紧张,因此在开局阶段,适宜用温和的色彩进行会场的装饰。可以摆放鲜花来调节单一的色彩。

2. 设备的准备

谈判设备的完备能够帮助谈判顺利进行,主要包括翻译设备、扩音设备和照明设备。如果有多方参与谈判,涉及多种语言的翻译问题时,还需要有完善的同声传译设备。扩音设备中音响的质量和音色也非常重要。照明问题要格外注意,应保证灯光明亮,但不会使人产生刺眼或疲劳等不良感觉。

四、开局阶段陈述的内容

所谓开局陈述,即双方阐明自己对有关问题的看法和原则。开场陈述需要做到简明扼要、重视己方利益。

(1)谈判目标:双方谈判的原因和理由。

(2)谈判计划:议程安排。

(3)谈判人员:成员姓名、职务、地位及作用。

(4)己方对问题的理解。

(5)己方的利益。

(6)己方的首要利益:哪些方面至关重要。

(7)己方可做让步和商谈的事项。

(8)己方的原则、享有的信誉和今后的良好前景。

第三节 报价阶段的策略

谈判双方经过开局阶段后,相互之间已经有所认识并相对熟悉,这时谈判开始进入实质性阶段,即报价阶段。报价阶段是谈判的关键阶段,这个阶段的成败决定着谈判的实质进展,也决定着整个谈判过程的成败。

一、报价的定义

商务谈判中的报价,通常是谈判者所有要求的总称,包括价格、交货期、付款方式、数量、质量、保证条件等。报价直接影响谈判的开局、走势和结果,事关谈判者最终获利的大小,是关系到商务谈判能否成功的关键所在。在报价阶段,必须讲究报价的方式和技巧,报价是否准确适当,对实现自身的经济利益具有非常重要的意义。报价过高,谈判对方会认为你缺乏诚意;报价过低,会损害己方的利益。报价分寸掌握得好,就可以把对手的期望值限制在一个相对合理的、特定的范围之内,可以在以后的讨价还价过程中占据主动地位,从而直接影响到谈判的最终结果。所以,在报价时要持慎重的态度,应掌握的基本原则包括:通过反复分析与权衡,尽量在己方所得物质与报价被接受的可能性之间寻找最佳组合点作为报价的依据;尽可能精确地估计对方可接受的报价范围,并围绕这一范围,根据不同情况运用具体的报价策略。

二、如何处理报价

(一)谁先报价

报价的先后是一个微妙的问题,先报价有一定的优势,也容易暴露出一些问题。优势在于:先报价者容易掌握谈判的主动权,为报价划定一个基准框架,对谈判的影响很大。若价格出乎对方预料,可以打乱对方的谈判战略部署,动摇对方的信心,从而掌握谈判节奏并取得谈判的胜利。弊端在于:泄漏己方的底线和价格范围,对方在了解我方起点的基础上,可适当做出价格调整,从而获得本来得不到的一些利益。既然先报价有利亦有弊,那么我们该如何处理呢? 具体来讲要注意以下的问题:

1. 谈判实力

谈判实力强于对方:有利地位,先报价。

双方谈判实力相当:可先报价,占据主动。

谈判实力弱于对方:缺乏经验,让对方先报,观察调整,以静制动。

2. 惯例法

按照惯例来讲,卖方先报价,也可以由谈判的发起人先报价。

3. 双方关系紧密程度

长期合作的双方且一直合作顺利的,报价先后无关紧要。

(二)报价的依据和方法

1. 价格形成的基础

价格是由成本、利润、行业动态、供求关系、商业情报等因素共同决定的,需要谈判人员通过各种渠道收集整理相关的价格信息,并对其进行反复的比较、分析、判断,形成最终价格。谈判除了应了解影响价格的诸多因素外,还要善于正确认识和处理各种价格之间的关系。

(1)主观价格与客观价格。价格谈判中,人们往往追求"物美价廉",总希望货物越优越好,价格越低越好,似乎这样才占了便宜。这种主观价格,往往是买者的一厢情愿,谈判中双方应该追求的是货真价实。因为,如果真的"物美"势必"价高",否则,卖者就要亏本,连简单再生产也无法维持。通常情况下,"物美价廉"是没有的,或者是少有的。现实交易的结果往往是:作为买方,一味追求"物美价廉",必然要与卖方的"物美价高"产生冲突,于是卖方就可能为迎合买方的"价廉"心理,偷梁换柱,暗地里偷工减料或以次充好,把"物美"变成了与"价廉"对应的"物劣"。与主观价格相对立的是客观价格,也就是能够客观反映商品价值的价格。在现代市场经济的条件下,价值规律是不能违背的,商品交易的正常规则应当是:遵循客观价格,恪守货真价实,只有这样,才能实现公平交易和互惠互利。

(2)绝对价格与相对价格。我们把反映商品价值的价格称为绝对价格,把反映商品使用价值的价格称为相对价格。商务谈判中,人们往往比较强调反映商品价值的绝对价格,而忽视反映商品使用价值的相对价格。其实,商品的价格,既要反映价值,又要反映供求关系。而反映使用价值的相对价格,实质上反映的是一种对有用性的需求。因此,相对价格在谈判中应当受到重视。在价格谈判中,作为卖方,应注重启发买方关注交易商品的有用性和能为其带来的实际利益,从而把买方的注意力吸引到相对价格上来,这有助于使谈判取得成功;而作为买方,在尽量争取降低绝对价格的同时,也要善于运用相对价格的原理,通过谈判设法增加一系列附带条件,从而增加己方的实际利益。

(3)消极价格与积极价格。在日常生活中可以发现,一位大学老师可能不肯花100元买件新衬衣,但愿意花200元买一套书;一位年轻人不肯花50元买本书,但买一件衣服花500元也不会心疼。这两个例子中,前面的"不肯",说明对价格的反应及行为消极,属于消极价格;而后面的"愿意",表明对价格的反应及行为积极,便是积极价格。运用积极价格进行商务谈判,是一种十分有效的谈判技巧。谈判中常常会有这种情形,如果对方迫切需要某种货物,他就会把价格因素放在次要地位,而着重考虑交货期、数量、品质等。因此,商务谈判中尽管价格是核心,但绝不能只盯住价格,就价格谈价格。要善于针对对方的利益需求,开展消极价格向积极价格的有效转化,从而赢得谈判的成功。

(4)固定价格与浮动价格。价格谈判多数是按照固定价格计算的。但并不是所有的价格谈判都应当采用固定价格,尤其是大型项目的价格确定应采用固定价格与浮动价格相结合的方式。大型项目工程的工期短则一两年,长则五六年甚至十年以上。有些原材料、设备到工程接近尾声才被使用,如果在项目谈判时就预先确定所有价格,显然是不合理的。采用浮动价格,其涉及的有关参数不是任意的,而是由有关权威机构确定,因而可以成为谈判各方都能接受的定价依据。这样,虽不能完全规避所有风险,但相比单纯采用固定价格,要公平合理很多。浮动价格谈判的重点在于有关权威机构的选择及有关公式的选用。

(5)综合价格与单项价格。商务谈判中,特别是综合性交易的谈判,双方往往比较注重综合价格,即进行整体性的讨价还价,有时还会出现互不相让的僵局,甚至导致谈判失败。此时可以改变一下谈判方式:将整个交易进行分解,对各单项交易逐一进行分析,并在此基础上进行单项价格的磋商。这样,不仅可以通过对某些单项交易的调整使综合交易更符合实际需要,而且可以通过对单项价格的进一步磋商,达到综合价格的合理化。

(6)主要商品价格与辅助商品价格。价格谈判,不仅要考虑主要商品的价格,还要考虑其配件等辅助商品的价格。许多厂商的定价策略采用组合定价,对主要商品定价低,但对辅助商品定价高,由此增加盈利。例如某些车辆,新车价格相对较低,但零部件的价格却较高。使用这种车辆,几年之后需要维修和更换配件时,需要支付昂贵的费用。因此,在价格谈判过程中,应加大对辅助商品价格的谈判,以更好地维护己方利益。

2.报价的方法

(1)先订出价格上下限。

(2)卖方一般报高价,买方一般报低价。

(3)有时要适可而止,否则报价悬殊会影响双方的关系。

三、报价策略

(一)价格起点策略

1.欧式报价策略

欧式报价策略是指卖方提出一个高于本方实际要求的谈判起点来与对手讨价还价,最后再做出让步从而达成协议的谈判策略。其模式是卖方报价虚头较大,根据买卖双方的实力对比和该笔交易的外部竞争状况,通过给予各种优惠来逐步软化和接近买方的市场条件,最终达成交易。

2.日式报价策略

日式报价策略是指先提出一个低于己方实际要求的谈判起点,以让利来吸引对方,试图首先去击败参与竞争的同类对手,然后再与被引诱上钩的卖方进行真正的谈判,迫使其让步,从而达到自己的目的。

(二)除法报价策略

以商品价格为除数,以商品的数量或使用时间等为被除数,得出一种数字很小的价格,使买主对本来不低的价格产生一种低廉的错觉。

(三)加法报价策略

在商务谈判中,有时怕报高价会吓跑客户,就把价格分解成若干层次渐进提出,使若干次的报价最后加起来仍等于一次性报出的高价。

(四)差别报价

是指在商务谈判中针对客户性质、购买数量、交易时间、支付方式等不同,采取不同的报价策略。

(五)对比报价

是指向对方抛出有利于本方的多个商家同类商品交易的报价单,设立一个价格参照系,然后将所交易的商品与这些商家的同类商品在性能、质量、服务与其他交易条件等方面做出有利于本方的比较,并以此为本方要价的依据。

(六)数字陷阱

指卖方在分类成本中"掺水分",将自己制作的商品成本构成计算表出示给买方,用以支持本方总要价的合理性。

四、报价原则

(一)卖方买方的开盘价原则

对卖方来讲,开盘价必须是"最高的",而对买方来讲,开盘价必须是"最低的",这是报价的首要原则。首先,若我们为卖方,开盘价为我方的要价确定了一个最高限度。一般来讲,开盘价一经报出,就不能再提高了。最终双方成交的价格肯定在此开盘价格以下。若我们为买方,开盘价为我方的要价确定了一个最低限度。同样,没有特殊情况,开盘价也不能再降低,最终双方成交的价格肯定在此开盘价格以上。其次,从人们的观念上来看,"一分钱一分货"是多数人信奉的观点。因此,开盘价的高低,会影响对方对己方提供的商品或劳务的印象和评价。再次,开盘价较高,能够为卖方以后的讨价还价留下充分的回旋余地,使卖方在谈判中更有主动性,便于掌握成交时机。第四,开盘价的高低往往会对最终成交水平产生实质性的影响,即开盘价高,最终的成交价相对较高,开盘价低,最终的成交价也相应较低。

(二)适度报价原则

作为卖方,开盘价要报高一些,但绝不能漫天要价,而是高的同时还应合乎情理。如果报价过高,超出常理,又没有能够讲充分的依据,会让对方认为己方缺少诚意,或者被逼无奈而中止谈判,或者相对地"漫天要价",或者提出质疑,而我们又无法解释,其结果只能是被迫无条件地让步。在这种情况下,即使你已将交易条件降低到较公平合理的水平上,对方仍会认为尚有"水分"可挤,因而还会穷追不舍。

(三)报价应该坚定、明确、完整,且不加任何解释和说明

开盘价的报出应坚定、果断,这样可以给对方留下认真诚实的好印象。任何欲言又止、吞吞吐吐的行为,都会给对方带来不良感受,甚至会产生不信任感。因此,开盘报价要明确、清晰而完整,以便对方能够准确地了解我方的期望。此外,报价时不要对本方所报价格做过多的解释、说明或辩解,因为对方不管我方报价的水分多少都会提出质疑。如果是在对方还没有提出问题之前,便主动加以说明,会提醒对方意识到我方最关心的问题,而这些问题很可能是对方尚未考虑到的。因此,有时过多地解释和说明,反而会成为对方找出破绽或猛烈反击的突破口,甚至会使我们十分难堪,无法收场。

(四)进行价格解释时需遵循的原则

在谈判双方中的一方完成报价后,另一方会要求进行价格解释。在进行价格

解释时需要遵循以下的原则：

1. 不问不答

是指对对方不主动问的问题,报价方不要主动进行价格解释。

2. 有问必答

当对方提出疑问时,要给予积极的解答,不能含糊其辞,也不能故意隐瞒或吞吞吐吐。

3. 避虚就实

进行价格解释时应该注重实质问题的解答,回答应该言简意赅,不要在水分大的地方浪费时间。

4. 能言不书

能用口头解释和说明的,就不要用文字来书写。

第四节　磋商阶段的策略

磋商阶段也被称为讨价还价阶段,它是谈判中最复杂最关键的阶段,也是谈判双方投入时间最长、耗费精力最多的一个阶段。因此这一阶段是一场硬仗和拉锯战,是整个谈判中最困难的阶段。

一、磋商阶段的特点

谈判的磋商阶段是指随着谈判开局阶段任务的完成和议题的深入而进入的中心阶段,即指谈判开始之后到谈判终局之前,谈判各方就实质性事项进行磋商的全过程。谈判的磋商阶段是谈判的实践阶段,这不仅是谈判主体间的实力、智力和技术的具体较量阶段,也是谈判主体间求同存异、合作、谅解、让步的阶段。此阶段是全部谈判活动中最为重要的阶段,故其投入的精力最多、涉及的问题最多、占用的时间最长。此阶段双方的焦点是讨价还价,而讨价还价的过程也就是彼此妥协让步的过程。

二、让步方式

要正确地控制让步的次数、步骤与程度,即采用正确的让步方式,不可使让步过多、过快、过大。但在实际谈判中,其"量"的概念是无法具体规定的,让步方式也不可能有成规可循,因为让步方式是受到交易物特性、市场需求状况、谈判策略、经营计划、客观环境等一系列因素制约和影响的。作为谈判人员,应根据具体情况,灵活选择和应用各具特点的有效的让步方式。下面介绍八种具有不同特点的让步方式,供谈判人员参考。

假设买卖双方在原有讨价还价的基础上,预计让步尺度还有 60 元,且需要经过四次反复让步才能达成协议,其对让步方来说,有八种不同方式可供选择。

表 6-1   八种常见的让步方式

让步方式	让步尺度	第一次让步	第二次让步	第三次让步	第四次让步
1	60	0	0	0	60
2	60	15	15	15	15
3	60	8	13	17	22
4	60	22	17	13	8
5	60	26	20	12	2
6	60	49	10		1
7	60	50	10	−1	1
8	60	60	0	0	0

让步方式分析:

(0 0 0 60)是强硬型的让步方式。开始给人以立场坚定、态度强硬、缺乏合作与成交的诚意之感,但最后让步一次到位,"先苦后甜",又必然会使对方兴高采烈。这种方式的采用者一般为实力雄厚,交易地位优越。但是,采用这种方式,又必须解决好两个可能存在的问题:一是对方在再三要求让步而均遭拒绝的情况下,可能等不到最后,就会离开谈判桌;二是最后让步虽然很晚,但幅度过大,往往会鼓励对方进一步纠缠,而且进攻可能会更加猛烈。

(15 15 15 15)是均值型的让步方式。这种均值型的让步,是为了使让步"细水长流",均匀地满足对方的要求与需要,并获取对方的好感。但是采用这种方式,必须要对方意识到最后的让步已使价格降至谷底,否则它将鼓励对方争取进一步的让步。因为在无任何暗示和让步余地较大的情况下,不再让步,较难说服对方,从而有可能使谈判陷入僵局。

(8 13 17 22)是刺激型的让步方式。这种方式的让步幅度呈增值型,可能开始是为了使让步的口子开得小一点,以后充分显示成交的诚意。但是,这也存在一个明显的问题,就是会刺激对方要求进一步让步的胃口,而且胃口可能越来越大,最终会使谈判难以收场,导致僵局,起码会使对方感到不满意。

(22 17 13 8)是希望型的让步方式。这种方式的让步幅度呈下降型,显示出让步方的立场愈来愈强硬,防卫森严,并且让步行为也较符合常理。但是,由于最后的让步数额仍然不少,还有让步的余地,这就会使对方存有希望而进一步加大压力。如果最后不再让步,可能会造成不愉快的局面。

(26 20 12 2)是稳妥型的让步方式。这种方式表现出强烈的妥协性和艺术性。它一方面告诉对方,我们已尽了最大努力,表示出了极强的合作愿望。另一方面,又暗示对方,让步的幅度越来越小,并且最后让步已基本到了尽头,不可能再进行让步了,最后成交的时机已经到来。一般来说,这是一种符合常理的常见的让步方式。

(49 10 0 1)是风险型的让步方式。这种让步方式的风险在于前两次让步幅度太大,势必会大大提高对方期望值,而在第三次让步时,又变成零,使对方难以理解和接受,尽管最后又给予对方小小的让步,表达了某种"诚意",但难以满足对方过高的期望,很可能会形成僵局。

(50 10 -1 1)是虚伪型的让步方式。这种方式在前两次就使让步达到了极限,表现出极大的热情与诚意,一定会使对方暗喜。但在第三次该让步的情况下,却诡称成本或其他数字计算有误,提高报价,可谓给对方当头一棒,对方显然不会接受,甚至会引起对方的误解和气愤,使谈判气氛紧张。第四次又纠正"错误",给对方一个小小的让步,会使对方得到一点安抚。

(60 0 0 0)是坦诚型的让步方式。这种方式一开始便把所有的让步幅度给了对方,其用意显然是为了谋求尽快地达成协议,提高谈判效率,争取时间。但是,在谈判中坦诚是会带来风险的,它会使对方怀疑你是否真是坦诚,并激励对方更猛烈地向你发起进攻,逼迫你再作让步,这样就很容易引起僵局和谈判的破裂。当然,如果这种方式已成为交易中的惯例,或者谈判对象是老客户,彼此非常熟悉,也未必不可。

三、成功的让步策略的原则

(一)追求主要目标的原则

让步中谈判目标有主要目标,也有次要目标,在两者不能兼得的情况下需要评估目标。在保证整体利益最大化的原则下,舍弃次要目标,抓住最主要的目标,但同时也应注意目标不要太多,以免顾此失彼,甚至自相混乱,使谈判对手有可乘之机。

(二)时机原则

所谓让步策略中的时机原则就是在适当的时机和场合做出适时适当的让步,使谈判让步的作用发挥到最大,所起到的作用达到最佳。让步时机的选择影响让步效果。如果让步过早,会使对方误认为是"顺带"得到的小让步,这将会使对方得寸进尺;如果让步过晚,除非让步价值十分重大,否则它将失去应有的作用,对控制谈判结果影响不大或不发生任何影响。一般而言,让步的主要部分应放在成交期之前,以影响成交条件,而处于次要的、象征性的让步放在最后时刻,作为最后"甜头"。但必须注意强调这种让步的终局性。

(三)清晰原则

在让步策略中的清晰原则是:让步的标准、让步的对象、让步的理由、让步的具体内容及实施细节应当准确明了,避免因为让步而导致新的问题和矛盾。

(四)轻重缓急原则

让步是一种极有分寸的行为,不可"眉毛胡子一把抓"。有经验的谈判人员,为了争取主动并保留余地,一般不首先在原则问题、重大问题或者对方尚未迫切要求的事项上让步。明智的做法是尽量让对方在原则问题、重大问题上先让步,而己方则在对方的强烈要求下,在非原则的、次要的、较小的问题上适当让步。

(五)尺度原则

谈判中双方"交换"让步是正常的。但应注意要保证"交换"的现实性,可以在让步后,等待和争取对方让步,在对方做出相应让步前,绝不再让步。"交换"让步,是以利益和必要性为依据的,不可因为对方让步,我就让步,对方让我"半斤",我就让他"八两"。

四、促使对方让步的策略

(一)先苦后甜策略

先苦后甜策略也称吹毛求疵策略,它是一种先用苛刻的虚假条件使对方产生疑虑、压抑、无望等心态,以大幅度降低对手的期望值,然后在实际谈判中逐步给予优惠或让步。该策略的对策是:充分了解信息,尽可能掌握对方的真实意图,并采取相同的策略对付对方。如果对方使用这一策略,那么应对这一策略的策略是:必须要有耐心,那些虚张声势的问题及要求自然会渐渐地露出马脚而失去影响,遇到了问题,要能开门见山地和买主私下商谈。对于某些问题和要求,要能避重就轻或视而不见地不予理睬;当对方在浪费时间、无中生有、鸡蛋里面挑骨头时,一定要当面制止。向买主建议一个具体而又彻底的解决办法时,不要与买主争论那些与交易关系不大的问题;也可以向对方提出某些虚张声势的问题来增强自己的谈判力量。

(二)软硬兼施策略

软硬兼施又叫红白脸策略。在谈判初始阶段,先由唱白脸的人出场,他傲慢无理、苛刻无比、强硬僵死、立场坚定、毫不妥协,让对手产生极大的反感。当谈判进入僵持状态时,红脸人出场,他表现出体谅对方的难处,以合情合理的态度,照顾对方的某些要求,放弃自己一方的某些苛刻条件和要求,做出一定合理的让步。

(三)车轮战术策略

车轮战术是指谈判桌上的一方遇到关键问题或与对方有无法解决的分歧时,

借口自己不能决定或其他理由,转由他人再进行谈判。通过更换谈判主体,侦察对手的虚实,耗费对手的精力,削弱对手的议价能力,为自己留出回旋余地,进退有序,从而掌握谈判主动权。作为谈判的对方需要重复向走马换将策略的这一方陈述情况,阐明观点,面对新更换的谈判对手,需要重新开始谈判。这样会付出加倍的精力、体力和投资,时间一长,难免出现漏洞和差错。这正是运用走马换将策略一方所期望的。该策略的对策是:无论对方是否准备采用该策略,都要做好充分的心理准备,以做到有备无患;新手上场后不重复过去的争论,如果新的对手否定其前任做出的让步,自己也借此否定过去的让步,一切从头开始;用正当的借口使谈判搁浅,直到把原先的对手再换回来。

第五节　成交阶段的策略

当谈判双方的期望十分接近,就会产生结束谈判的愿望和迹象,主要表现在:对手由对一般问题的探讨延伸到对细节问题的探讨;对方对你介绍的商品的使用功能随声附和;谈判组成员由开始的紧张转向松弛。这时应该抓住一切显示成交的机会,结束谈判。

一、场外交易策略

场外交易指在谈判双方意见十分接近,但个别问题上还有分歧的情况下,在谈判以外的场合对存在分歧的问题取得谅解和共识,从而促进和完成交易的策略。因为某些谈判问题在谈判桌上很难解决,而在酒席和私人拜访等场外交往活动中却往往能迎刃而解。谈判桌上的紧张、激烈、对立的气氛和情绪,影响和控制着人们,促使谈判各方不遗余力地逼迫对方让步,而自己却不愿让步,因为一旦让步,就被视为"战败"或"投降",将失去面子。即使对方的主谈人或领导人头脑很冷静、清楚,认为做出适当的让步以求尽快达成协议符合本方利益,也可能会因为同伴的态度坚决、情绪激昂,而难以当场做出让步决定。但在谈判桌以外的场合,紧张、激烈、对立的气氛和情绪为轻盈、友好、融洽的气氛和情绪所替代,双方可以轻松自在地谈论感兴趣的话题,交流私人之间的感情,热烈友好的气氛使双方暂时忘记谈判桌上激烈交锋所带来的不快。此时,如果谈判人员巧妙地将话题引回到谈判桌上相持不下的问题,对方往往能很大度地做出让步以达成交易。

二、速战速决策略

俗话说"夜长梦多",不论何事,拖的时间太长,情况都有可能发生变化。谈判也是,为了防止对方出尔反尔,避免无谓的争论,谈判人员应当抓住时机、趁热打铁地赶快达成交易,结束谈判。

三、强调双赢策略

当谈判结束后,双方已签订了或即将签订协议,此时可谓大功告成。即使你在谈判中获得了较多的利益,而对方只得到了较少的利益,亦应强调谈判的结果是双方共同努力的结果,并充分肯定对方的合作精神。如果你认为本次谈判的结果是个人或己方的杰作,只强调己方的胜利,那只能是自找麻烦。对方可能会被你这种傲慢无礼、居功自傲的行为和态度激怒,会托词拒绝签约,即使勉强签约,在日后的执行过程中,也可能会想方设法予以破坏,以示报复。所以,在任何情况下都要强调双赢,即使对方获得的利益不多,他也会觉得自己很有面子,心理上得到一定程度的满足。

四、谨慎地对待协议策略

谈判的成果要靠严密的协议来确认和保证。此时不要因谈判的结束而掉以轻心,忽视协议中的条款,而是要谨慎地对待协议。

第六节　僵局处理策略

商务谈判僵局是指在商务谈判过程中,当双方对所谈问题的利益要求差距较大,又都不肯做出让步,导致双方因暂时不可调和的矛盾而形成对峙,使谈判呈现出一种不进不退的僵持局面。谈判僵局之所以经常出现,其原因就在于来自不同企业、不同国家或地区的谈判者,在商务谈判中双方观点、立场的交锋是持续不断的,当利益冲突变得不可调和时,僵局便出现了。

一、僵局产生的原因和处理原则

(一)原因

1. 故意制造谈判僵局

这是一种带有高度冒险性和危险性的谈判战略,即谈判的一方为了试探对方的决心和实力而有意给对方出难题,搅乱视听,甚至引起争吵,迫使对方放弃自己的谈判目标而向己方目标靠近,使谈判陷入僵局。其目的是使对方屈服,从而达成有利于己方的交易。故意制造谈判僵局的原因可能是过去在商务谈判中上过当或吃过亏,现在要给对方以颜色;或者自己处在十分不利的地位,希望通过给对方制造麻烦来改变自己的谈判地位,这种情况下,制造僵局一方通常认为即使改变不了自己的不利地位,也不会带来什么损失,这种情况下就会导致谈判出现僵局。

2.双方立场观点对立争执

在讨价还价的谈判过程中,如果双方对某一问题都坚持自己的看法和主张时就会出现意见分歧,并且,双方越是坚持各自的立场,分歧就会越大。此时,双方真正的利益被这种表面的立场所掩盖,使谈判变成了一种意志力的较量,当冲突和争执激化,互不相让时,便会出现僵局。经验表明,谈判双方在各自立场上关注越多,越不能注意调和双方利益,也就越不可能达成协议。如果谈判双方都不想做出让步,甚至以退出谈判相要挟,就更增加了达成协议的难度。因为人们最容易在谈判中犯立场观点性争执的错误,这也是形成僵局的主要原因之一。

3.沟通障碍导致僵局

沟通障碍就是谈判双方在交流彼此情况、观点,洽商合作意向、交易的条件等过程中,可能遇到的由于各种主客观原因造成的理解障碍。

4.谈判人员的偏见或成见

偏见或成见是指由于感情原因所产生的对对方及谈判议题的一些偏颇甚至是不正确的看法。由于产生偏见或成见的原因是对问题认识的片面性,而谈判人员对信息的理解又受其职业习惯、受教育程度以及某领域内专业知识的制约,因此,即使表面上看来谈判人员对对方所讲的内容已完全理解了,但实际上这种理解却常常是主观、片面的,甚至往往与信息内容的实质情况完全相反,因而很容易引起僵局。

5.环境的改变

当谈判的外部环境,如价格、通货膨胀等因素发生变化时,谈判的一方不愿按原有的承诺签约,也会导致僵局产生。

6.谈判双方用语不当导致僵局

谈判双方因用语不当,造成感情上的强烈对立,双方都感到自尊受到伤害,因而不肯作丝毫的让步,谈判便会陷入僵局。

7.谈判中形成一言堂导致僵局

谈判中的任何一方,不管出自何种欲望,如果只是滔滔不绝地论述自己的观点而忽略了对方的反应甚至使对方失去了陈述的机会,必然会使对方感到不满与反感,造成潜在的僵局。

(二)商务谈判僵局处理的原则

1.冷静理智地思考

在谈判实践中,有些谈判者会脱离客观实际,盲目地坚持自己的主观立场,甚至忘记了自己的出发点是什么,由此而引发的矛盾当激化到一定程度时即形成了僵局。谈判者在处理僵局时,要能防止和克服过激情绪所带来的干扰。一名优秀的谈判者必须具备头脑冷静、心平气和的谈判素养。

2.协调好双方的利益

当双方在同一问题上发生尖锐对立，并且各自理由充足，既无法说服对方，又不能接受对方的条件，从而使谈判陷入僵局时，应认真分析双方的利益所在，只有平衡好双方的利益才有可能打破僵局。让双方从各自的当前利益和长远利益两个方面来看问题，对利益目标适当地做出调整，寻找双方都能接受的平衡点，从而最终达成谈判协议。此时，只有双方都做出让步，以协调双方的关系，才能保证双方的利益都得到实现。

3.允许不同意见的存在

不同意见，既是谈判顺利进行的障碍，也是一种信号。它表明实质性的谈判已开始。如果谈判双方能够就不同意见互相沟通，最终达成一致，会有助于谈判的成功。

4.避免争吵和肢体语言

争吵无助于矛盾的解决，只会使矛盾激化。如果谈判双方出现争吵，就会加重双方的对立情绪，从而使原本已经变僵的局面变得更僵。即使一方在争吵中获胜，另一方无论从感情上还是心理上都很难持相同意见，谈判仍然障碍重重，很难达成协议。所以，一名谈判高手从来都是通过据理力争，而不是通过和别人大吵大嚷来解决问题的，更不会有任何过于激烈的肢体语言出现。

5.正确认识谈判的僵局

许多谈判人员把僵局视为谈判失败，企图竭力避免它，在这种思想的指导下，所采取的往往不是积极的缓和措施，而是消极躲避。在谈判开始之前，就祈求能顺利地与对方达成协议，完成交易，别出意外，尤其当谈判人员负有与对方签约的使命时，这种心情会变得更为迫切。这样一来，为避免出现僵局，会表现出事事处处迁就对方，而一旦陷入僵局，就会很快地失去信心和耐心，甚至怀疑起自己的判断力，对预先制定的计划也产生了动摇。因此，这种思想阻碍了谈判人员更好地运用谈判策略，结果可能会达成一个对己不利的协议。

应该看到，僵局出现对双方都不利。如果能正确认识，恰当处理，就可能会变不利为有利。我们不赞成把僵局视为一种策略，运用它来胁迫对方妥协，但也不能一味地妥协退让。这样，不仅避免不了僵局的出现，还会使自己十分被动。只要具备勇气和耐心，在保全对方面子的前提下，灵活运用各种策略、技巧，僵局就不是攻克不了的堡垒。

二、如何处理僵局

谈判出现僵局，就会影响谈判协议的达成。无疑，这是所有谈判人员都不愿看到的。因此，在双方都有诚意的谈判中，应尽量避免出现僵局。但谈判本身又是双方利益的分配,是双方的讨价还价,僵局的出现也就不可避免。因此,仅从主观愿望上不愿出现谈判僵局是不够的,也是不现实的,因此,对待谈判中的僵局,应当正确认识、慎重对待、认真处理,掌握处理谈判僵局的策略与技巧,从而更好地争取主动,为谈判协议的签订铺平道路。

(一)用语言鼓励对方打破僵局

当谈判出现僵局时,你可以用话语鼓励对方:"看,许多问题都已解决了,现在就剩这一点了。如果不一并解决的话,那不就太可惜了吗?"这种说法,看似很平常,实际上却能鼓动人,发挥很大的作用。

对于牵涉多项讨论议题的谈判,更要注意打破僵局。比如,在一场包含六项议题的谈判中,有四项是重要议题,其余两项是次要议题。现在假设四项重要议题中已有三项获得协议,只剩下一项重要议题和两项小问题了,那么,针对僵局,你可以这样告诉对方:"四个难题已解决了三个了,剩下一个如果也能一并解决的话,其他的小问题就好办了,让我们再继续努力,好好讨论讨论唯一的难题吧!如果就这样放弃了,前面的工作就都白做了,大家都会觉得遗憾的!"听你这么说,对方多半会同意继续谈判,这样僵局就自然地化解了。

(二)采取横向式的谈判打破僵局

当谈判陷入僵局,经过协商却毫无进展,双方的情绪均处于低潮时,可以采用避开该话题的办法,换一个新的话题与对方谈判,以等待高潮的到来。横向谈判是回避低潮的常用方法。由于话题和利益之间的关联性,当其他话题取得成功时,再回来谈陷入僵局的话题,便会比以前容易得多。

把谈判的面撒开,先撇开争议的问题,转而谈其他问题,而不是盯住一个问题不放,不谈妥誓不罢休。例如:在价格问题上双方互不相让,僵住了,可以先暂时搁置一旁,改谈交货期、付款方式等其他问题。如果在这些议题上对方感到满意了,再重新回过头来讨论价格问题,阻力就会小一些,商量的余地也就更大些,从而缩小分歧,使谈判出现新的转机。

(三)寻找替代的方法打破僵局

谈判中一般存在多种可以满足双方利益的方案,而谈判人员经常简单地采用某一方案,而当这种方案不能为双方同时接受时,僵局就会形成。

(四)运用休会策略打破僵局

休会策略是谈判人员为控制、调节谈判进程,缓和谈判气氛,打破谈判僵局而经常采用的一种基本策略。它不仅是谈判人员为了恢复体力、精力的一种生理需求,也是谈判人员调节情绪、控制谈判过程、缓和谈判气氛、融洽双方关系的一种策略。当谈判步入僵局时,如果继续谈判,双方的思想还沉浸在紧张的氛围中,结果往往是徒劳无益的。此时,比较好的做法就是休会,给双方留出时间进行思索,使双方有机会冷静下来,客观地分析谈判形势、统一认识、商量对策,从而为打破谈判僵局做出准备。

(五)利用调解人调停打破僵局

当谈判双方严重对峙而陷入僵局时,双方信息沟通就会出现严重阻碍,互不信任,互相存有偏见甚至敌意。这时由第三者出面斡旋可以为双方保全面子,使双方感到公平,从而使信息交流畅通起来。中间人在充分听取各方解释、申辩的基础上,能很明显地发现双方冲突的焦点,分析其背后所隐含的利益分歧,据此寻求解决这种分歧的途径。谈判双方之所以自己不能这样做,则是因为"不识庐山真面目,只缘身在此山中"。

商务谈判中的中间人主要是由谈判者自己挑选的。不论哪一方,它所选定的斡旋者应该是被对方所熟识、为对方所接受的,否则就很难发挥其应有的作用。在选择中间人时还要考虑其是否具有权威性,这种权威性是使对方受中间人影响,最终转变强硬立场的重要力量。

【本章参考书目】

1. 刘园主编:《国际商务谈判》,首都经济贸易大学出版社,2006年。

2. 姜小欣、张士光主编:《谈判语言》,经济科学出版社,1995年。

3. 丁建忠主编:《商务谈判教学案例》,中国人民大学出版社,2003年。

【思考题】

1. 国际商务谈判各个阶段有哪些显著的特征?

2. 在国际商务谈判中的不同阶段,如何灵活运用谈判策略?

3. 国际商务谈判中,如何避免僵局的产生?

【案例分析题】

意大利某电子公司欲向中国某进出口公司出售生产半导体使用的设备,派人来北京与中方洽谈。其设备性能良好,适应中方的需求。双方很快就设备性能指标达成协议,随即进入价格谈判。中方认为:"设备性能可以,但是价格不行。希望降价。"意大利方面认为:"货好,价格自然就高。不能降价。"

中方:"不降我们接受不了。"

意方:"东方人爱讲价,我们意大利人讲究义气,只能降 0.5%。"

中方:"谢谢您的义气之举,但是价格是不合理的。"

意方:"怎么不合理了?"

中方："设备是中等性能，但是价格远远高于性能，不匹配。"

意方："贵方不是很满意我们的设备吗？"

中方："是的，性能方面符合我们的需求，但并不意味着性能是最佳、水平是最高的。如果用您的报价，我们可以买到更好的设备。"

意方："我需要考虑一下。"

休息片刻后，双方再谈。意方改为价格再优惠3%，但是中方仍然不能满意，没有达到中方的成交线，要求意方再降。意方坚决不同意，要求中方还价，中方给出价格优惠15%的条件。

意方听后沉默了一会，从包里拿出机票说："贵方条件太苛刻，我方难以接受。为表示诚意，我再降2%。如果同意，我们签订合同；如果不同意，我的机票是明天下午2点的，按时离开。"说完站起离开，临走说："我住在友谊宾馆，如果有了决定请在中午12点前给我答复。"

中方研究之后，不能接受5.5%的优惠，至少应该降7%。如何再谈呢？中方调查了明天2点是否有飞往意大利或者欧洲的航班，得到了否定的答案。第2天早上10点，中方给宾馆打电话，说明了诚意，表示中方也愿意让步，只要求优惠10%。意方看到了诚意，也看到还有谈判的希望，表示愿意见面，继续谈判。最后双方再次都作出了让步，以优惠7.5%的价格成交。

试分析，该谈判中，双方是如何促成交易的？是否形成了僵局？使用了什么样的让步策略？

第七章　国际商务谈判技巧

【本章学习目标】

1. 了解国际商务谈判中主要的语言表达形式、表达原则以及应当避免使用的语言。

2. 掌握国际商务谈判中的"听"、"说"、"看"、"问"、"答"、"辩"以及"劝"和"拒绝"等技巧。

语言是传递信息的媒介,是人与人之间进行交际的工具。商务谈判则是人们运用语言传达意见、交流信息的过程。而谈判中的信息传递与接受则需要通过谈判者之间的听、看、问、答、叙、辩以及劝和拒绝等方式来完成。在很大程度上,语言的应用效用往往决定了谈判的成败。因此,谈判人员必须综合运用听、说、看、问、答、辩以及劝和拒绝等方面的技巧,准确地把握对方的行为与想法,传递自己的意见与观点,进而达到谈判预期的目的。本章的内容就是研究这八种具体的谈判方式。

第一节　概述

人类的语言丰富多彩。各民族有自己的语言,各行业有自己的语言,商务谈判也不例外。因此,要研究商务谈判的技巧,就应当首先了解、掌握商务谈判的语言表达形式、表达原则,哪些语言应当避免使用。人们对这些了解得越多,就会越有助于其商务谈判的成功。

一、国际商务谈判中几种典型的语言表达形式

商务谈判中运用的语言主要包括外交语言、商业法律语言、文学语言和军事语言等。

(一)外交语言

国际贸易工作者虽然不是外交官,但涉及国际商业事务,经常接触外国人,与

外事相关。因此外交语言自然就成为商务谈判人员所关注的语言,商务谈判中的外交语言具有重礼性、圆滑性及缓冲性的特征。商务谈判中常用的外交语言的表达方法主要有:

1. 初次会谈用语

"很荣幸与您谈判该交易";"愿我们的工作能为扩大双方的合作作出贡献";"有关日程我们悉听尊便";"让我们双方共同努力在平等互利的基础上……"。

2. 处理谈判分歧的用语

"请恕我不能直接回答您的要求,我将向有关方面转达您的意见";"贵方的要求已经超出了议题的范围,请恕我无可奉告"。

3. 处理僵局的语言

"既然如此,深表遗憾";"我方的谈判大门始终是敞开的。若贵方有新的意见,可随时与我方联系"。

(二)商业法律语言

商业法律语言是国际商务谈判中的基础语言和主体语言,具有通用性、刻板性和严谨性的语言特征。商业法律语言的表现形式有多种,比较典型的有:

1. 贸易形态

补偿贸易、合资经营、来料加工、寄售、经销、代理、许可证交易等。

2. 贸易合同

FOB(装运港船上交货)、CIF(成本加运费、保险费)支付条件、不可抗力、多式联运、门到门、报关、滞期、速遣、溢短装、唛头、海损、空载等等。

3. 贸易结算

硬货币、软货币、汇率、浮动价格、固定价格、电汇、票汇、信用证、即期、远期、可转让、可循环、不可撤销、保兑、托收、付款交单、承兑交单、议付、汇票、提单等等。

4. 贸易政策与法规

保护贸易政策、出口退税、非关税壁垒、进出口管理、反倾销等等。

5. 贸易市场

滞销、畅销、抢手、水货、倾销、低价竞销、囤积居奇等等。

(三)文学语言

文学语言是指在国际商务谈判中使用的优美动人的修辞,其特征是优雅、诙谐、生动、形象和富有感染力,具有制造良好气氛、化解紧张局面、增强感染力的作用。因此,文学语言很自然就会对很多谈判者有着很大的吸引力。最典型的表述是以拟人或以自然景物来描写、比喻谈判中的人和事,其魅力与感染力可以具体从对任务、谈判气氛、谈判立场以及谈判条件的表述上体会到。

1. 任务的表述

典型的语言有:"今天的谈判是播种,明天的签约是收获。""有一滴汗水,就会有一分收获。"

2.谈判气氛

依照不同的谈判季节，人们可以说："谈判紧张得像夏天一样。""虽然外面天气很冷，可谈判的气氛却温暖如春。"

3.谈判立场

"请贵方慷慨地向前迈一步，就能够握着我方的手啦。""我们双方已经走了99步，就差这最后一步了，不走恐怕会遗憾终生。""山重水复疑无路，柳暗花明又一村"。

4.谈判条件

"我的衣服被扒光了，请给我留点换洗的衣服。""不是要把您的衣服扒光，而是您夏天穿着棉袄。"

(四)军事语言

商务谈判中需要围绕债权与债务、得与失的平衡进行切磋。有时不乏使用军事语言，从而在心理上鼓舞己方参谈人员的士气，打击对手的气势。军事语言具有干脆、坚定和自信的特征。

1.内部运用的表述

谈判组织者在内部的谈判准备及组织工作中常常使用："价格防线"；"成本底线的摸底或侦查"；"集中兵力、时间突破对方某一点"；"分兵把口，各司其职"；"先看清对方阵势，再听号令进攻"；"要严守秘密"。

2.外部运用的表述

为了使双方的谈判气氛与谈判目标相吻合，针对不同的情况会讲不同的军事性语言。如："我坐在贵方一边，以平衡双方参加战斗的力量(当主谈人不主持谈判而对方参加谈判的人员较少的时候)"；"这是最后的堡垒，让我们共同发起冲锋"；"我们的谈判犹如沼泽地里行军"；"最迟于×月×日，必须得到贵方明确的答复"；"虽说将在外君命有所不受，但我受权有限，若擅自做主，回去定要被砍头的"。

二、商务谈判语言表达的原则

语言表达是非常灵活，非常具有创造性的，因此几乎没有哪一种语言的表达技巧适合所有的谈话内容。就商务谈判来讲，总体来说应做到准确、恰当地运用语言，不伤害对方的面子与自尊并有利于交易的达成。

(一)客观坦诚，有的放矢

在商务谈判中运用语言艺术表达思想、传递信息时，必须以客观事实为依据。以产品的购销谈判为例，产品的销售方对企业和产品的情况进行介绍时就要遵循客观真实的原则，恰如其分地介绍产品的性能、质量等。为了表现出真诚，可以通过现场试用或演示,还可以加上用户对该产品的评价。作为产品的购买方,也应实事求是地对产品进行评价,介绍自己的购买力时不要夸大、失实,还价要充满诚意,而且最好加上还价的理由。

针对某类、某次谈判的具体内容、具体谈判对手以及对手的不同要求,要做到有的放矢,对症下药。谈判的内容千变万化,仅以贸易谈判为例,就包括商品买卖谈判、劳务买卖谈判、租赁谈判等。商品的种类不同,谈判的内容就会截然不同。在每次谈判内容确定下来后,除了认真准备有关资料外,还要针对谈判内容的差异考虑谈判时使用的语言。不同的谈判内容和谈判场合要根据不同的谈判对手使用不同的谈判语言,而且应当围绕重点、言简意赅、态度鲜明。

(二)符合逻辑,具体灵活

在商务谈判过程中运用语言艺术时应做到概念清楚、判断准确、证据确凿、符合逻辑。

逻辑性的原则反映在问题的陈述、提问、回答、辩论及说服等各个方面。提问要察言观色,把握时机;回答问题要切题准确,一般不要答非所问;试图说服对方时,要使语言充满强烈的感染力和强大的逻辑力量,真正打动对方,使对方心悦诚服。

灵活性指的是尽管可以在谈判前进行充分的准备,制定对策。但是,在谈判的过程中,对方要说什么或做出什么反应却无法预知,仍然需要谈判者临场组织,随机应变,及时灵活地调整语言,转移或继续话题,如有必要,重新设定说话的内容、说话的方式,甚至终止谈判。切不可拘泥于既定的对策,否则必将在谈判中失去优势,处于被动。

(三)规范流畅,文明礼貌

谈判过程中应用语言应要做到文明礼貌、清晰易懂、流畅严谨并不伤及对方的面子与自尊。

首先,谈判语言必须坚持文明、礼貌的原则,符合商界的特点和职业道德要求,无论出现何种情况,都不能使用粗鲁、污秽或攻击辱骂的语言。其次,所用的语言必须清晰易懂,口音应当标准化,不能用地方方言或黑话、俗语。再次,应当注意抑扬顿挫、轻重缓急,避免吐舌挤眼、语不断句、大吼大叫、感情用事,必须根除口吃等。还有,谈判的语言应当准确严谨,特别是在讨价还价时更要注意一言一语的准确性。最后,在谈判中维护面子与自尊是一个极其敏感而又重要的问题。许多专家指出,在谈判中,如果一方感到失去了面子,即使是最好的交易,也会留下不良的后果。当一个人的自尊受到威胁时,他就会全力防卫,对外界充满敌意,这时,要想与他沟通是十分困难的。而在大多数情况下,丢面子、伤自尊都是由语言不慎造成的,因此,谈判人员应特别注意。

(四)适应环境,具说服性

掌握谈判的语言艺术就必须重视语言的环境因素。如果不看场合,说话随心所欲,那么不仅不能发挥语言的效果,甚至还会使人反感,产生副作用。传说大诗人歌德当过律师,他在法庭上以诗一般的语言发言时,却招来了哄堂大笑,法官当场禁止他这样讲话。因此,谈判者说话必须考虑环境因素,适应特定的语言环境的要求。

此外,无论语言的表达形式如何,都应具有令人信服的理由和力度。谈判语言的说服性,不仅仅是指语言的客观性、针对性和逻辑性的统一,它还要求声调的抑扬顿挫、语言的恰如其分、语气的轻重缓急,这些都要适时、适地、适人。

三、谈判中应避免的语言

在谈判中,语言的选择运用十分重要,有些语言应尽量少用或禁用。

(一)伤人、好斗、威胁的语言

成功的谈判是双方利益的协调与满足。参加谈判的双方都是具体的人,每个人都有自尊心、荣辱感和个性。谈判中如果能相互尊重、说话和气,就可以增进友谊和信任,便于双方的沟通,使谈判较为顺利地进行;如果视对方为敌、出言不逊、争强好斗,或者使用有损对方自尊心、涉及对方隐私甚至威胁性的语言就可能伤害对方的感情,引起对方的反感、反击,从而可能会使对方更加固执,这不仅无助于改变对方的观点,反而可能会使谈判更加僵硬。比如"开价就这些,买不起就明讲";"你们为什么不同意,是不是你们的上司没有点头";"你们这样做的后果自负"。一场怒目相对、相互攻击的谈判是不会有好结果的,即"好言善语三九暖,恶语伤人六月寒"。

(二)过头、赌气、固执的语言

诚恳、谨慎、适度的语言不仅能够准确地表达自己的愿望,而且给人以信任感和安全感。话说的过头可能产生歧义、误解、怀疑、猜测,造成信息沟通的困难。因此,在谈判中说话应有分寸,事先应考虑一下哪些话该说,说到什么程度合适,要注意适可而止,应尽量沉着,避免冲动。另外,谈判是一个十分复杂的过程,许多情况都处于经常变化之中。因此谈判中应始终做好各种应急准备,要多准备几种备选方案和表达方式。如果固执己见、赌气、钻牛角尖,语言没有任何变化,那就会失去灵活性,使谈判陷入僵局。也不要使用"肯定如此"、"绝对不是那样"、"上次交易你们已经赚了五万,这次不能再占便宜了"等极端性或赌气性的语言。

(三)啰嗦、模棱两可的语言

谈判都有一定的时限,要讲求实效,重视速度。这就要求谈判双方的交流应当简明扼要,准确明白。如果说话啰嗦,言之无物,毫无意义,就会浪费时间,引起对方的反感和厌恶。此外,在通常的情况下,应尽量避免使用"可能是……"、"大概如此"、"好像……"、"听说……"、"似乎……"等模棱两可的语言。在一些特殊的情况下,这种模糊的语言可以帮你实施某些计策,但如果对方要你回答一些关键问题,你还用这些语言则很可能会使你失去生意。

(四)武断、自以为是的语言

武断、针锋相对的语言常表现出傲慢自大、盛气凌人、唯我独尊,这类语言特别容易引起双方的争论、僵持,造成关系紧张,使谈判空气弥漫着火药味,也往往因为没有了商量的余地而失去交易的机会。如"开价五万,一点也不能少","不用讲了,事情就这样定了"。精明的谈判者在表达意见时往往表现出谦让、克制,通常不会使用偏激、绝对、武断、针锋相对的语言,而是委婉地阐述自己的意见,促使谈判气氛融洽,达成一致。

第二节 谈判中"听"的技巧

谈判语言包括两个方面,一是善于倾听,二是善于表达。倾听是实现正确表达的基础和前提。富兰克林曾经说过,与人交往取得成功的重要秘诀就是多听。倾听是了解对方需要,发现事实真相的最简捷的途径。谈判是双方信息了解和沟通的过程,因此,掌握信息是十分重要的。人们不仅要了解对方的目的、意图、打算,还要掌握不断出现的新情况、新问题。因此,谈判人员必须十分注意收集整理对方的情况,力争了解和掌握更多的信息。但是没有什么方式能比倾听更直接、更简便地了解到对方的信息了。倾听可以给对方留下良好的印象,可以使你更真实地了解对方的立场、观点、态度,了解对方的沟通方式、内部关系,甚至是小组内成员的意见分歧。因此,谈判人员必须十分认真倾听对方的发言,注意捕捉对方思维过程的蛛丝马迹,从而掌握谈判的主动权。

一、"听"的障碍

在商务谈判中,人们彼此频繁地进行着微妙、复杂的信息交流,有时候由于谈判者的疏忽就会失去不可再得的信息。为了能够听得完全,听得清晰,就必须了解听力的障碍。

(一)判断性障碍

通常,人们都喜欢对别人的话进行判断、评价,而且是从自己的立场出发进行判断,然后决定是否赞成,这是造成不能有效倾听的重要原因之一。一般说来,你的反应会干扰对方说话,打乱对方的思维过程,这样就不可避免地引起对方采取防御手段,结果很可能使对方为坚持自己的观点而掩饰自己的思想和感情。即使是赞美对方的言词,也会造成听的障碍,因为赞美往往使人陶醉其中,从而不能保持原来的思维过程。

(二)精力分散或观点不一致而造成少听、漏听

商务谈判往往十分耗费精力。如果谈判日程安排得太紧张,谈判人员得不到充分休息,特别是在谈判的中后期,如连日作战,则消耗更大,此时即使是精力十分旺盛的人,也会出现因精力不集中而发生少听或漏听的现象。通常,谈判人员的精力和注意力的变化是有一定规律的:在谈判开始时精力比较充沛,但持续时间较短;谈判快要达成协议时,又会出现精力的充沛期,因为人们意识到双方达成协议的时刻就要来到时精力就会突然复苏、高涨,但通常时间也很短。

(三)带有偏见的听

在谈判中几种比较普遍的偏见也会造成倾听的障碍:

1. 先把别人要说的话定个标准或做价值上的估计,再去听别人的话

在别人正在讲话时有这种偏见的人往往会在心理上判断:他接下来要说的是不重要的、没有吸引力的或是太复杂的内容,于是就会一边听一边希望对方赶紧把话题转入重点或者结束讲话。有偏见的听话者常常会按自己的好恶对传进耳朵里的话进行曲解。他们常常根据自己过去的经验把别人的话限制在自己所设的某种条件中,也就是自以为是地把某些话附加上自己的意见,这样就不能真正理解对方的话。

2. 因为讨厌对方的外表而拒绝听对方讲话的内容

即使对方的话很重要或者有很多值得注意的地方,也会因为讨厌其外表而不想听其讲话的内容,故不能从其中获得确实有用的信息。

3. 有的谈判者喜欢假装自己很注意听

尽管心里明明在想别的事情,却为了使讲话者高兴而假装自己很注意听。伪装实际上也是一种偏见,因为他们把注意力都集中在伪装的姿态上,而根本没有什么心思去倾听。还有的人喜欢试着去记住别人所讲的每一句话,却忽视了话题的主要意义。这些伪装者常使讲话者以为他们是在专心倾听,因此,这种伪装的“听”很容易使双方产生误会,影响沟通。

(四)受听话者的文化知识、语言水平等的限制形成的听力障碍

特别是受专业知识和外语水平的限制而听不懂对方讲话的内容。商务谈判总是针对某一具体业务而言的,自然就会涉及大量的专业知识。如果谈判人员对相关的专业知识掌握得有限,那么在谈判中一旦涉及这方面的知识,就会造成收听障碍。另外,由于语言上的差异,如果对某些业务知识掌握得不够全面而需要进行全

过程的翻译,则很容易对某些细节一带而过或者只翻译个大概的意思。实际上,这些细节往往正是理解对方讲话的内容、把握对方立场和观点的关键。

(五)环境干扰而形成的听力障碍

由于各地环境不同,商务谈判的环境也是千差万别。由于环境的干扰比如天气突然变化而电闪雷鸣、建筑噪音或过往行人及车辆等,也常常会使人们的注意力分散,而形成听力效果的障碍。

二、"听"的技巧

(一)要专心致志、集中精力地听

谈判人员在倾听对方讲话时应做到聚精会神,同时还要以积极的态度去倾听。精力集中地听,是倾听最基本、最重要的原则。据统计,一般人的说话速度为每分钟 120 到 200 个字,而听话及思维的速度则大约要比说话的速度快 4 倍左右。因此,往往说话者的话还没说完,听话者大部分就能够理解了。这样,听者常常由于精力的富裕而"开小差",也许恰在这时,讲话人的内容与听者理解的内容出现了偏差,或是传递了一个重要的信息。因此,我们应当时刻集中精力并用积极的态度去倾听,我们可以主动与讲话者进行目光接触,并做出相应的表情以鼓励讲话者,如可以扬一下眼眉,或是赞同地点点头,或是否定地摇摇头,也可以不解地皱皱眉头等,这些动作的配合可以帮助我们集中精力,起到良好的倾听效果。作为一名商务谈判人员,应该养成有耐心地倾听对方讲话的习惯,这也是商务谈判人员良好个人修养的一个标志。

(二)要通过记笔记来集中精力

绝大多数人即席记忆并保持的能力是有限的,为了弥补这一不足,应当养成在倾听别人讲话时做笔记的习惯。一方面,笔记可以帮助自己回忆和记忆,而且也有助于在对方讲完话以后就这些问题向对方提出质询,同时,还可以帮助自己作充分的分析,理解对方讲话的确切含义与精神实质;另一方面,通过记笔记可以给讲话人一个重视其讲话内容的印象,当听话人停笔抬头看看讲话者时,又会对其产生一种鼓励的作用。对于商务谈判来说,一般情况下,信息量很大,所以一定要动笔做记录,不能因相信自己的记忆力而很少记笔记。因为在谈判的过程中,人的思维高速运转,大脑接受和处理大量的信息,加上谈判现场的气氛又很紧张,对每个议题都必须认真对待,所以只靠记忆是无法记录所有细节的。实践证明,即使记忆力再好,也只能记住一个大概的内容,有的干脆忘得干干净净。因此,笔记是必不可少的,也是比较容易做到的用来清除倾听障碍的一个很好的方法。

(三)要有鉴别地倾听对方的发言

通常,人们说话时是边说边想,来不及整理,有时表达一个意思要绕着弯子讲许多内容,也根本谈不上什么重点突出。因此,听话者就需要在用心倾听的基础上,鉴别传递过来的信息的真伪,去粗取精,去伪存真,这样才能抓住重点,收到良好的倾听效果。

(四)要克服先入为主的倾听习惯

先入为主地倾听,往往会扭曲说话者的本意,忽视或拒绝与自己心愿不符的意见。这种倾听的方法不是从谈话者的立场去分析对方的讲话内容,而是按照自己的主观框架来听取对方的讲话。其结果往往是所听到的信息变形地反映到自己的脑中,从而导致自己所接受的信息不准确、判断失误,最终造成选择性的错误。所以,在谈判中,必须克服先入为主的倾听做法,将讲话者的意思听全、听透。

(五)不要因轻视对方而抢话、急于反驳而放弃听

如果一个人轻视对方,常常会自觉不自觉地表现在行为上,比如说对对方的谈话充耳不闻,甚至抢话的现象也时有发生。抢话不仅会打乱别人的思路,也会耽误自己倾听对方的全部讲话内容。另外,谈判人员有时也会出现在没有听完对方讲话的时候就急于反驳对方的某些观点,这样势必会影响倾听的结果。事实上,我们把对方的讲话听得越详细、全面,反驳对方时就越准确、有力;相反,如果对对方谈话的全部内容和动机尚未全面了解,就急于进行反驳,不仅会显得自己浅薄,而且还会使自己陷于被动,对自己十分不利。

(六)不要为了急于判断问题而耽误倾听

在谈判中,当听了对方的有关内容以后,不要急于判断其正误,因为这样会分散我们的精力而耽误倾听其下文。虽然人的思维速度快于说话的速度,但是如果对方还没讲完你就去判断它的正误,无疑会削弱己方听话的质量,从而影响倾听的效果。因此,切不可因为急于判断问题而耽误了倾听。

(七)不要回避难以应付的话题

有时谈判的话题往往会涉及一些诸如政治、经济、技术以及人际关系等方面的问题,可能会令谈判人员一时回答不上来。在这个时候,切记不可持充耳不闻的态度,因为这样回避对方,恰恰是暴露了己方的弱点。在遇到这种情况时,我们要有信心、有勇气去迎接对方提出的每一个问题。只有用心去领会对方提出的每个问题的真实用意,才能找到摆脱难题的真实答案。另外,为了培养自己急中生智、举一反三的能力,应多加训练和思考,以便自己在遇到问题时不慌不乱。其实,作为一个倾听者,不管在什么情况下,如果你不明白对方说出的话是什么意思,你就应该用各种方法使他知道这一点。你可以向对方提出问题加以核实,或者积极地表达出你听到了什么,或者让对方纠正你听错之处。

(八)谈判中"类语言"的区分

在商务谈判中,类语言是指一种有声而无固定语义的语言,其形式主要有语

调、重音和笑声。

1. 语调

是指贯穿整个句子的调子,主要可以分为升调和降调两种基本类型。一般来说,升调表示惊讶和不满,降调表示遗憾和灰心。波动的语调反映谈判者在思考、在犹豫,平静的语调反映出自信和果断。

2. 重音

在谈判中,人们经常根据表达的需要,故意把某句话、某个词或词组的发音说得重一些,这就是所谓的重音。重音主要起强调的作用。如"这个价格我们不能接受",如果重音落在"这个价格上",强调的是这个价格,而不是另一种价格;如果重音落在"我们"上,强调的是我们而不是别人;如果重音落在"不能接受"上,强调的是不要,而不是要多少的问题。有时,重音表示与该词本身完全相反的意思。例如"您可真会报价",如果重音落在"真会"上,意思就由赞美变成了不满。

3. 笑声

笑声与微笑不同,它是通过主体出声的笑来传递信息。在谈判中,笑声既可传递正面的信息,也可传递负面的信息。如仰头大笑,可能表示"高兴"、"赞同",也可能表示"不怀好意"。因此,谈判人员要善于从不同的笑声中揣摩出对方所传递出来的真实含义。

4. 咳嗽

交谈时,咳嗽常有许多含义,有时是焦躁不安的表现,有时是稳定情绪的缓冲,有时是掩饰说谎的手段,有时是对说话人态度过于自信或自夸表示怀疑或惊讶,还可能用假装清清喉咙表示不信任。

第三节 谈判中"说"的技巧

谈判中的"说",也就是所谓的"叙"(叙述),就是基于己方的立场、观点、方案等,通过主动阐述来表达对各种问题的具体看法,以便对方有所了解。商务谈判中的"说"是一种不受对方提出问题的方向、范围制约的表达方式。主动进行阐述,是谈判中传递大量信息、沟通情感的重要方法之一。尤其是谈判开局阶段的阐述直接关系到谈判双方相互之间的理解。所以,我们应从实际出发,灵活掌握有关"说"的技巧。

一、开场陈述至关重要

谈判双方刚刚坐在一起,难免会感到拘谨,因此,人们通常都采用一些适当的入题方法,以便消除或缓解这种尴尬的状态,轻松地开始会谈。比如,人们可以从目前流行的事物、有关新闻或旅行见闻等题外话入题,也可以从介绍己方谈判人员或是从介绍本公司的生产、经营、财务状况入题。此外,开场陈述还要做到以下几点:首先,要开宗明义,明确本次谈判所要解决的主要议题,并表明我方的基本立场。既可以回顾双方以前合作的成果,也可以展望或预测今后双方合作中可能出现的机遇或障碍,还可以表示我方可采取何种方式以便为双方共同获利作出贡献。其次,应以诚挚和轻松的方式来表达自己的观点,以创造一种和谐、友好、积极向上的洽谈气氛。"好的开始是成功的一半"就是这个道理。

二、简洁通俗,客观真实

首先,谈判中说出来的话要尽可能简洁、通俗易懂,切忌在叙述本方的观点时,使用隐喻或专业性过强的语句和词汇。因为叙述的目的在于让对方听了立即就能理解,以便对方准确、完整地理解我方的观点和意图。其次,在叙述基本事实时,应本着客观、真实的态度进行叙述,不要夸大事实的真相,也不要缩小本来的实情,这样对方就比较容易相信己方。否则,一旦我方对事实真相加以修饰的行为被对方发现,哪怕是一点点破绽,也会大大降低我方的信誉,从而使我方的谈判实力大为削弱。

三、主次分明,生动具体

为了方便对方的记忆和理解,在叙述时应尽量分清主次,这样就可以使对方心情愉快而轻松地倾听己方的叙述,叙述的效果才会比较理想。另外,为了使对方获得最佳的倾听效果,在叙述时应注意生动而具体,要避免令人乏味的平铺直叙和抽象的说教,要特别注意运用生动形象的生活用语,具体而形象地说明问题。有时还可以运用一些演讲者的艺术手法,声调抑扬顿挫,以此吸引对方的注意,使对方全神贯注倾听你的发言。

四、措辞得当,富有弹性

在叙述时应力求准确无误,力戒含糊不清、前后不一致。有时候,在谈判的过程中难免会发生尖锐、激烈的争论,在这种情况下,要尽量用缓和的语言表达自己的观点,不仅语调要柔和,而且措辞要得体,迎合场面的需要;应当避免使用某些极端的语言,以免刺伤对方的自尊心、引起对方的反感,否则很可能带来尴尬的场面,影响谈判的进展。

五、注意语调、语速、声音、停顿和重复

(一)语调

不同的语调可赋予同一句话以不同的含义,也可以表达说话人不同的思想感

情。例如："这个价格不错"，若以平常的语调讲，就是一个肯定的评价，表达了说话人对这一价格的同意或赞赏。但若以高调带拖腔的方式来说，则是一个带有否定性的评价，表达了说话人对该价格的不满。谈判者可以通过语调的变化显示自己的信心、决心、不满、疑虑和遗憾等思想感情。同时，也应善于通过对方不同的语调来洞察对方肯定、赞赏、否定、不满等感情的变化。

(二)语速

谈判者说话的目的是让对方听懂记住，因此语速要适中，尤其不要太快，特别是在有翻译的情况下更应如此。说得太快，会使对方既听不清也记不住，不仅达不到说话者预期的目的，还可能使对方产生你不尊重他的感觉。因此，如果你想让对方注意你的谈话，就要把速度放平稳，慢慢地、流畅地说。

(三)声音

谈判者声音的高低强弱，也是影响谈判效果的重要因素之一。声音过高过响，不会使人感到亲切。过低过弱，也不会让人感到振奋。因此，谈判者应合理使用声音的强弱，最好是有高有低，抑扬顿挫，要让对方感到自然舒适。

(四)停顿和重复

在谈判中，谈判者在阐述观点、发表意见的时候，如果突然停顿或有意识地重复某几句话时，往往能起到意想不到的效果。它可以引导听众对停顿前后的内容和重复的内容进行回顾和思考，加深双方的理解和沟通。另外，停顿有时还可给对方提供抒发己见的机会，从而打破沉默，活跃谈判气氛。

六、发现错误要及时纠正

谈判人员在叙述的过程中，有时候会由于种种原因而出现叙述上的错误，谈判者应及时加以纠正，以防造成不应有的损失。有些谈判者发现自己叙述中有错误时，碍于面子，就会顺水推舟，这种将错就错的做法是应当坚决避免的。因为这样做往往会使对方产生误解，从而影响谈判的顺利进行。还有的谈判人员，当发现自己叙述中有错误时，便采取事后自圆其说、文过饰非的做法，结果不但没能"饰非"，反而愈描愈黑，对自己的信誉和形象都有损无益，更重要的是可能会失去贸易合作伙伴。

七、重复叙述有时很有必要

在商务谈判叙述的过程中，时常会遇到对方不理解、没听清楚或有疑问等情况。这时，对方可能会用有声语言或动作语言来向我方传递这样的信息。这就要求谈判人员在叙述的同时，应注意观察对方的眼神、表情等，如果察觉对方有疑问或不解的信息传出，就应放慢速度或重复叙述。如果对方持笔记录我方所述内容时,叙述的速度就更要掌握好,必要时,关键之处要适当重复叙述。如果经过复述对方还不理解,就要耐心地加以解释,即使对方误解我方的原意,也不要烦躁,要耐心地进行引导和解释。

第四节　谈判中"看"的技巧

谈判不仅是语言的交流,同时也是行为的交流。谈判中,我们不仅要听其言,而且还要观其行。谈判中的"看"就是指"观其行"。通过仔细观察对方的举止言谈、每一个细微动作,我们可以捕捉对方内心活动的蛛丝马迹,也可以通过揣摩对方的姿态神情,探索引发这类行为的心理因素,进而可以判断对方的思想变化,决定己方的对策,使谈判朝着有利于己方的方向发展。人的姿态和动作语言所传递的信息是真实可信的。有时候,人们通过姿势、动作传递的信息甚至超过有声语言所起的作用。因为通过有声语言这种方式来传递信息,对信息的发出者来说,是可以控制的,但是通过无声的姿态和动作语言来传递信息,其信息的发出者通常是难以控制的。因此,人们在无意识或下意识中完成的姿态和动作语言,其传递的信息往往是比较真实可信的。对谈判对手姿态和动作的观察、分析,是我们获得对方信息的一个很重要的方面。所谓的姿态和动作语言,除了众所周知的"点头"和"摇头"等首语分别传递着肯定和否定的信息以外,还包括眼睛的"语言"、眉毛的"语言"、嘴巴的"语言"、上肢的"语言"、下肢的"语言"、腹部的"语言"、腰部的"语言"以及其他姿态的语言。

一、眼睛的"语言"

眼睛被人们誉为"心灵的窗口",它具有反映人们深层次心理的功能,其动作、神情、状态是最明确的情感表现。眼睛的动作及所传达的信息主要有:

(一)目光凝视讲话者时间的长短

通常,与人交谈,视线接触对方脸部的时间正常情况下应占全部谈话时间的30～60%。超过这一平均值,可认为对谈话者本人比谈话内容更感兴趣;低于这一平均值,则表示对谈话者和谈话内容都不怎么感兴趣。

(二)眨眼的频率

通常,一般人每分钟眨眼 5～8 次,每次眨眼一般不超过 1 秒钟。如果每分钟眨眼次数超过 5～8 次,可能表示神情活跃,对某事物感兴趣;也可能表示个性怯懦或羞涩,因而不敢正视对方,做出不断眨眼的动作。在谈判中,前者居多。从眨眼时间来看,如果超过 1 秒钟的时间,一方面表示厌烦,不感兴趣;另一方面也表示自已比对方优越,因而对对方不屑一顾。在谈判中,切忌凝视或长时间地连续眨眼,以免引起对方反感。

(三)倾听对方谈话时,几乎不看对方,那是试图掩饰什么的表现

一位有经验的海关检查人员在检查过关人员已填好的报关表时,还要再问一句:"还有什么东西呈报没有?"这时,他的眼睛通常不是看着报关表,而是看着过关人员的眼睛,如果一个人不敢正视对方的眼睛,那么就表明该人在某些方面可能有试图掩饰的情况。

(四)眼睛瞳孔放大、缩小

眼睛瞳孔放大,炯炯有神,表示此人处于欢喜与兴奋状态;瞳孔缩小,神情呆滞,目光无神,则表示此人处于消极、戒备或愤怒的状态。一般而言,瞳孔放大传递出正面的信息,缩小则传递出负面的信息。实验证明,瞳孔所传达的信息是无法用人的意志来控制的。

(五)眼睛闪烁不定

这是一种反常的举动,常被认为是掩饰的一种手段或是性格上不诚实的表现。一个做事虚伪或者当场撒谎的人,其眼睛常常闪烁不定,以此来掩饰其内心的秘密,这是他们一个共同的特征。

(六)瞪大眼睛看着对方是对对方有很大兴趣的表示

当然,眼睛传递的信息远不止这些,其所表达的思想,有些确实只能意会而难以言传,这就要靠谈判人员在实践中用心观察和思考,不断积累经验。

二、眉毛的"语言"

眉毛和眼睛的配合是密不可分的,二者的动作往往共同表达一个含义,但仅凭眉毛也能反映出人的许多情绪变化。比如:人们处于惊喜或惊恐状态时,眉毛上耸;处于愤怒或气恼状态时,眉角下拉或者倒竖,即人们常说"剑眉倒竖",即形容这种气怒的状态;眉毛迅速地上下运动,表示亲切、同意或愉快;紧皱眉头,表示人们处于困窘、不愉快、不赞同的状态;眉毛向上挑起,表示询问或疑问。

三、嘴巴的"语言"

人的嘴巴除了说话、吃喝和呼吸外,还可以有许多动作,借以反映人的心理状态。

(一)嘴巴的动作语言

紧紧地抿住嘴,往往表示意志坚决;撅起嘴是不满意或准备攻击对方的表现;咬嘴唇,通常是遭受失败时的一种自我惩罚的动作,有时也可以解释为自我解嘲或

内疚;嘴角稍稍向后拉或向上拉,表示听者比较注意倾听;嘴角向下拉,是不满和固执的表现。微笑被称为无声的"交际世界语"。在谈判中,微笑可以在心理上给人带来稳定、优势感,可以深化感情、融洽气氛,是友好的标志。

(二)吸烟的动作语言

吸烟的动作通常能表现一个人的心理和情绪的变化。在谈判中,吸烟的姿势具有较强的表现力,吸烟所传达的信息可以概括为:

(1)吸一口烟,将烟向上吐,往往表示积极、自信,因为此时伴随吐烟的动作,身体上部也是向上昂起的。将烟向下吐时,则表示情绪消极、意志消沉、有疑虑,因为此时身体上部的姿势也是向下的。

(2)烟从嘴角缓缓吐出,一般反映出吸烟者此时的心境与思维曲折回肠,力求从纷乱的思绪中清理出一条途径来。

(3)吸烟时不停地磕烟灰,表明内心有冲突或不安。这时的吸烟已不是一种生理需要,而香烟完全成了吸烟者减缓和消除内心冲突和不安的一种道具。通常,内心冲突和不安往往使人手足无措,通过不停地磕烟灰这个动作,可以使人有事可做,从而可以在一定程度上转移这种冲突与不安。

(4)烟灰烧了很长,却很少拿起来抽,表明吸烟人在紧张思考或等待紧张情绪的平息。此时吸烟者的大脑专注于某个问题的思考,而暂时忘记了吸烟一事。

(5)没抽几口就把烟掐掉,表明吸烟者想尽快结束谈话或已下决心要干一件事情。掐掉烟是为了不让吸烟来分散其精力,干扰其刚刚决定的事情的进行。尽管吸烟本身可能不会给他带来什么干扰,但这样做却暴露了其内心的活动。

当然,在通常情况下,人们的面部表情是由面部的各个器官协同动作来表现的。比如,一个极端具有攻击性并充满敌意的谈判者,在谈判中往往会有如下典型的面部表情:睁大眼睛盯着对方,嘴唇紧闭,眉角下垂,有时甚至嘴唇不动而含糊地从牙缝挤出话来。因此,要注意观察对方面部各个器官的动作配合,以掌握其变化规律。

四、上肢的"语言"

手和臂膀是人体比较灵活、使用最多的部位。借助手势或与对方手与手的接触,可以帮助我们判断对方的心理活动或心理状态,同时也可以帮助我们将某种信息传递给对方。手势是谈判中辅助语言的手段,它能使语言表达得更贴切、更恰当,它能加强谈判者的语气,也能使对方的精神振奋起来。

(1)拳头紧握,表示向对方挑战或自我紧张情绪的表现。握拳的同时如伴有手指关节响声,或用拳击掌,则表示向对方无言的威吓或发出攻击的信号。握拳会使人肌肉紧张,能量比较集中,一般只有在遇到外部的威胁或挑战时,人们才会紧握拳头,以准备进行抗击。在谈判中,握拳也表示下决心或不满。

(2)用手指或手中的笔敲打桌面,或在纸上乱画,往往表示对对方的话题不感兴趣、不同意或不耐烦的意思。这样做,既可以打发和消磨时间,又可以起到暗示对方或提醒对方注意的作用。

(3)两手手指并拢并置于胸的前上方呈塔尖状,表示充满信心。它通常可表现出讲话者的高傲与独断的心理状态,对听话人起到一种震慑的作用。

(4)手与手连接放在胸腹部的位置,是谦逊、矜持或略带不安的心情的反映;不停地搓手通常是"为难"的表现。

(5)两臂交叉于胸前,表示保守或防卫;两臂交叉于胸前并握拳,往往是怀有敌意的标志。

(6)拇指与食指合成一个圈。由于各国文化的差异,这一手势对于不同国家的谈判者有着不同的含义:对美国和黎巴嫩等国的人来说意味着"OK";对日本人来说则表示"钱";而对突尼斯人来说则意味着极端的挑衅行为。

(7)握手所传达的信息。握手的原本含义不仅表示问候,而且也表示一种信赖、契约和下保证。标准的握手姿势应该是:用手指稍稍用力握住对方的手掌,对方也用同样的姿势用手指稍稍用力回握,时间大约为1~3秒钟。如果双方握手出现与标准姿势不符的情况,便可能会有除了问候、一般礼貌以外的附加含义。

①如果感觉对方手掌出汗,表示对方处于兴奋、紧张或情绪不稳定的心理状态。

②如果对方用力握手,则表明此人具有好动、热情的性格,这种人做事往往喜欢主动。美国人因为性格外向大都喜欢采用这种握手方式;如果感觉对方的握手不用力,可能是由于该人性格懦弱、缺乏气魄,也可能是傲慢矜持、爱摆架子的表现。

③握手前先凝视对方片刻,再伸手相握,一般是表明该人想在心理上先战胜对方,将对手置于心理的弱势地位。先注视对方片刻,意味着对对方进行审视,看看对方是否值得自己去同其握手。

④掌心向上伸出与对方握手,往往表示其性格软弱,处于被动、劣势或受人支配的状态。在某种程度上,手掌心向上伸出握手,有一种向对方投靠的含义。如果是掌心向下与对方握手,则表示想取得主动或支配的地位。另外,手掌心向下,也有居高临下的意思。

⑤用双手紧握对方一只手,并上下摆动,往往表示热烈欢迎对方的到来,或表示真诚感谢,也可能表示有求于人或肯定契约关系等含义。

五、体态及下肢的"语言"

(一)体态"语言"

是指谈判者身体的静态姿势所传递的信息。通常,人的体态主要有三种:躺卧式、坐式和直立式。商务谈判中一般采取坐式。坐姿一般能毫不掩饰地反映谈判个体的心理状态:深深坐入椅内,腰板挺直,是谈判者想在心理上表示出一种优势;交叠双臂多是一种防范性心理的表示。此外,谈判者的某些姿势(体态)也可以传达某种信息:歪头斜肩、伸脚舞腿,通常说明这是个自律性差、不爱整洁的人;战战兢兢、慌张不定、两脚打颤,说明这个人缺乏自信;昂首挺胸、步履稳健、风度十足,说明这个人赋有信心,值得信赖。

(二)下肢的"语言"

人们的腿和脚往往是最先表露潜意识情感的部位,它们主要的动作和所传达的信息有:

(1)摇动脚部或用脚尖拍打地板或抖动腿部,都表示焦躁不安、无可奈何、不耐烦或欲摆脱某种紧张感。

(2)双脚交叉而坐,往往表示从心理上压制自己的表面情绪。比如对某人某事持保留态度,表示警惕、防范,或表示尽量压制自己的紧张或恐惧。对女性来讲,如果再将两个膝盖并拢起来,则表示拒绝对方或一种防御的心理状态。这往往是比较含蓄而委婉的举动。

(3)张开腿而坐,表明此人很自信、豁达、开放,并愿意接受对方的挑战。如果一条腿架到另一条腿上就座,一般在无意识中表示拒绝对方并保护自己的势力范围,使之不让他人侵犯。如果频繁变换架腿姿势,则表示情绪不稳定、焦躁不安或不耐烦。

六、腹部的"语言"

腹部位于人体的中央部位,它的动作带有极丰富的表情与含义。凸出腹部,表现出自己的心理优势、自信与满足感,因为腹部是意志和胆量的象征;揭开上衣纽扣而露出腹部,表示开放自己的势力范围,对于对方不存戒备之心;抱腹蜷缩,表示出不安、消沉、沮丧等情绪支配下的防卫心理,病人、乞丐常常这样做;腹部起伏不停,反映出兴奋或愤怒。极度起伏,意味着即将爆发的兴奋与激动状态;轻拍自己的腹部,表示自己有风度、雅量,同时也包含着经过一番较量之后的得意心情。

七、腰部的"语言"

腰部在身体上起着"承上启下"的作用。腰部位置的"高"或"低"与一个人的心理状态和精神状态是密切相关的。

（1）弯腰动作。鞠躬、点头哈腰属于低姿势，把腰的位置放低，精神状态也随之"低"了下来，向人鞠躬时表示谦逊、尊敬。在心理上自觉不如对方甚至惧怕对方，也会不自觉地采取弯腰的姿势。从"谦逊"再进一步，即演变成服从、屈从，心理上的服从反应在身体上就是在居于优势的个体面前把腰部放低的动作，如跪、伏等。因此，弯腰、鞠躬、作揖、跪拜等动作，除了礼貌、礼仪之外，都是服从或屈从对方、压抑自己情绪的表现。

（2）挺直腰板。使身体及腰部位置增高的动作，表示情绪高昂、充满自信。站立、行走或坐下都经常挺直腰部的人往往有较强的自信心及自制、自律的能力，但为人可能比较刻板，缺少弹性或通融性。

（3）手叉腰间。这表示胸有成竹，对自己面临的事情已做好了精神上或行动上的准备，同时也表现出某种优越感或支配欲，有人将这看作领导者或权威人士的风度。

八、其他姿态的语言

（1）谈话时不断变换站、坐等体位，身体不断摇晃，常表示焦躁或情绪不稳；不时用一种单调的节奏轻敲桌面，则表示极度不安，并极具警戒心；对方在一段时间内动作变得不自然起来，笑得很尴尬或是特别大声，或者烟忽然抽得多了起来，这些都是明显的不自信的表现。

（2）慢慢打开笔记本，表示关注对方的讲话；快速打开笔记本说明发现了重要问题；猛推一下眼镜，说明因某事而气愤；摘下眼镜，轻轻揉眼或擦擦镜片，可能反映其精神疲劳，或对争论不休的问题感到厌倦，或是喘口气准备再战。

（3）手中玩笔，表示漫不经心，对所谈的问题没有兴趣，或显示其不在乎的态度；拿着笔在空白纸上画圈或写数字等，双眼不抬，若无其事的样子，说明已经厌烦了；拿着打火机，打着了火，观看着火苗，也是一副厌烦相；放下手中的物品，双手撑着桌子，头向两边看、向后看，双手抱臂向椅子上一靠，暗示对方"没有多少爱听的啦！随你讲吧"。

（4）扫一眼室内的挂钟或手腕上的表，或是把桌上的笔收起，把记事簿合上，或是轻轻拿起桌上的帽子，女士则照照镜子或拢拢头发，整整衣裙，都是准备结束的架势。若再抬眼看着对方的眼睛，似乎在问"可以结束了吧？"这种表现足以说明"别谈了"的意思；给助手使个眼神或做个手势，起身离开会议室，或在外面抽支烟、散散步，也表明可以结束谈判了。

九、切莫误判肢体语言

肢体语言在谈判行为中可以作为解读对方心理的一个指标，但有时候也可能被误判。以上是谈判及交往中常见的动作语言及其所传达的信息。不同的民族、地区、不同的文化层次及个人修养,其在动作、姿态及其所传达的信息方面也是有所不同的,应在具体环境下区别对待。另外,在谈判中,一方也可能会利用某些动作、姿态来迷惑对方,这应引起人们的注意。例如,看到一个人两手交叉放在胸前,怎么解释这个肢体语言,是充满敌意还是充满自信? 因此肢体语言并不是判断对方的灵丹妙药。有时必须要和其他的肢体动作联系起来进行判断,甚至不得不先进行较长时间的审慎的观察,才能对其有一个比较可靠的解释。

第五节　谈判中"问"的技巧

如何"问"是商务谈判中非常重要的语言技巧,通过巧妙而恰当的提问可以摸清对方的需要、掌握对方的心理、传达信息、表达自己的感情、引起对方的思考,从而达到探求情报、获取信息、引导话题、继续谈判的目的。如何"问"是很有讲究的。重视和灵活地运用提问的技巧,不仅可以引起双方的讨论,获取信息,而且还可以控制谈判的方向。哪些问题应该问、可以问、怎样问,哪些问题不可以问,以及什么时候、什么场景适合提问等等,都有一些基本的常识和技巧需要了解和掌握。

一、提问的类型

提问的类型可分为以下几种:

(1)封闭式的提问。指在特定的领域中带出特定的答复("是"或"否")的问句。"您是否认为售后服务没有改进的可能?""贵方第一次发现包装破损是在什么时候?"这样的提问可以使提问者获得特定的资料,而答复这种问题并不需要太多的思索。

(2)澄清式的提问。通常,这是针对对方的答复,重新提出问题以便对方进一步澄清或补充原先答复的一种问句。例如:"您刚才说这笔交易还可以再商量,这是不是意味着该商品的价格还有下浮的空间?"这种问句不仅可以确保谈判双方进一步沟通,而且还是针对对方的话语进行信息回馈的有效方法,是双方继续密切配合的理想方式。

(3)强调式的提问。这种提问旨在强调自己的观点和立场。例如:"我们怎能忘记你我双方之间过去几年友好而愉快的合作呢?""按照贵方的要求,我们的观点不是已经很清楚了吗?"

(4)探索式的提问。探索式的提问是针对对方的答复,要求引申或举例说明,以便探索新问题、新方法的方式。"你们说可以按期交货,有什么可以作为保证?""如果我们采用第二套方案结果会怎样?"这种方式的提问不但可以进一步探求更为充分的信息,而且还可以显示提问者对对方答复的重视。

(5)借助式的提问。是借助第三者的意见来影响或改变对方观点的提问方式。例如"张先生,您对这个问题是怎么看的呢?""张先生是怎么说的?"采用这种提问方式,应当注意这个第三者必须是对方所熟悉而且最好是他们十分尊重的人,这样一般就会对他们产生很大的影响力。但如果向一个对方不熟悉的人或谈不上尊重的人提问这样的问题,则可能会引起对方的反感。

(6)强迫选择式的提问。这种问句旨在将本方的意见抛给对方,让对方在一个规定的范围内进行选择回答。"请对方注意,我们从其他供应商那里都可以得到2%~5%的佣金。""只有今天可以,上午还是下午?"按理说,在提出这一问题之前,提问者应先得到对方将付佣金的承诺,但是这种提问却将这一前提去掉,直接强迫对手在给出的狭小范围内进行选择,可谓咄咄逼人。但使用这种提问方式要特别慎重,一般应在我方掌握充分的主动权的情况下使用,否则很容易出现僵局甚至导致谈判破裂。即使选用这种提问方式,也要尽量做到语调温柔,措辞得体以免给人留下专横跋扈、强加于人的不良印象。

(7)开放式的提问。指在广泛的领域引出广泛的答复。比如"您对我公司的印象如何?""您对当前的销售状况有什么看法?"由于开放式的提问不限定答复的范围,答复者可以畅所欲言,提问者也可以得到广泛的信息。

(8)婉转式的提问。是指在没有摸清对方虚实的情况下,采用婉转的语气或方法,在适宜的场合和时机向对方提出问题。例如"这种产品的功能还不错吧? 您能评价一下吗?"如果对方有意,他定会接受,如果不满意,他的拒绝也不会使我方难堪。

(9)诱导式的提问。这种问句旨在开渠引水,对对方的答案给予强烈的暗示,使对方的回答符合己方预期的目的。例如"贵方如果违约是应该承担责任的,对不对?""我们谈到现在,我看给我方的折扣可以定为3%,你一定会同意的,是吗?"这类提问几乎是对方毫无选择余地而按提问者所设计好的答案进行回答。

(10)协商式的提问。是指为使对方同意己方的观点,采用商量的口吻向对方提问。例如"你看是否可以分三批交货?""您看佣金定为3%是否合适?"这种提问,语气平和,对方容易接受。而且,即使对方没有接受你的条件,谈判的气氛仍能保持融洽,双方仍有继续合作的可能。

此外,还有证明式的提问(要求对方做出证明或解释)、多层次式的提问(一个问句包括多种内容)等等。

二、提问的时机

(一)在对方发言停顿、间歇或完毕之后

在对方发言的时候,一般不要急于提问,因为打断别人的发言是不礼貌的,容

易引起别人的反感。在对方发言时,你要认真倾听,即使你发现了对方的问题,很想立即提问,也不要打断对方,可先把发现的和想到的问题记下来,待对方发言完毕之后再提问。这样不仅反映了自己的修养,而且能全面、完整地了解对方的观点和意图,从而可以避免操之过急,曲解或误解对方的意图。

当然,如果对方的发言冗长或不得要领,或是纠缠细节、离题太远而影响谈判的进程,那么你可以借对方停顿或间歇时提问。这是掌握谈判进程、争取主动的要求。比如,当对方停顿时,你可以借机提问:"您刚才说的意思是?"或"细节问题我们以后再谈,请谈谈贵方的主要观点好吗?"

(二)在议程规定的辩论时间

重要复杂的谈判,一般都事先商定谈判的议程,设定辩论时间。在双方各自介绍情况或阐述的时间里也不宜向对方提问,只有在辩论时间中,双方才可以自由提问,进行辩论。在这种谈判中,通常要做好准备,可以设想对方可能出现的几种方案,准备己方的对策,然后再提问。在辩论的开始阶段,要做好记录,最好是归纳出双方的分歧,再进行提问。不问便罢,一问就要问到点子上。

(三)在己方发言的前后

在谈判中,当轮到自己发言时,可以在谈自己的观点之前,针对对方的发言进行提问,不必要求对方回答,而是自问自答。这样可以争取主动,防止对方接过话茬,影响自己发言。例如:"您刚才的发言要说明什么问题呢? 我的理解是……对这个问题,我谈几点看法"。在充分表达了自己的观点之后,为了使谈判沿着自己的思路发展从而主导这场谈判,通常还可以进一步提出要求,让对方回答。例如:"我们的基本观点和立场就是这些,您对此有何看法呢?"

(四)要注意对方的心境

谈判者受情绪的影响在所难免。因此,应随时留心对方的心境,在你认为适当的时候提出相应的问题。例如,对方心境好的时候,常常会轻易地满足你所提出的要求,而且会变得粗心大意,透露一些相关的信息。此时,抓住机会提出问题,通常会有所收获。

三、提问的要诀

(一)要预先准备好问题

谈判之前应当对预计要提出的问题进行充分的准备,最好能准备一些对方不能够迅速想出适当答案的问题,以期收到意想不到的效果。同时,预先进行准备,也可以预防对方反问。有些有经验的谈判人员,往往是先提出一些看上去很一般,并且比较容易回答的问题,而这个问题恰恰是随后所要提出的比较重要的问题的前奏。这时,如果对方思想比较松懈,面对突然所提出的较为重要的问题时往往会措手不及,从而收到出其不意的效果。因为对方在回答无关紧要的问题时就已经暴露了他的思想,这时再让对方回答重要的问题,对方只好自圆其说,按照原来的思路来回答问题,而这个问题的答案或许正是我们所需要的。

(二)不要强行追问

如果对方的答案不够完整,甚至回避不答,这时不要强行追问,而是要有耐心和毅力等待时机到来再进行提问。这样做,就可表示对对方的尊重,同时再继续回答问题也是对方的义务和责任,因为时机成熟,对方自然不会推卸。

此外,如果必要的话,人们还可以在适当的时候将一个已经发生的并且答案也是己方所知道的问题提出来,验证一下对方的诚实程度及其处理问题的态度。同时,这样做也可以给对方一个暗示,即我们对整个交易的行情是了解的,有关的信息我们也是充分掌握的,进而帮助我们考虑下一步的打算及决策。

(三)避免提出那些可能会阻碍对方让步的问题

商务谈判中所提问的问题应时刻围绕着谈判的主题以及谈判的顺利进行来展开。提问时,不仅要考虑自己的退路,同时也要考虑对方的退路,要把握好时机和火候,切忌提出那些可能会阻碍对方让步的问题。否则就会影响谈判的效果,对谈判的顺利进行产生不利的影响。

(四)提问问题后应闭口不言,等待对方回答

商务谈判中,当人们提出问题以后,通常应闭口不言,如果这时对方也是沉默不语,则无形中给对方施加了一种压力。由于己方提出了问题,对方就必须以回答问题的方式来打破沉默,或者说打破沉默的责任应当由对方来承担。

(五)态度要诚恳,言辞应简短

当直接提出某个问题而对方不感兴趣或是不愿进行回答时,我们可以换一个角度并且用十分诚恳的态度来问对方,以此来激发对方回答问题的兴趣。通常,这样做可以使对方乐于回答,也有利于双方感情上的交流以及谈判的顺利进行。另外,在商务谈判的过程中,所提出的问题句式越简短越好,而由问题引出的回答则是越长越好。因此,我们应尽量用简短的句式来向对方提问。

(六)一般不应提问的问题

1. 不应提出带有敌意的问题

不应抱着敌对的心理与对方进行谈判,应尽量避免那些可能会刺激对方产生敌意的问题,否则就会损害双方的关系,最终影响交易的成功。

2. 不应提出有关对方个人生活、工作方面的问题

对于大多数国家和地区的人来讲,回避个人生活和工作方面的问题已经成为

一种习惯。比如,对方的收入、家庭情况、女士的年龄、对方国家的政党以及宗教等问题都是应当回避的。

3. 不要直接指责对方品质和信誉方面的问题

因为这样做不仅会使对方感到不快,而且还会影响彼此之间的真诚合作,甚至还会引起对方的不满和怨恨。如果我们发现对方在某些方面不够诚实时,我们可以把已经掌握或了解到的真实情况告诉对方,对方自然就会明白我方的用意。

4. 不要为了表现自己而故意提问

为了表现自己而故意提问很容易引起对方的反感,特别是不能提出与谈判内容无关的问题,以显示自己的"好问"。故作卖弄的结果往往会弄巧成拙,被人蔑视。

此外,还应根据对方的特点进行提问,避免使用威胁性、讽刺性的语言,特别要注意不能像法官那样进行盘问、审讯。像法官一样询问谈判对手,会造成对方的敌对与防范心理和情绪。谈判需要双方心平气和地提出和回答问题。另外,重复连续地发问,往往会导致对方的厌倦、乏味而不愿回答,有时即使回答也是马马虎虎,甚至会出现答非所问。

第六节　谈判中"答"的技巧

谈判中回答问题不是一件容易的事情。因为谈判者对回答的每一句话都负有责任,都将被对方理所当然地认为是一种承诺,这就给回答问题的人带来一定的精神负担和压力。因此,判断一个谈判者水平的高低在很大程度上取决于其回答问题的水平。在谈判中针对问题所做出的准确、正面的回答未必就是最好的回答,有时回答的越准确就越是愚笨。回答的真正艺术在于知道该说什么和不该说什么。

一、回答问题的原则

(一)让自己获得充分的思考时间

一般说来,对问题答复的好坏与思考的时间成正比。在谈判中,提问者提出问题,很自然会给答话人带来一种压力,似乎非马上回答不可,否则可能会给对方一个缺乏准备的感觉。正因为如此,有些提问者会不断地催问,迫使你在对问题没有进行充分思考的情况下仓促作答。其实,对问题回答得好坏,并不是看你回答速度的快慢。作为答复者应保持清醒的头脑,沉着稳健,不慕所谓"对答如流"的虚荣,也不必顾忌对方的催问,而应当让自己获得充分的思考时间。你可以通过点支香烟,或喝一口水,或调整一下自己坐的姿势和椅子,或整理一下桌子上的资料,或翻一翻笔记本等动作来考虑一下对方的问题,之后再作答。这样做既显得自然得体,又可以让对方看得见,从而减轻、消除对方的上述那种感觉。当然,也不能间隔太长。

(二)不要全盘托出

通常,面对对方的提问,不要"全盘托出",不能毫无保留地回答,自己的"底牌"不能轻易地亮出。在谈判中,有的问题不值得回答,有些问题只需做出局部回答,如果你老老实实地"全盘托出",就难免暴露自己的底细,使己方处于被动的地位。同时,当你"全盘托出"之后,对方不需继续提问就获得了对他们有用的信息,这样就失去了对方向你继续反馈和与你进行进一步交流的可能。

(三)不要随便回答

谈判者为了获取信息,占据主动,往往会利用提问问题的方式来获取他所需要的信息,因此对方的问话中有时会深藏杀机,如果贸然回答,很可能会掉进陷阱。所以,在不了解问话的真正含义之前不要随便回答,以免把不该说的事情说了出来。在谈判中,答话一方的每一句话都近似于一句诺言,一经说出,在一般情况下很难收回。因此,对问题一定要考虑充分以后,斟句酌字,慎重回答。

(四)尽量减少对方的追问

提问者常常会采取连续提问的方式,环环相扣,步步紧逼,使答话者陷于被动而落入他们的圈套。因此,谈判者在答复时尽量不要留下话柄,让对方抓住某些东西继续提问,要尽量遏制对方的进攻,使对方找不到继续追问的借口。例如,在答复中,用"我们考虑过,情况没有你说得那么严重";"现在讨论这个问题还为时过早"等回复,可以有效地抑制对方的追问。

(五)要有针对性地回答

通常,回答问题要有针对性,要明确、具体,不要在回答中含糊其辞,让对方捉摸不定。这就需要认真倾听对方的谈话,摸清对方提问的目的,然后进行分析、判断,最后做出有利于自己的答复。此外,还应根据对方提问的类型、对方的态度、你对对方的印象和期望值等各方面因素有区别地进行回答。

二、回答问题的技巧

通常,不同的人针对同样的问题会有不同的回答,不同的回答又会产生不同的效果,特别是由于商务谈判中的提问往往千奇百怪、五花八门,而且多为对方处心积虑,精心设计之后而提出来的,可能有谋略、有圈套。因此,回答问题必须运用一定的技巧。

(一)针对提问者的真实心理答复

谈判者提问的动机往往是多种多样的,或者说有着不同的目的。有时提问者为获取突出的效果,便有意识地含糊其辞,使所提问的问题模棱两可,让回答者判断失误。如果我们在没有弄清对方的动机和目的之前,就贸然进行回答,结果往往是效果不佳,甚至会出现漏洞,使对方有机可乘。我们只有周密思考,准确判断对方的意图,才可能做出高水平的回答。例如,如果对方在谈判中提的问题是:"请您谈谈在产品价格方面是如何考虑的?"我们应首先要弄清对方要了解价格的哪一方面的问题再酌情回答,是对方觉得价格太高,还是对不同规格产品的价格进行探询。如果对方是因为我方所报价格太高,那么我们就可以依据对方这一真实心理,回答价格为什么并不算高。可是如果我们想当然地告诉对方价格的计算方法,成本的高低,就可能落入对方的陷阱,给对方压价提供了理论依据。

(二)避正答偏顾左右而言他

有时,对于对方提出的问题可能很难直接从正面回答,但又不能以拒绝的方式来逃避问题。这时,谈判高手往往用"答偏"的办法来回答,即在回答这类问题时,故意避开问题的实质,而将话题引向歧路,借以破解对方的进攻。比如,可以跟对方讲一些与所提问题既有关系而又没有实际关系的问题。说了一大堆话,看上去回答了问题,其实并没有回答。经验丰富的谈判人员往往在谈判中运用这一方法。此法似乎头脑糊涂,其实这种人高明得很,对方也拿他们没有办法。例如,一位西方记者在一次记者招待会上曾经向周恩来总理提问:"请问,中国人民银行有多少资金?"周总理深知对方是在嘲笑新中国的贫困,如实话实讲,自然会使对方的计谋得逞,于是答道:"中国人民银行的资金嘛,有十八元八角八分。中国银行发行面额有十元、五元、二元、一元、五角、二角、一角、五分、二分、一分的十种主辅人民币,合计为十八元八角八分。"周总理的回答巧妙地避开了对方的话锋,使对方无机可乘,被传为佳话。

(三)以问代答或无效回答

以问代答是用来应付那些一时难以回答或不想回答的问题可采用的方法,即把对方踢过来的球再踢回去。例如,谈判进展不是很顺利的情况下,一方问道:"你对合作的前景怎么看?",对方可采用以问代答的方式:"那么,你对合作的前景又是怎么看呢?""至于……那就取决于您的看法如何了。"这时双方自然会认真加以思考,对于打破窘境会起到良好的作用。此外,在商务谈判中,运用无效回答的方式回答问题有时是非常有效的。在一次记者招待会上,记者问里根是否相信这样的说法:由于苏联人认为他会再次连任美国总统,所以想和他会晤。记者表面上以苏联人想会晤里根的原因来提问,实际上涉及他是否想连任美国总统的敏感问题。对此,里根回答说:"究竟是什么原因使他们想和我会晤,你得问他们。"这就把同一问题转手扔回给对方,做出的是个无效回答。显然,无效回答是说了等于没说,但是它在各种类型的谈判中,为了回避棘手的难题起着独特的作用,同时展现出人们语言表达的风采与智慧。

(四)将提问的范围缩小后进行不彻底的回答

有时候需要将所提出问题的范围有意缩小后回答或者不作正面答复或对答复的前提加以修饰和说明。例如,对方询问我方产品质量如何,我方不必介绍产品所有的质量指标,只需回答其中几个主要指标,从而造成质量很好的印象即可。如对方询问我方某种产品的价格,如果我方的价格本来就较高,直接回答可能招致被动。所以,应先避开对方的注意力,可以先介绍能够支持价格的有利因素,如服务方式、质量特性等。比如:"我相信产品的价格会令你们满意的,请允许我先把这种产品的几种性能做一个说明,我相信你们会对这种产品感兴趣的……"

(五)将提问的范围扩大后进行回答

在谈判过程中,对对方提出的问题如照实回答会有损己方的形象、泄露商业机密或是涉及无聊的话题,就可以将问题提升到一个新的高度后再回答,这样就可以回避难以回答的问题。比如,对方询问技术费是多少,就可以回答整个合同的价格如何适当,技术费所占的比重如何合理,等等。

(六)可采取推卸责任的方法或不确切地回答

有时候面对毫无准备的问题,人们往往不知所措,或者即使能够回答,但由于某种原因而不愿回答。在这种情况下,可以这样回答:"对这个问题,我虽没有调查过,但曾经听说过……"或"贵方的问题提得很好,我曾经在某份资料上看过有关这一问题的记载,就记忆所及,大概是……"这样对那些为了满足虚荣心及自己也不明确提问目的的提问者常能收到较好的效果。另外对于某些问题,可以模棱两可地、富有弹性地进行回答,不把话说死。例如:"对类似的问题,我们过去是这样处理的……""对这个问题,那要看……而定"。

(七)"重申"和"打岔"

对于一些棘手的问题,要求对方再次阐明其所问的问题,实际上是为己方争取思考问题时间的好方法。在对方再次阐述时,我们可以根本不去听,而只是考虑如何做出回答。当然,这种心理不应让对方察觉到,以防其加大进攻的力度。有经验的谈判者常先安排某人在谈判的节骨眼上打岔,以赢得己方思考一时难以回答而又必须回答的问题,比如"有紧急文件需要某先生出来签字"或"外面有某某先生的电话"。有时回答问题的人自己可以借口去洗手间方便等等。

(八)找借口拖延答复

在谈判中,当对方提出问题而你尚未考虑出满意答案并且对方又追问不舍的时候,你可利用资料不全或需要请示等借口来拖延答复。例如:"对您所提问的问题,我没有第一手资料来做答复,我想您希望我们为您做详尽而圆满的答复,但这需要时间,您说对吗?"不过延迟答复并不是拒绝答复,因此,谈判者还需进一步思考如何来回答问题。

(九)礼貌地拒绝不值得回答的问题或干脆保持沉默

对于某些不值得回答的问题,可以礼貌地加以拒绝。例如在谈判中,对方可能会提一些与谈判主题无关或基本无关的问题,回答这种问题不仅是浪费时间,而且会扰乱你的思路,甚至有时对方有意提一些容易激怒你的问题,其用意在于使你失去自制力。回答这样的问题,只会损害自己的利益,可以一笑了之。对于那些不便回答的问题,还可以采取沉默的方式,有时同样可以得到奇妙的效果。因为你的沉默,往往会给对方一种无形的压力,使对方感到不安。为了打破沉默,有时对方只好中止自己的要求,或是提出新的方案,或是自己转移话题。当然,使用沉默这种方式一定要十分慎重,因为,有时这样做就会显得不太礼貌,或者让人觉得软弱可欺,甚至可能意味着放弃发言权。

(十)委婉地进行回答

在谈判中,当你不同意对方的观点时,不要直接使用"不"这个具有强烈对抗色彩的字眼,而应适当运用"转折"技巧,巧用"但是",先予以肯定、宽慰,再用委婉的表示否定的意思来阐述自己不可动摇的立场,这样就会赢得对方的同情和理解。如"我完全懂您的意思,也赞成您的意见,但是……"或"我理解您的处境,但是……"或"我也明白价格再低一点会更好,但是……"

第七节　谈判中"辩"的技巧

辩论是国际商务谈判的重要组成部分,是谈判者表达自己的意见、驳斥对方的观点、谋求双方共同利益的信息交流活动,是实现双方各自目的的必须手段。商务谈判中的讨价还价集中体现在"辩"上,"辩"最能体现谈判的特征,它具有谈判双方相互依赖、相互对抗的二重性,是人类语言艺术和思维艺术的综合运用,具有较强的技巧性。

一、辩论的方法

辩论可以采用以下方法:

(一)归纳法。即以个别的、特殊的事实推理出一般性结论的逻辑论证方法。

(二)类比法。是由两个或两类以上事物在某些属性上相同从而推出它们在另一属性上也相同的结论,简称类比或类推。它具有经验性、形象性和生动性的特点,能起到举一反三、触类旁通的作用,具有很大的感染力。

（三）归谬法。是指为了反驳对方的观点,充分利用条件假言判断,进行归纳或演绎推理,得出对方的观点是错误的。这种辩论方法不从正面反击对方,而是以退为进,先认为对方之言为真,再推出一个谬论,使对手的观点不攻自破。

二、辩论的技巧

(一)态度要客观公正,措辞要准确严谨

谈判中的辩论要充分体现现代文明的谈判准则。无论双方的观点如何不同,如何针锋相对,双方都必须以客观公正的态度、准确严谨的措辞进行辩论,切忌用侮辱诽谤、尖酸刻薄的语言进行人身攻击。否则,只会损害自己的形象,降低谈判的质量,并且会给对方留下话柄和攻击的软肋,甚至可能会置谈判于破裂的边缘。

(二)观点要明确,立场要坚定

商务谈判中的辩论,就是要论证己方的观点,反驳对方的观点。辩论的过程就是通过摆事实、讲道理,说明自己的观点和立场。因此,辩论时,首先要亮出己方的观点,阐述己方的立场,接着运用客观的材料和其他的证据来支持、说明自己观点、立场的正确性和公正性,反驳对方的观点。

(三)具有战略眼光,不纠缠细枝末节

在辩论的过程中,要有战略的眼光,掌握大的方向、前提及原则,把精力集中在主要的问题上,把握主动,而不要陷入枝节问题的纠缠之中。论证自己的观点时,要重点突出、层次分明、简明扼要,不要东拉西扯、言不对题。在反驳对方的观点时,要抓住要害、有的放矢,而不能采取断章取义、强词夺理的方法。

(四)辩路要敏捷、严密,具逻辑性

商务谈判中的辩论往往是在双方进行磋商遇到难题时才发生的。优秀的谈判者应该头脑冷静、思维敏捷、论辩严密而且富有逻辑性。只有这样,才能应对各种局面,摆脱困境,以便在谈判中以不变应万变。特别是在谈判双方条件和实力差不多的情况下,谁在辩论中思维敏捷、逻辑严密,谁就能赢得谈判的成功。

(五)掌握好进攻的尺度

辩论的目的是为了证明己方观点、立场的正确性,反驳对方观点、立场的不足,争取说服对方,以便能够争取有利于己方的谈判结果切不可认为辩论是一场对抗赛非要把对方置于死地。因此辩论中要掌握好进攻的尺度,一旦达到了目的,就应适可而止,而不应得理不饶人,穷追不舍。否则,对方可能会产生更强的敌对心理,甚至反击的念头更加激烈。这样即使对方可能暂时口头认可某些事情,事后也不会善罢甘休,最终会对双方的合作不利。

(六)辩论中占优时不可轻狂,居劣时不必慌乱

在商务谈判的辩论中,双方可能我方的优劣地位交替转换,谈判人员处于两种不同的状态时必须处理好辩论中的优劣势。处于优势状态时,要注意以优势压顶,并且可以语调、手势相配合,渲染自己的观点,维护己方的立场。但是要切忌:处于优势时不能表现出轻狂、放纵和得意忘形。因为谈判中的优势和劣势是相对而言的,而且是可以转化的。相反,在处于劣势时,应沉着冷静,从容不迫,不可沮丧、泄气,慌乱不堪。只有这样,才有可能保持己方的阵脚不乱,才会对对方的优势构成潜在的威胁。

(七)具有良好的举止和优雅的气度

辩论中谈判人员良好的举止和优雅的气度不仅能给对方留下良好的印象,而且在一定程度上可以左右谈判气氛的健康发展。因为,一个人良好的举止和优雅的气度可能会比语言更有影响力。因此,谈判人员一定要注意自己辩论时的行为。语调高亢、唾沫四溅、指手画脚等等,都是没有气度的表现。

(八)辩论中不能以势压人、歧视揭短,也不能本末倒置、喋喋不休

辩论双方是平等的。因此,要心平气和,以理服人,而不能唯我独尊,大发脾气。另外,不管对方来自哪个国家,都应一视同仁,没有歧视,不管辩论多么激烈,都不应进行人身攻击,不揭人家的短处。谈判不是争高比低的竞赛,因此要尽量避免发生无关大局的细节之争,远离实质问题的争执不但浪费时间和精力,还可能使双方的立场更加对立,导致不愉快的结局。辩论人员也不能口若悬河,独占讲坛,要知道,谈判桌前不是炫耀表达能力的地方。

第八节　谈判中"劝"的技巧

谈判中的"劝",即"说服"是综合运用"听"、"说"、"看"、"问"、"答"、"辩"的各种技巧,改变对方的初衷,接受己方的意见。说服是谈判中最艰巨复杂、最富有技巧性的工作。有时明明自己的观点是正确的,却不能够说服对方,甚至还可能反过来被对方"驳"得哑口无言。要想说服对方,不仅要掌握正确的观点,而且要使用一些高超的技巧,运用态度、理智和情怀去征服对方。在谈判中,说服对方的基本原则是:要做到有理、有力、有节。有理,是指要以理服人,而不是以力压人;有力,是指说服的证据、材料等有较强的力量;有节,是指在说服对方时要适可而止,不能得理不让人。

一、创造说服对方的条件

(一)建立良好的人际关系，取得对方的信任

要说服对方改变初衷，就应当首先改善与对方的人际关系，要做到动机正确，态度真诚，并且能站在对方的角度设身处地地与对方谈论问题。通常，当一个人在考虑是否接受说服之前，他会先衡量说服者与他的熟悉程度和亲善的程度，实际上就是对说服者的信任度，如果对方在情绪上和你对立，则很难接受你的劝说。

(二)要把握说服的时机

在对方情绪激动或不稳定时、在对方喜欢或敬重的人在场时、在对方的思维方式极端定势时，暂时不要进行说服。这时，你应设法安定对方的情绪，避免让对方失去面子，然后再寻找机会进行说服。此外，还要注意向对方讲述你之所以选择他作为说服对象的理由，以便使对方重视与你交谈的机会。

二、寻找双方的共同点，强调利益的一致性

(一)寻找双方的共同点

这是人与人之间心灵沟通的桥梁，也是说服对方的基础。寻找共同点可以从工作、生活、爱好以及双方共同熟悉的第三者开始。当然，谈判者要说服对方，更应努力寻求并强调与对方立场一致的地方，进一步赢得对方的信任，消除对方的对抗情绪。

(二)强调彼此利益的一致性

说服工作要立足于强调彼此利益的一致性，淡化相互之间的矛盾性，用双方立场的一致性为跳板，因势利导地解开思想的钮结，说服才能奏效。

三、说明你的意见可能导致的影响，特别是对方接受意见后的益处

(一)应向对方诚恳地说明要他接受你的意见的充分理由，以及对方一旦被你说服将产生什么利弊得失，特别是对方接受你的意见后的益处

人都有趋利避害的心理，在谈判中，谈判者最关心的问题是：接受对方的意见，能否给己方带来利益？能带来多大利益？如果说服工作不能为对方解开这个疑团，便是失败的。因此，说服工作必须能给对方开出一张光明的"保票"，使对方对接受你的意见定会获利的光明前途深信不疑。

(二)要坦率地承认如果对方接受你的意见你也将获得一定的利益

这样，对方会觉得你诚实可信，会自然而然地接受你的意见；反之，如果你不承

认你能从谈判中获得一定利益,对方必定认为你话中有诈,缺乏诚意,从而将你拒于门外,你也很难收到说服对方之功。

四、说服要有耐心、由浅入深、不可胁迫

(一)说服必须耐心细致

谈判者应不厌其烦地动之以情、晓之以理,把接受你的意见的好处和不接受你的意见的弊端讲深、讲透,一直到对方能够听取你的意见为止。在谈判实践中,常有这样的情况:对方的工作已经做通,但对方基于面子或其他原因,一时还下不来台。这时谈判者不能心急,要给对方时间,直到瓜熟蒂落。

(二)由浅入深,从易到难

谈判中的说服,其实是一种思想工作,因此也应遵照循序渐进的方针。开始时应避开重题、难题,先进行那些容易说服对方的问题,打开缺口,逐步扩展,并且恰当地把正在争论的问题与已经解决的问题联系起来。一时难以解决的问题可以暂时抛开,等待适当时机再议。此外,不能用胁迫或欺诈的方法说服,否则会给谈判埋下危机的种子。

(三)应当避免过多地使用以我为中心的语言

如"我的看法是……""如果我是你的话……"必要的情况下,应尽量把"你"变成"您",一字之差,效果会大不相同。

五、取得对方的信任,抓住对方的心理进行诱导劝说

要说服对方,就要站在对方的角度设身处地地谈论问题,为对方想一想,从而使对方对你产生一种"自己人"的感觉,消除对方的戒心、成见。这样,对方就会信任你,然后抓住对方的心理动态,迎合其心理,先说什么,后说什么,该说什么,不该说什么。只有这样,才可能使对方按照自己的意图改变立场、观点,进而达到说服的目的。

六、说服"顽固者"的方法

所谓"顽固者",是指那些固执己见、难以说服的对手。其实,这种人在很大程度上是倔强的性格所致,并非他们不懂道理。他们有时心肠很软,但表面上不轻易投降,有时甚至还会十分强硬。对付"顽固者"通常可采取以下一些方法:

1.“下台阶”法

当对方自尊心很强,不愿意承认自己的错误,而你的说服无济于事时,你不妨先给对方一个"台阶"下,说一说他正确的地方,或者说一说他错误存在的客观依

据,这也就是给对方提供一些自我欣慰的条件和机会,这样,他就会感到没有失掉面子,因而也就容易接受你善意的说服。

2.等待法

有一些人可能一时难以说服,不妨等一段时间,对方虽没有当面表示改变看法,但对你的态度和你所讲的话,事后他会加以回忆和思考的。任何事情,都要给人留有思考和选择的时间。同样,在说服他人时,也不可急于求成,要等时机成熟时再与之交谈,效果往往比较好。

3.迂回法

当有的人正面的道理已经很难听进去时,不要强行地进行说服,而应采取迂回前进的方法。即暂时避开主题,谈论一些他感兴趣的事情,从中找到他的弱点,然后针对他的弱点,发表己方的看法,让他感到你的话对他是有用的,使他感到你是可信服的。这时,你再逐渐把话转入主题,晓之以利害,他会更加冷静地考虑你的意见,更容易接受你的说服。

4.沉默法

对于一些纠缠不清的问题,如果又遇上了不讲道理的人,可以当作没有听见,不予理睬,对方就会觉得他所提出的问题可能没什么道理,人家根本就没有在意,于是自己也就感到没趣了,这样可能会不再坚持自己的意见了,从而达到说服对方的目的。

说服的技巧和方法还有很多,比如,不要直截了当地反驳对方,不要过多地纠缠某一个问题,先谈好的信息、好的情况再谈坏的信息、坏的情况等等。

第九节　谈判中"拒绝"的技巧

在商务谈判中,尽管有时可以断然拒绝对方的无理要求,但如果不是到了紧要关头,就不应贸然采取这种形式。当你无法接受对方所提出的要求和建议时,如果直截了当地拒绝,就可能立即造成尖锐对立的气氛,对整个谈判产生消极的影响。拒绝是需要勇气和智慧的,聪明的谈判者在拒绝对方时显得合情合理,既不伤害对方的感情,又达到了自己的目的。谈判中拒绝的技巧也有很多,但是原则只有一个:既要明确地表达出"不",又能让对方理解和接受,从而为以后的合作保留一定的余地。在商务谈判中,会说"是"的谈判者,不是最优秀的谈判者,只有善于说"不"的谈判者才是成熟老练的谈判者,既会说"是",又会说"不"的人才可能被称为谈判家。

一、拒绝在谈判中的含义

(一)让步与拒绝共生

谈判中不仅充满了让步,同时也充满了拒绝。如果说,没有让步就没有谈判的话,那么,没有拒绝不仅没有了让步,谈判更无从谈起。让步的本身就是一种拒绝,因为让步是相对的、有条件或限度的。一方的让步既说明他答应了对方的某种要求,同时也意味着拒绝了对方更大的要求。

(二)拒绝是相对的

拒绝本身是相对的,因为谈判中的拒绝并不是宣布谈判的破裂、彻底失败。拒绝只是否定了对方的进一步要求,却蕴涵着对以前的报价或让步的承诺,而且谈判中的拒绝往往不是全面的拒绝。相反,大多数的拒绝往往是单一的和有针对性的。所以,谈判中拒绝某些东西,却给对方留有在其他方面讨价还价的可能性。换句话来说,谈判中对某种要求的拒绝,并不意味着对所有要求的拒绝,它可能敞开了在其他方面让步的大门。有些谈判者往往在某一方面遭到对方拒绝后,就觉得谈判没有希望了,就轻易地放弃了努力,放弃了谈判。这实在是一种遗憾,要知道,"拒绝"也是一门高深的学问,也需要高超的艺术。

(三)拒绝是一种手段而不是目的

谈判的目的不是为了拒绝,而是为了获利,或者为了避免损失。一句话,拒绝就是为了谈判的成功。这一点,似乎是谁都明白的道理。但是,的确有不少的谈判者为感情所支配,宁可拒绝也不愿意妥协,宁可失败也不愿成功,其根源就是为了争面子,或者说就是为了出一口气。

二、拒绝的技巧

(一)提出问题让对方回答

有时候,面对对方的过分要求,你可以有针对性地提出一连串的问题。这些问题足以使对方明白你不是一个任人欺骗的笨蛋。通常,如果对方回答你这一连串的问题,那么他将不得不承认他所提的要求太过分了,从而达到拒绝的目的。当然,使用这种方法来拒绝对方时,必须十分注意语气,不能用带有嘲弄、挖苦或教训的语气来提问,否则会激怒对方,增加新的对立,更加不利于谈判。

(二)找借口达到拒绝的目的

现代的企业不是孤立的,他们总与外界有着千丝万缕的联系。因此,有时候可以寻找一些借口从而拒绝对方,比方说,谈判者可以拖延时间为手段达到拖延谈判的目的。在一场谈判已经达成某阶段性成果时,谈判者不便于反对或撤出已做出的承诺,便"硬着头皮"往下谈,从形式上说,他并没有拒绝。然而,他只需在某个最后的关键性的、看起来不是"他能做主"的问题上不给予配合(如某些批文、许可证、外汇指标、手续等)就会使签约充满变数,致使最后签字的时间往后延长一周、一个月甚至一年、几年。最后因"时过境迁",各种宏观条件发生了如谈判者预料或声称的那种变化,他便有理由重新修改原谈判中达成的某些协议的内容,否则签约就有困难,最后达到拒绝的目的。

(三)对对方进行补偿

这种方法就是在拒绝对方的同时,给予某种补偿。这种补偿一般不是可以兑现的金钱、货物或某种利益等,而是某种将来情况下的允诺、某种未来有条件的让步、某种未来的前景,甚至将来会提供的某种信息、服务等等。这样,如果再加上一番并非己所不为而乃不能为的苦衷,就能在拒绝一个"朋友加对手"的同时,继续保持友谊。这种带有补偿性的拒绝,实际上是补偿了对方因遭到拒绝而产生的不满、失望等情绪。

(四)先肯定再转折

就是先不亮出自己的观点,而是从对方的观点、意见中找出双方的共同点,再加以肯定赞赏,或者站在第三者的角度对对方的观点表示理解,从而减少对方的对抗心理,削弱其心理防线,然后再用婉转的语言陈述自己的观点,来拒绝对方,甚至说服对方。

(五)提出一定的条件

有时候直截了当地拒绝对方势必会恶化双方的关系,甚至导致对方对你的攻击。如果在拒绝对方之前,先要求对方满足你的某个条件,如对方能满足,则你可以满足对方的要求;如果对方不能满足,那你也无法满足对方的要求,从而达到拒绝对方的目的。

(六)尽量避免回答远期的或细节的问题

有时候谈判者出于人际关系的原因,在与对方保持友好的个人关系的同时,对远期的前景做出一种美好的展望,并表现出极大的兴趣。由于远期目标并不具体,相关影响因素的变化难以预测,实际上他并不为此做出任何承诺,也就达到了拒绝的目的。有时,谈判者无法回避眼前的问题时,还可以采取"不谈细节"的办法来谈判。他可以在双方所关心的问题上与对方交换意见,但总是提出原则性的想法或框架性的建议,而无法进行细节的磋商,在具体问题上他总有一些理由表明自己无法做主,这样就可以达到拒绝或拖延的目的。

(七)扮演弱者的形象

感情丰富的谈判者还可以扮演一种弱者的形象,以"老实"的态度、"无奈"的表情、"脆弱"的眼泪来打动对方。比如"如果……公司的同事就会看不起我";"如果……我就可能会被撤职";"这是公司的政策所禁止的";"如果要……是需要很高的费用的"。不过,采用这种方法来拒绝对手时,其效果并不好把握,它要取决于对方的经验和态度。

实际上,还有很多拒绝的方法,如运用幽默、本方人员出错、主谈人生病住院、公司人事调整等等。总之,谈判者要审时度势,灵活地运用。

【本章参考书目】

1. 刘园主编:《国际商务谈判》,复旦大学出版社,2008 年。
2. 陈双喜主编:《国际商务谈判》,中国商务出版社,2006 年。
3. 刘向丽主编:《国际商务谈判》,机械工业出版社,2005 年。
4. 黄卫平等主编:《国际商务谈判》,机械工业出版社,2008 年。
5. 袁其刚主编:《国际商务谈判》,高等教育出版社,2007 年。

【思考题】

1. 在国际商务谈判中有哪几种典型的语言表达形式?
2. 在国际商务谈判中应避免哪些言辞?
3. 在国际商务谈判中应把握哪些提问的时机?
4. 在国际商务谈判中辩论有哪些方法和技巧?
5. 在国际商务谈判中如何克服"听"的障碍?

【案例分析】

开篇明题

A 公司是一家实力雄厚的房地产开发公司,在投资的选项上,相中了 B 公司的一块极具升值潜力的地皮。而 B 公司也有合作的意向。于是双方精选了得利的干将,对土地的转让问题进行谈判。

A 公司代表:"我公司的情况你们可能也有所了解,我公司是美国 C 公司与 D 公司(全国著名的)合资创办的,经济实力雄厚,近年来在房地产开发领域业绩显著。去年在你们市还开发了××花园,听说你们的王总也是我们的买主啊。你们市的几家公司正在谋求与我们的合作,想把他们手里的地皮转让给我们,但我们没有轻易表态。你们这块地皮对我们很有吸引力。我们准备把原有的住户拆迁,开发成一片居民小区。我们公司的有关人员已经对该地区的住户、企业进行了广泛的调查,基本上没有什么阻力。时间就是金钱啊,我们希望能以最快的速度就这个问题达成协议,不知你们的想法如何?"

"很高兴能与你们有合作的机会。你我双方以前虽然没有打过交道,但对你们的情况还是有所了解的。我们遍布全国的办事处也有多家住的是你们建的房子,这可能是一种缘分吧。我们确实有出卖这块地皮的意愿,但我们并不急于脱手,因为除了贵公司外,兴华、兴运等一些公司也对这块地皮表示出了浓厚的兴趣,正在积极地与我们接洽。当然了,如果你们的条件比较合理,价钱比较优惠,我们还是愿意优先与你们合作的,还可以帮助你们简化有关手续,使你们的工程能早日开工。"

请分析,该谈判中,谈判人员使用了什么技巧?

第八章　国际商务谈判礼仪

【本章学习目标】

1. 了解商务礼仪的含义和国际商务礼仪的基本原则。
2. 掌握涉外交往中的着装、接待和信函等方面的礼仪。
3. 掌握涉外交往中的电话、交谈和宴请等方面的礼仪。

国际商务谈判是交易双方为了各自的目的就一项涉及双方利益的标的物进行洽商,最终消除分歧、达成协议、签订合同的过程。国际商务谈判要面对的谈判对象来自不同国家或地区,每个国家和地区的政治经济制度不同,都有着迥然不同的历史背景、文化传统和风俗习惯,因此,各国商人的文化背景、价值观念和逻辑思维方式也存在着明显的差异,他们在商务谈判中的风格也各不相同。在涉外商务谈判中,如果不了解这些不同的谈判风格,就可能产生误解,轻则引起笑话,重则可能因此而失去许多谈判成功的契机。因此,礼仪在商务谈判中占有十分重要的地位。本章介绍了商务礼仪的含义和国际商务礼仪的基本原则,尤其是着重介绍了在涉外交往中的着装、接待、信函、电话、交谈和宴请等几个方面的礼仪。

第一节　概述

因为礼仪在国际商务谈判中占有十分重要的地位,所以在谈判中以礼待人,不仅体现着自身的教养与素质,而且还会对谈判对手的思想、情感产生一定程度的影响。下面就介绍礼仪的概念和国际商务礼仪的基本原则。

一、礼仪与商务礼仪

礼仪是指在人际交往中,自始至终以一定的、约定俗成的程序和方式来表现的律己、敬人的完整行为。所谓商务礼仪,是指在长期的商务谈判交往中,为迎合文化的适应性而形成的一系列行为或活动准则。商务礼仪的核心是一系列行为准则,用来约束我们日常商务活动的方方面面,其作用是为了体现人与人之间的相互尊重。我们也可以用一种简单的方式来概括商务礼仪,即它是商务活动中对人的仪容仪表和言谈举止的普遍要求。

商务礼仪虽然理解起来相对容易,但真正掌握起来却很难。之所以说它容易理解,是因为商务礼仪并没有什么高深的、难于理解的理论,它是在我们的日常商务活动中,经过长期的积累及总结,达成了共识的一种行为准则;而说它难以掌握,是因为商务礼仪贯穿在我们日常工作生活的方方面面,有时候虽然知道怎么做,但在具体实践中却往往疏忽或者运用起来显得很不自然,因此,要养成良好的商务礼仪习惯,需要我们长期不懈地努力。

二、国际商务礼仪的基本原则

如上所述,在国际商务谈判中礼仪非常重要,甚至可以说关系到商务谈判的成功与否,因此,商务谈判中礼仪的一些基本原则是非常重要的,应该引起我们的重视。下面介绍涉外交往中礼仪的一些基本原则:

(一)相互尊敬原则

自古以来,人敬我一尺,我敬人一丈,就一直为人们所尊崇。尊敬是礼仪的情感基础。在当今人际交往中,人与人是相互平等的,无论职务高低、年龄长幼、民族大小、种族强弱,人格上没有贵贱之分。尊敬领导、尊敬客户、尊敬长辈、尊敬宾朋不但不卑下,而且是一种讲究礼仪的表现。只有尊敬对方才能获得对方的尊敬。只有相互尊敬,才能建立和保持和谐愉快的人际关系,才会给事业上的合作提供良好的基础。所谓和气生财,就是这个道理。此外,尊敬他人还是一种自重的表现,我们任何时候都应该尊敬他人,以礼待人。

(二)入乡随俗原则

国际商务谈判是涉及不同国家不同文化的商业活动,来自不同的国家,有着不同的政治背景和宗教信仰、不同的文化背景、不同风土人情和风俗习惯的人,形成了不同的商业习惯。我们要真正做到尊重交往对象,就必须了解和尊重对方所独有的风俗习惯。

首先,我们应该掌握民族禁忌。世界上许多民族都有自己本民族的禁忌,如俄罗斯人不吃海蜇、墨鱼;英国人不吃狗肉和动物的内脏;日本人不吃皮蛋等。其次,应该掌握宗教禁忌。在所有的禁忌中,宗教方面的饮食禁忌最为严格,而且绝对不容许有丝毫违犯。如穆斯林忌食猪肉、忌饮酒;印度教徒忌食牛肉;犹太教徒忌食非反刍动物等。第三,对于不同地区、不同国度的某些特殊民俗与禁忌也应了如指掌,以便区别对待。

(三)谦虚适度原则

在国际商务谈判中,要做到不卑不亢,反对一味地抬高自己,但也绝对没有必要妄自菲薄。谦虚适度原则就是要把握好各种情况下的社交距离及彼此间的感情尺度,也就是说待人既要彬彬有礼,又不低三下四;既要殷勤接待,又不失庄重;既要热情大方,又不轻浮诌谀。比如说在握手时,对方毫不用力,会产生一种被冷淡或不被重视的感觉;对方用力过大,会觉得对方粗俗;只有对方用力适中,才会觉得对方热情真诚。

(四)尊重隐私原则

在国际商务谈判中,一定要把尊重隐私作为国际礼仪的一项重要原则来看待。在和别人交谈与沟通时我们要主动回避与隐私相关的问题。但是"十里不同风,百里不同俗",在国际交往中,各国的文化和习俗差异很大,关于隐私的理解也大不一样,只有明白什么是隐私才能把握好分寸,充分做到尊重他人的个人隐私,也能保护好自己的隐私。一般来说,在对外交往中不要涉及与收入、年龄、健康、婚姻、信仰和政见等相关的话题,这些都属于隐私的范畴。比如说年龄问题,大家都知道女孩子特别地忌讳,其实,不仅仅女孩子如此,西方国家的老年人也特别地忌讳,因为"老"在西方是"没用"的意思,有被淘汰的含义,这与我们中国人尊老敬老,老年人喜欢说自己"老"的习惯完全相反。

(五)注意细节原则

俗话说"细节决定成败"。在国际商务谈判中,一定要时刻注意自己的言行,有时候往往由于自己平时的不良生活习惯而引起客户的反感,从而导致谈判的失败。

【相关链接】

一口痰吐掉一个合作项目

某年,国内一家医疗器械厂与美国客商初步达成了引进"输液管"生产线的协议,第二天就要签字了。可就在该厂的厂长陪同外商参观车间时,向墙角随口吐了一口痰,然后用鞋底擦了擦。这一幕让外商很反感,第二天美国客商借故取消了该协议。

第二节　着装礼仪

着装礼仪在国际商务谈判中非常重要。得体的着装,不仅体现着个人的仪表美,而且还是对他人的尊重,直接影响着谈判的成败。在国际商务谈判中,一般要求穿着传统、庄重和高雅。

一、着装的一般原则

俗话说,人靠衣裳马靠鞍。与人交往,我们首先注重的是人的着装。人们常常发现,一件漂亮的衣服,穿在不同的人身上,其效果和感觉并不相同。成功的着装与仪表是有着紧密联系的。商务人士在着装时应遵循以下几个原则:

(一)不盲目追求潮流或模仿

现代人容易受潮流的影响,经常为了追求时尚而忽视了自己的职业与身份。时装设计师们为了刺激大众的购买欲望,每年都推出各式新款时装,这些时装或许是很出色的晚装、舞台装,却未必是合适的职业装。再者,每一个人的身材、五官、气质不同,着装风格也不会相同,穿在别人身上漂亮得体的服装,穿在自己身上则不一定合适。如许多女性发现自己的同事、朋友买了一件衣服穿着很漂亮,马上也买一件;有的发现某歌星、影星穿了一件衣服很新颖,也马上效仿做一件,但效仿别人购置的衣服穿在自己身上未必好看。

(二)着装应与自身条件相适应

选择服装首先应该与自己的年龄、身份、体形、五官、性格和谐统一。就形体条件而言,一般来说,身材矮胖、颈粗圆脸的人,宜穿深色低"V"字形或大"U"字形领套装,浅色高领服装则不适合;而身材瘦长、颈细长、长脸形的人宜穿浅色、高领或圆形领服装;方脸形者则宜穿小圆领或双翻领服装;身材匀称,形体条件好的人,着装范围则较广。

(三)着装应与职业、场合、交往目的和对象相协调

着装要与职业、场合相宜,这是不可忽视的原则。正式社交场合,着装宜庄重大方,不宜过于浮华;参加晚会或喜庆场合,服饰则可明亮、艳丽些;节假日休闲时间着装应随意、轻便。

二、女士着装

众所周知,目前女装款式中,裙式套装已被公认为是职业女性最适当的职业装,几乎成了一项不成文规定。裙式套装既不失其女性本色,又能切合庄重与大方的原则。一般来说,在国际商务谈判中,女士着装要注意以下要点:

(一)避免过分前卫的服饰

在国际商务谈判中,女士要显得稳重大方,不穿花哨、夸张的服装,也不要过于追求流行的服饰,尤其是怪异的装扮。

(二)避免极端保守的服饰

太过保守的着装会使人显得呆板,因此,可以在套装上配饰、点缀一条丝巾或小饰物,使其免于呆板之感;也可以将几组套装作巧妙的搭配穿用,这样既不显得呆板,又符合经济节约的原则。

(三)坚持"品质第一"的原则

"品质第一"就是说职业女性在选择套装时质料要讲究,所谓质料是指服装采用的面料、裁剪、做工和外形轮廓等条件的精良与否。

(四)忌穿过分性感或暴露的服装

过分性感或暴露的服装会给人以轻浮、不稳重的感觉,更会给人留下"花瓶"的印象。

(五)注意"整体美"

职业女性还必须注意,除了穿着注意考究以外,从头至脚的整体装扮也应强调"整体美",比如发型、佩饰、鞋袜、挎包等等要与服装相协调,颜色要搭配。一般来说,着装配色和谐的保险做法有三种:一是上下装同色——即套装,以饰物点缀;二是同色系配色,利用同色系中深浅、明暗度不同的颜色搭配,整体效果比较协调;三是利用对比色搭配,即运用明亮度对比或相互排斥的颜色对比,会产生相映生辉、令人耳目一新的效果。

三、男士着装

在国际商务谈判中,西装是男士最理想的职业装,它美观大方,穿起来稳重、潇洒,因此,男士在国际商务谈判中一般应穿西装。

(一)西装的选择

1.面料

西装属于礼服,一般要求在正式场合穿,因此,对西装面料的要求也比较高。高档西装应选择纯毛料或含毛量较高的面料,这些面料厚重、舒软、有弹性。

2.颜色

世界公认的商界人士西装的颜色是藏蓝色。另外,也可以选择浅灰(适合年轻人穿)和深灰色(适合年长的人穿)。

3.图案

西装面料一般宜选择无图案面料,有时也可选带隐形细竖条的面料。花点、方格等图案不宜选择。

4.款式

西装款式在国际上有欧式、英式、美式、日式四种。而在我国商界,则习惯将西装款式分为双排扣和单排扣两种。双排扣又分为四粒扣和六粒扣,单排扣又分为两粒扣和三粒扣等。

(二)西装的穿着

西装是一种国际性服装,在穿着上有一套约定俗成的规范和要求,若穿着不

当,不仅影响自己的形象,对别人也是一种失礼行为。男士穿西装时必须注意以下问题:

1.西装的长度

西装的上衣长度包括衣长和袖长。衣长应该在垂下臂时衣服下沿与虎口处相齐,袖长应在距于腕处 1~2 厘米为宜。西装穿着后,其前襟和后背下面不能吊起,应与地面平行。裤子长度以裤脚接触脚背为宜。

2.西装的领子

西装的领子有枪驳头和平驳头之分,应根据脸型和西装款式进行选择。穿着后西装领子应紧贴衬衣领,并低于衬衣领约 1 厘米。这样,一是可起到保护西装领子的作用,二是可显示出穿着的层次。

3.西装的扣子

双排扣西装,应将扣子全部扣上;单排扣西装,两粒扣西装扣上边的一粒,三粒扣西装扣中间的一粒;休闲西装一般不扣扣子。

4.西装的口袋

西装上衣胸部的口袋是放折叠好的装饰手帕的,其他东西不宜装入。两侧的衣袋也只作装饰用,不宜装物品。物品可装在上衣内侧衣袋里。裤子两边的口袋也不宜装东西,以求裤型美观。

5.巧配衬衣

正式场合穿西装,内应穿单色衬衣,最好是白色衬衣。衬衣的领子大小要合适,领头要挺括、洁净,衬衣的下摆要塞进裤子里。领口的扣子要扣好,若不系领带时应不扣。衬衣内一般不穿内衣,若要穿,也应注意从衬衣外看不出穿了内衣。

6.选配领带

穿西装在正式场合一定要打领带,佩戴领带时,除了要注意选择质地、款式、色彩、图案等几个要点外,还要掌握领带的系法。领带系好后,领带结大小要适中,造型要漂亮。领带的长短要得当,其最佳长度是,领带的大箭头,应正好抵达腰带扣,过短、过长都不雅观。另外,领带的颜色不宜太绚丽,应尽量与衬衣和西服颜色协调。如是多色领带,尽量不要超过三种颜色。

7.袜子和鞋

袜子的颜色应以深色为主,也可与裤子或鞋的颜色相同,不宜穿白袜子,最好穿无光感的纯棉袜,不宜穿尼龙丝袜。要穿皮鞋,最好是牛皮鞋,而且光感、硬度要好,不宜变形。休闲鞋不适合与西装配套。皮鞋的颜色最好为黑色,棕色皮鞋往往也不太适合。在正式场合穿的皮鞋,应当没有任何图案和装饰。打孔皮鞋、拼图皮鞋、带有文字或金属扣的皮鞋均不应考虑。

8.配备公文包

公文包被称为"移动式办公桌",是男士外出办公不可离身之物。对穿西装的男士而言,外出办事时如果不带公文包,会使其神采和风度大受损害。公文包多以牛皮、羊皮为佳。颜色以黑色或深色为主,最好与皮鞋的色彩一致。最标准的公文包是手提式的长方形公文包,箱式、夹式、挎式、背式等都不太适合。

9.其他注意事项

男士着装除了上述基本要求之外,还要注意其他事项:购买西装后要拆除衣袖上的商标;穿后要熨烫平整再挂起来;穿时不要挽起袖子;尽可能不穿羊毛衫,即使穿,也不要穿带图案的羊毛衫,而且颜色要与西装协调。

【相关链接】

着装随便导致商务谈判失败

中国某企业与德国一公司洽谈割草机出口事宜。按礼节,中方提前五分钟到达了公司会议室。客人到后,中方人员全体起立,鼓掌欢迎。不料,德方人员脸上不但没有出现期待的笑容,反而均显示出一丝不快的表情。更令人不解的是,按计划一上午的谈判日程,德方半小时便草草结束,匆匆离去。事后我方了解到:德方之所以提前离开,是因为中方谈判人员的穿着不当。德方谈判人员中男士个个西装革履,女士个个都穿职业套装,而中方人员除经理和翻译穿西装外,其他人有穿夹克衫的,有穿牛仔服的,有一位工程师甚至穿着工作服。众所周知,德国是个重礼仪的国家,德国人素以办事认真而闻名于世。在德国人眼里,商务谈判是一件极其正式和重大的活动,中国人穿着太随便说明了两个问题:一是不尊重他人;二是不重视此活动。既然你既不尊重人,又不重视事,那就没有必要谈了。

第三节 接待礼仪

一、迎接礼仪

迎来送往是商务接待活动中最基本的形式和重要环节,是表达主人情谊、体现礼貌素养的重要方面。尤其是迎接,是给客人良好第一印象的最重要工作。迎接客人要有周密的部署,应注意以下事项:

(一)接待规格要恰当

对前来访问、洽谈业务、参加会议的外国、外地客人,应首先了解对方到达的航次、航班,安排与客人身份、职务相当的人员前去迎接。若因某种原因,相应身份的主人不能前往,前去代为迎接的人应向客人做出礼貌的解释。

(二)礼貌待人

主人到车站、机场去迎接客人,应提前到达,恭候客人的到来,绝不能迟到让客人久等。接到客人后,应首先问候"一路辛苦了"、"欢迎您到我们公司"等问候语。然后向对方作自我介绍,如果有名片,可送给对方。

(三)服务周到

迎接客人应提前为客人准备好交通工具,不要等客人到了才匆忙准备。主人应提前为客人准备好住宿,帮客人办理好一切手续并将客人领进房间,同时向客人介绍住处的服务、设施,将活动的计划、日程安排交给客人,并把准备好的地图或旅游图、名胜古迹等介绍材料送给客人。将客人送到住地后,主人不要立即离去,应陪客人稍作停留,热情交谈,谈话内容要让客人感到满意,比如客人参与活动的背景材料、当地风土人情、有特点的自然景观等。考虑客人一路旅途劳累,主人不宜久留,让客人早些休息。分手时将下次联系的时间、地点、方式等告诉客人。

二、介绍礼仪

介绍一般是双方主谈各自介绍自己小组的成员。顺序是女士优先,职位高的优先。称呼通常为"女士"、"小姐"、"先生",对一般男子用"先生",对未婚女子用"小姐",对已婚女子用"女士",对有头衔的则应冠以头衔,也可用职称或职务替代。中国人有一个称呼叫"同志",翻译成英语是"comrade",在西方的某些国家,意思是"同性恋",所以为避免误会,在商务谈判中应禁用此词。

三、握手礼仪

握手是中国人最常用的一种见面礼,也是国际上通用的礼节。握手貌似简单,但这个小小的动作却关系着个人及公司的形象,影响到谈判的成功。

(一)正确的握手方式

在问候前,双方各自伸出右手,彼此之间保持一步左右的距离,手略向前下方伸直,双手常平行相握,同时注意上身稍向前倾,头略低,面带微笑地注视对方的眼睛,以示认真和恭敬。握手时不可东张西望或面无表情。东张西望表示心不在焉,面无表情表示不友好,二者都缺乏对别人的尊重。

(二)伸手的先后顺序

(1)职位高者优先;

(2)长辈优先;

(3)女士优先;

(4)主人优先。

(三)握手的禁忌

1. 不能用左手

在很多国家,用左手握手或递给别人名片被认为是不礼貌的行为。

2. 一般不戴手套握手

按国际惯例,身穿军服的军人可以戴手套与人握手,地位高的人或女士可以戴手套与人握手。

3. 握手时眼睛要注视对方,不可东张西望

4. 握手的力度要适中

如果是一般关系或初次见面,只需稍用力握一下即可,如果关系密切,双方握手时则可略用力,并上下轻摇几下。

5. 握手的时间以2~3秒为宜,男士与女士握手不宜时间过长

6. 当别人伸出手来时,切忌迟迟不伸手

此外,在有些国家见面时并不握手,譬如日本常采用鞠躬的方式,泰国采用双手合十的方式,法国人采用亲吻的方式,拉丁人不仅亲吻而且拥抱,男士亲吻女士,女士亲吻女士,但男士不能亲吻男士。而在大多数非洲国家中,习惯用身体打招呼——长时间地把手放在客人的肩上。至于选择采用何种见面礼仪,应视不同文化而定,入乡随俗是上策。

【相关链接】

左手引起的麻烦

国内某厂长去广交会考察,恰巧碰上出口经理和阿联酋客户在热烈地洽谈。见厂长来了,出口经理忙向客户介绍,厂长因右手拿着公文包,便伸出左手握住对方伸出的右手。谁知刚才还笑容满面的客人忽然笑容全无,并且就座后也失去了先前讨价还价的热情,不一会便声称有其他约会,匆匆地离开了摊位。

在穆斯林国家,左手是不能用来从事如签字、握手、拿食物等干净的工作的,否则会被看做是粗鲁的表现。这次商务谈判失败,就是因为厂长不了解这一文化差异导致的。

四、乘车礼仪

在涉外接待中,如遇乘车,必须明白上下车的先后顺序和座位的尊卑,否则,不仅会表现得不礼貌,还会贻笑大方。一般来说,座位的尊卑以座位的舒适和上下车的方便为标准。各种车辆座位的尊卑如下:

(一)小轿车

(1)小轿车的座位,如有司机驾驶时,以后排右侧为首位,左侧次之,中间座位再次之,前排右侧为末席。

(2)如果由主人亲自驾驶,以驾驶座右侧为首位,后排右侧次之,左侧再次之,后排中间座为末席。

(3)主人夫妇驾车时,则主人夫妇坐前座,客人夫妇坐后座,男士为自己的夫人服务,宜开车门让夫人先上车,然后自己再上。

(二)越野吉普车

越野吉普车功率大,底盘高,安全性也较高,但通常后排比较颠簸,而前排副驾驶的视野和舒适性最佳,因此越野吉普车无论是主人驾驶还是司机驾驶,都应以前排右座为尊,后排右侧次之,后排左侧为末席。上车时,后排位低者先上车,前排尊者后上。下车时前排客人先下,后排客人再下。

(三)商务旅行车

我们在接待团体客人时,多采用商务旅行车接送客人。此类汽车上座位置的确定,一般考虑乘客的乘坐舒适性和上下车的便利性。因此,商务旅行车以司机座后第一排靠近车门的位置即前排为尊,后排依次为小。其座位的尊卑,依每排右侧往左侧递减。

五、谈判座次礼仪

(一)座次排序的基本原则

在国际商务谈判中,座次的排序非常重要,一般情况下,座次排序的基本原则是:

(1)以右为上,遵循国际惯例;

(2)居中为上,中央高于两侧;

(3)前排为上,适用所有场合;

(4)以远为上,远离房门为上;

(5)面门为上,良好视野为上。

(二)商务谈判的座次安排

下面分别就双边谈判和多边谈判两种情况做以下介绍:

1.双边谈判的座次安排

(1)使用长桌或椭圆形桌子,宾主分坐于桌子两侧。

(2)若谈判桌横放,面门位置属于客方;背门位置属于主方,如图8-1。

(3)若谈判桌竖放,以进门方向为准,右侧为客方,左侧属主方,如图8-2。

(4)谈判时,主谈人员应在自己一方居中而坐,其他人员遵循右高左低的原则,按照职位的高低自近而远地在主谈人员两侧就座。

(5)翻译人员就座于仅次于主谈人员的右边位置。

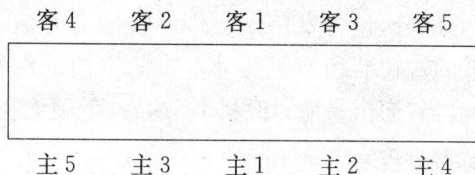

客4	客2	客1	客3	客5
主5	主3	主1	主2	主4

图 8-1 谈判桌横放

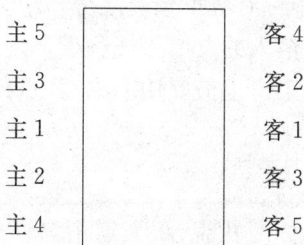

主5		客4
主3		客2
主1		客1
主2		客3
主4		客5

图 8-2 谈判桌竖放

2.多边谈判的座次安排

参加谈判各方自由落座。面对正门设主位,发言者都去主位发言,其他人面对主位,背门而坐。

第四节 信函与电话礼仪

一、信函礼仪

在国际商务谈判中,信函的往来非常频繁,为了促成交易,必须掌握一定的商业信函的写作技巧。一般来说,国际商务信函写作的礼仪要求是:

(一)称谓要有礼貌

称谓是对收信人的尊称语,总是写在信笺的左边,在信头下面半英寸左右的地方。在撰写商务信函时,要注意称谓符合收信人所在国家的风俗习惯与收信人的实际情况,注意礼貌。例如,在英国,用"我亲爱的"(My dear)要比"亲爱的"更亲切;在美国则相反,"我亲爱的"是较正式的称谓,而"亲爱的"则是亲密友好的称谓。此外,英国人习惯在书信的称谓后加逗号;而美国人则在称谓后加上冒号,这同中文信函称谓的用法一致。此外,收信人姓名前一般需加尊称:对一般男子用"先生",对未婚女子用"小姐",对已婚女子用"女士",对有头衔的则应冠以头衔;如不知收信人姓名,可用职称或职务替代。

(二)正文要通俗易懂

正文是信函的核心部分,包含发信人要告诉收信人的话。信的正文应该在称谓下面一行开始,信纸的左边要留有一英寸左右的空白。商务信函要严谨、规范,段落清楚,意思明确、恰当,通俗易懂;切忌词不达意,生硬无礼。

(三)结束语和谦称要妥当

信的正文写完后,应有致敬的结束语和谦称。结束语通常为几个常用的词或词组,接在信的正文下面。谦称有尊卑亲疏之分,要与收信人的称谓相配合。确切的措辞应取决于发信人对收信人的友谊深浅程度。现代商务信函一般都由电脑打印,但即使是打印的信函,结束语也最好用手书写,这样可以给人一种亲切、郑重的感觉。

(四)信函格式要正确

涉外交往中的信函除了称谓礼貌、正文通俗易懂、结束语和谦称运用妥帖外,还要注意格式的正确以及外在形式的美观。

二、电话礼仪

(一)接听电话的礼仪

1. 听到铃响,迅速接听

听到电话铃声后应迅速拿起听筒,最好在三声之内接听。若很长时间才接听,会给对方留下不好的印象,在接听后最好先道歉。

2. 先要问好,再报家门

一般接听后的第一句话是"您好"或"Hello",然后再报出自己的名字,让对方知道接听的对象是谁,这也是体现了对于对方的尊重。

3. 礼貌待人,微笑说话

当我们打电话给客户时,若一接通就听到对方亲切、优美的招呼声,心里一定会很愉快,使双方对话能顺利展开,对该客户也有了较好的印象。因此,接电话时要有礼貌,一开始就给客户留下良好的印象。此外,打电话时要保持良好的心情,因为即使对方看不见你,但是从欢快的语调中也会体会到你的态度。

4. 姿态端正,声音清晰

打电话过程中绝对不能吸烟、喝茶、吃零食,即使是懒散的姿势对方也能够"听"出来。因此,打电话时,即使对方看不见,也要当作对方就在眼前,尽可能注意自己的姿势。同时,在说话时语调要稍高一些,吐字要清楚,便于对方听清。

5. 礼貌应答,认真记录

回答对方要有礼貌,讲话应尽量简练,只要把意思说清楚即可;如遇到需要记录的内容,应一边拿话筒一边记录。认真听取并记录对方的谈话内容也是体现了对于客户的一种尊重。

6.礼告结束,后挂轻放

挂电话前为了避免错误,应重复一下电话中的重要事项,再次明确对方目的之后,向对方说一声谢谢。另外,要等对方挂断电话后,再轻轻放下听筒。

接听电话的顺序、基本用语和注意事项见表 8-1。

表 8-1　　　　　　接听电话的顺序、基本用语和注意事项

顺序	基本用语	注意事项
1.拿起听筒,并告知自己的姓名	"您好,××公司×××" 铃响 3 声以上时:"让您久等了,我是××公司×××"	电话铃响 3 声之内接起 电话机旁准备好记录用的纸笔 音量适度,不要过高 告知对方自己的姓名
2.确认对方	"×先生,您好!"	必须对对方进行确认
3.听取对方来电用意	用"是"、"好的"、"明白"等回答	必要时应进行记录 谈话时不要离题
4.进行确认	"请您再重复一遍"	确认时间、地点、对象和事由
5.结束语	"清楚了"、"请放心"、"我一定转达"、"谢谢"、"再见"等	
6.挂机		等对方放下电话后再轻轻挂机

(二)拨打电话的礼仪

拨打电话的基本礼仪与接听的基本礼仪差不多,就不再赘述了。拨打电话的顺序、基本用语和注意事项见表 8-2。

表 8-2　　　　　　拨打电话的顺序、基本用语和注意事项

顺序	基本用语	注意事项
1.准备		确认对方的姓名、电话号码 准备好要讲的内容、说话的顺序 明确通话所要表达的目的

顺序	基本用语	注意事项
2.问候、告知自己的姓名	"您好！我是××公司××"	一定要报出自己的姓名 讲话时要有礼貌
3.确认对象	"请问××部的×××先生在吗?"	必须要确认电话的对方 与要找的人通话后,应重新问候
4.电话内容	"今天打电话是想……"	应先将想要说的结果告诉对方 时间、地点、数字等传达准确
5.结束语	"谢谢"、"麻烦您了"、"那就拜托您了"等等	语气诚恳、态度和蔼
6.放下电话		等对方放下电话后再轻轻放下

注意:打电话时,如果发生掉线、中断等情况,一般应由打电话方重新拨打。

第五节　交谈礼仪

交谈是国际商务谈判中的主要活动,要想圆满地完成谈判活动,遵守交谈礼仪具有十分重要的作用。一般来说,在国际商务谈判中,要遵守以下交谈礼仪:

一、态度诚恳,尊重对方

诚恳是做人的美德,也是交谈的原则。谈判双方态度诚恳,坦诚相见,才有融洽的谈判气氛,才能奠定谈判的基础。双方只有用自己的真情激起对方感情的共鸣,谈判才能取得满意的结果。

在谈判活动中,只有尊重对方,理解对方,才能获得对方的尊重和信任。因此,谈判人员在谈判之前,应当调查研究对方的心理状态,考虑和选择令对方容易接受的方法和态度;了解对方讲话的习惯、文化程度、生活阅历等因素对谈判可能造成的种种影响,做到多手准备,有的放矢。此外,谈判时应当意识到,说和听是相互的、平等的,双方发言时都要掌握各自所占有的时间,不能出现一方独霸的局面。

二、谈吐自信,谦逊有礼

商务谈判时要自然,讲话要充满自信,对于拿不准的话不要说,不利于自己的话不要讲,以免授人以柄。态度要和气,要谦逊有礼。讲话要与人为善,不要恶语伤人,内容一般不要涉及不愉快的事情,言谈用词要文雅,杜绝蔑视语、烦躁语、斗气语。有些话,意思差不多,换种说法给人的感觉就会完全不一样。

三、语言得体,注意技巧

语言表达要得体,手势不要过多,语速不要太快,声音大小要适当、语调应平和沉稳。一般来说,声音大小要让全场参与者听得见,声音有强弱变化;讲话速度快慢适中,重要地方应放慢;音调变化要根据内容改变,有高昂也有低沉,并配合面部表情;有时使用短暂的顿挫可促使听者期待或思考;措辞要通俗易懂,深入浅出,避免粗俗或咬文嚼字;逻辑顺序要合理,不要颠三倒四。

四、注意运用谈判艺术

(一)聆听的艺术

善言能赢得听众,善听能赢得朋友。谈判时,每个人既是言者,又是听者。耐心倾听对方的谈话、目光关注地盯着对方,不轻易打断对方,必要时及时予以回应,不要烦躁。

(二)讲话的艺术

谈话要有幽默感,通过语言的反常组合可构造幽默意境,从而营造活跃的气氛,调动对方的积极性;用委婉含蓄的方式提及令人不悦的内涵,在某些语境下可用模糊语言传递信息,回避一些棘手问题;谈判出现僵局时,要善于提出诱导性和启发性的话题,打破沉默,转到谈判议题上来。

(三)拒绝的艺术

商务谈判中,经常会出现拒绝对方的建议或提案的情况,最佳处理方式是不直接说"不",而是通过沉默、转折、诱导等方法加以否定。常用的方法有:

1. 倾听＋沉默

倾听是对对方的尊重,沉默作为面部表情的一种,往往包含着许多令人难以琢磨的信息和情感。在商务谈判中,沉默是一种艺术,并不一定是一种消极行为,正所谓"此时无声胜有声"。但是在不同的文化中,沉默的含义不尽相同,甚至差别很大。例如,在美国、英国和德国等西方国家,沉默被视为是一种消极行为,而对日本人来说,关键时刻保持沉默则是最明智的做法。有一个典型案例是:一个美国公司和一个日本公司的人员在谈判,美国公司的人首先报出了产品的价格,日本公司按照本国的习惯沉默了半分钟。美国公司对这种沉默感到不安,以为日本公司觉得报价太高,于是就主动降低了价格。日本公司对此既高兴又迷惑不解,因为他们本来是可以接受原来的报价的。由此可见,沉默作为一种非语言交际形式,在商务谈判中有时会产生意想不到的效果。

2.诱导否定

在商务谈判中,对于对方的提议不要马上回答,而是先讲一些理由,提出一些条件或反问一些问题,诱使对方自我否定,从而达到了拒绝对方的目的;同时也使对方认识到自己提议的不成熟,接下来往往会使对方按照自己的思路来思考问题,进而接受我方的提议。

3.委婉拒绝

拒绝的艺术在于把由于拒绝而带来的不快和失望,控制在最小限度以内。有时候,我们可以采用"是,然而……"的方式委婉地拒绝对方。这样做表面看起来没有直接拒绝对方,给对方留足了面子,而我方又提出了一些限制性条件,看起来更像是有条件的接受,这样,既表明了我方谈判的诚意,又迫使对方做出更大的让步。

第六节　宴请礼仪

在正式的商务谈判中,往往中间会涉及商务宴请的问题,因此在商务用餐的时候,我们应该注意一些宴请的礼仪问题。

一、宴会的种类

商务用餐的形式分成两大类,一类是比较松散的自助餐或自助酒会;另一类是正式的宴会,就是商务宴会。商务宴会通常还有中式宴会和西式宴会两种形式。

(一)自助餐和酒会

自助餐和酒会有其自己的特点,它不像中餐或者西餐的宴会,大家分宾主入席,直接就开始用餐的过程,而是一般会有嘉宾或者主办方,由他们先即席发言。在嘉宾发言的时候,应该尽量停止手中的一切活动,如果正在取餐或进餐,应该停止下来。通常自助餐和酒会不涉及座次的安排,大家可以在餐厅内来回走动。在与他人进行交谈时,应该注意尽量停止咀嚼口中的食物。公司采用商务自助餐或酒会这种宴请形式,最突出的一点是体现公司的勤俭节约,因此,我们在用餐时要注意避免浪费。

(二)商务宴会

商务宴会一般分为中式宴会和西式宴会两种形式。在国际商务谈判中,两种形式的宴会都会遇到,也是比较正式的宴会形式,是我们要重点掌握的礼仪,下面就以商务宴会为例来介绍宴请礼仪的基本常识。

二、座位的礼仪

商务宴会,主人必须安排客人的座位,不能以随便坐的方式,引起主客及其他客人的不满。下面分别就中餐和西餐宴会的座位礼仪进行介绍:

(一)中餐宴会的座位礼仪

具体来说,座位的礼仪包括桌次顺序和每桌座次的安排,现分述如下:

1.排序基本原则

(1)面门为上,以远为上。即以正对门,远离门为上座。

(2)居中为上,居右为上。即中间最尊,右边次之,左边再次之。

(3)靠墙为上,开阔为上。即以背靠后墙和视野开阔为尊。

2.桌次排序

一般的小型宴会,如果只有一张圆桌,则无桌次顺序的区分,但如果宴会规模较大,有两桌或两桌以上时,则必须定其尊卑。其定位的原则是:

(1)以背对饭厅或礼堂为正位,以右旁为尊,左旁为卑。

(2)如有三桌,则以中间为尊,右旁次之,左旁为卑。

(3)如有三桌以上,以主桌位置作为基准,同等距离,右高左低,同一方向,近高远低。

3.座次排序

(1)面门居中位置为主位,由主人中地位最高者即主陪入座。

(2)越接近首席,一般位次越高。

(3)其他宾客按照同等距离,右高左低的顺序入座。

中餐座次情况一:一位主人作陪

宴请时主要是照顾好主宾。主人坐主位,主宾坐主位右手位置。其他的随员和宾客可以对面坐也可以交错坐,如图8-3。

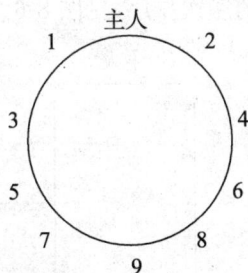

图8-3　一位主人作陪

中餐座次情况二:两位主人作陪

此时主位为面门位置,副主位为背对入口位置。1号、3号客人分别坐主位右手和左手,2号、4号客人分别坐在副主位右手和左手,其他客人位置类推,如图8-4。

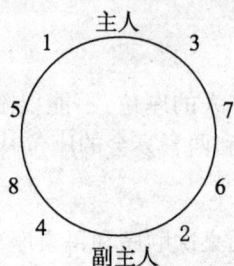

图 8-4 两位主人作陪

(二)西餐宴会的座位礼仪

1.西餐座次原则

(1)女士优先,女主人坐第一主位,男主人坐第二主位。

(2)恭敬主宾,主宾靠近主人,副主宾靠近副主人。

(3)以右为尊,男主宾坐于女主人右侧,女主宾坐于男主人右侧。

(4)距离定位,其他人距主位越近,地位越高。

(5)面门为上,面对门口座位高于背对门口座位。

(6)交叉排列,男与女交叉落座,生人与熟人交叉落座。

2.西餐座次排序

(1)主人居中而坐时的座次排序,见图8-5。

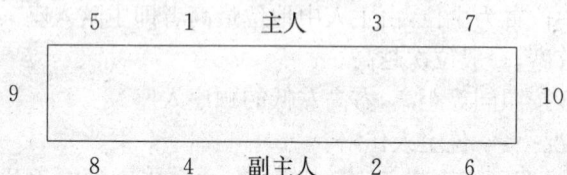

图 8-5 餐桌横放

(2)主人分别坐于两端时的座次排序,见图8-6。

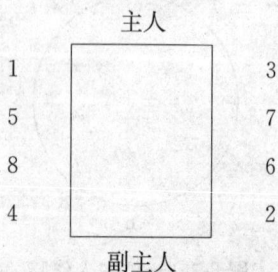

图 8-6 餐桌竖放

三、餐桌上的礼仪

在商务宴请中,餐桌上有许多应注意的礼仪,必须谨记。

(一)就座和离席礼仪

就座和离席时应注意以下一些礼仪问题:

(1)应等长者坐定后,方可入座。

(2)应等女士坐定后,方可入座。

(3)坐姿端正,与餐桌保持适当的距离,脚踏在自己座位下,不可任意伸直,不得将手放在邻座椅背上。

(4)用餐后,须等男女主人离席后,其他宾客方可离席。

(5)离席时,应帮助长者或女士拖拉座椅。

(二)就餐礼仪

就餐时应注意以下一些礼仪问题:

(1)用餐时要温文尔雅,从容安静。

(2)餐巾打开后,放在双膝和大腿上,不要系入腰间或挂在衣领下。

(3)在餐桌上不能只顾自己,也要关心别人,尤其要招呼两侧的女宾。

(4)口内有食物时应避免说话。

(5)自用餐具不可伸入公用餐盘夹取菜肴,取菜舀汤,应使用公筷公匙。

(6)进餐时不宜抽烟。

(7)进餐的速度,宜与男女主人同步,不宜太快或太慢。

(8)餐桌上不要谈悲伤、恐惧的事情,否则会破坏欢愉的气氛。

(9)用餐后,餐具摆放整齐,不要散乱放置。

【本章参考书目】

1. 金正昆主编:《商务礼仪概论》,北京大学出版社,2006年。

2. 李莉主编:《实用礼仪教程》,中国人民大学出版社,2004年。

3. 王琪主编:《现代礼仪大全》,地震出版社,2005年。

4. 杜岩主编:《商务礼仪》,北京航空航天大学出版社,2009年。

【思考题】

1. 什么是商务礼仪?国际商务礼仪的基本原则是什么?

2. 女士着装应注意什么问题?男士着装应注意什么问题?

3. 商务活动中,介绍他人时有哪些礼仪?

4. 商务活动中,握手时应注意什么礼仪?

5.商务活动中,乘车时应注意什么礼仪?

6.商务谈判中座次如何排序?

7.撰写商务信函有哪些礼仪?

8.接听和拨打电话有哪些礼仪?

9.商务宴请中,中餐宴会的座位礼仪如何?

10.商务宴请中,西餐宴会的座位礼仪如何?

【案例分析题】

1.国内一家外贸公司的总经理王鹏要与美国一位重要客户商谈合作事宜。为了谈判时给对方留下良好印象,他特意穿了一套质地上乘、做工考究的西装。但因为他平时爱运动,喜欢穿运动鞋,不习惯穿皮鞋,就穿了一双运动鞋去见客户。当他满怀激情的带着秘书出现在对方面前时,对方不解地看着他上下打量了半天,非常不满意,最后合作也没能成功。

请分析其中的原因是什么?

2.某公司的杨露小姐英语口语很好,一天陪着经理会见英国来的客户。在宴会招待时,为了不冷场,她热情地向客人索菲小姐寒暄起来,两人越聊越起劲,后来杨露问对方:"你今年多大岁数呢?"索菲小姐所答非所问地说:"你猜猜看。"杨露自觉没趣,又问道:"你这个岁数,一定结婚了吧?"更令杨露吃惊的是,对方居然转过头去,再也不理她了。一直到分手,两个人再也没说一句话。

请问,索菲小姐是不是没有礼貌呀?

3.张强大学毕业后不久到某大公司外贸部门就职。一天,电话铃响了,张强拿起后一听是美国客户打来的,要找外贸部经理。因为经理不在,张强便与客户谈起来。客户说的比较多,他没有记下来。打完电话后直到第二天早上,他才想起这件事,随后告诉了经理,但具体内容却记不清了。之后经理又打电话问客户,客户觉得很奇怪。这件事后不久,张强被调离了外贸部门。

请问张强在这件事上有什么过失?

第九章　各地谈判风格、风俗与禁忌

【本章学习目标】

1. 了解文化差异对国际商务谈判行为的影响。

2. 了解各地区商人的风俗与禁忌。

3. 掌握各地商务谈判者的谈判风格。

4. 能够根据不同国家的谈判者采取不同的谈判风格。

国际商务谈判是对外经济贸易中不可缺少的重要环节。在现代国际社会中，谈判的成败往往决定着交易的成败。国际商务谈判中的谈判者要面对的谈判对象来自于不同的国家和地区，有着不同的谈判风格。所谓"十里不同风，百里不同俗"，要制定合适的谈判方针，并有效地控制谈判过程，获取谈判的成功，就要求现代的国际商务谈判人员了解不同国家和地区商务人员的谈判风格。

第一节　概述

所谓谈判风格，主要是指在多次谈判过程中表现出的一贯风格，是谈判者所表现出来的言谈举止、处事方式以及习惯爱好等特点。由于文化背景不一样，不同国家和地区的谈判者在语言沟通、风俗习惯、思想观念、价值判断以及待人接物的方式等诸多方面都会有很大的差异。

一、语言与非语言行为

语言是任何国家、地区、民族之间进行沟通的桥梁，在国际商务活动中语言的差异是最直接明了的。成功的国际商务谈判者必须善于交流，不仅会运用语言，而且要能够透彻地理解语言的差异。模拟谈判研究表明，谈判人员所使用的语言行为在各种文化中具有较高的相似性，但也有明显的差异。在不同语言中，作为信息交流技巧的语言行为方式的使用频率具有一定的差异性，见表9-1。如不了解这些差异，很容易误解对方所传递的信息，从而影响谈判目标的实现。

表 9-1　　　　　　　不同语言中各种交流技巧的使用频率

	中国	日本	韩国	俄罗斯	德国	英国	法国	巴西	加拿大	美国
承诺	6	7	4	5	7	11	5	3	7	8
威胁	1	4	2	3	3	5	5	2	2	4
推荐	2	7	1	4	5	6	3	5	5	4
警告	1	2	0	0	1	1	3	12	3	1
报偿	1	1	3	3	4	5	3	2	2	2
惩罚	0	1	5	1	2	0	3	3	2	3
肯定规范评价	1	1	1	0	0	0	0	0	1	1
否定规范评价	0	3	2	0	1	1	0	1	2	1
保证	10	15	13	11	9	13	10	2	11	13
自我泄露	36	34	36	40	47	39	42	39	28	36
提问	34	20	21	27	11	15	18	22	36	20
命令	7	8	13	7	12	9	9	14	8	6

（资料来源：关世杰著，《跨文化交流学》，北京大学出版社，1995 年。）

对谈判过程的影响不仅表现在语言沟通过程中，还表现在非语言沟通过程中。文化的差异会导致不同国家或地区的谈判人员在形体语言、动作语言的运用上有着巨大的差异，相同的非语言符号经常具有不同甚至是完全相反的含义，见表 9-2。

表 9-2　　　　　　　不同文化中同一非语言符号的含义比较

非语言符号	含	义
点头	同意（中国人）	不同意（希腊人）
摇头	不同意（中国人）	同意（希腊人）
翘大拇指	高度赞扬（中国人）	滚蛋（希腊人）
讲话时抬下巴	自信和礼貌（英国人）	傲慢自大或摆架子（美国人）
双手举过头顶鼓掌	战胜对手后的骄傲（美国人）	友谊（俄罗斯）

在国际商务谈判中语言及非语言之间的差异很复杂，唯有弄清这些差异，才能取得国际商务谈判的成功。

二、风俗习惯

每一个国家都会有自己的文化背景，不同的文化背景就会有不同的风俗习惯，而风俗习惯会影响着人们做事的方式。作为国际商务谈判人员，如果不了解对方国家的风俗禁忌知识,很容易引起不必要的麻烦而影响交易的进行。

在日本,很多交易都是在饭店、酒吧中达成的。德国人在绝大多数时候都是穿礼服,但无论穿什么,都不会把手放在口袋里,因为这样做会被人认为是粗鲁的。德国人很守时,如对方谈判者迟到,就可能会冷落对方。另外,德国人不习惯与人连连握手,若你与他连连握手,他会感到不安。在澳大利亚,大部分交易活动是在小酒馆里进行的。在澳大利亚进行谈判时,谈判者要记住哪一顿饭该由谁付钱。在付钱上既不能忘记,也不能过于积极。中东地区的商人好客,但在谈判时缺乏时间观念,同他们谈判不能计较时间长短,而应努力取得其信任。阿拉伯人在社交活动中常邀请对方喝咖啡。按照他们的习惯,客人不喝咖啡是很失礼的行为,拒绝一杯咖啡会造成严重后果。

三、价值观

国际商务谈判中价值观方面的差异远比语言及非语言行为差异隐藏得深,也更难以克服。价值观差异对国际商务谈判行为的影响主要表现为因客观性、时间观、平等观等差异而引起的误解。

(一)客观性

国际商务谈判中的客观性反映了行为人对人和事物的区分程度。西方人,特别是美国人具有较强的客观性,在国际商务谈判时强调"把人和事区分开来",感兴趣的主要为实质性问题。相反,在世界其他地方,把"人和事区分开来"这一观点被看成是不可能的。例如,在裙带关系比较重要的东方文化中,经济的发展往往是在家族控制的领域内实现的。因此,来自这些国家的谈判者不仅作为个人来参与谈判,而且谈判结果往往会影响到该个人,个人品行和实质问题成了两个并非不相干的问题,而且实质上两者不可分开。

(二)时间观

在不同的文化里,对时间的理解也存在有很大的差异。如北美文化的时间观念很强,对美国人来说时间就是金钱;而中东和拉丁美洲文化的时间观念则较弱,在他们看来,时间应当是享用的。

爱德华 T·霍尔把时间的利用方式分为两类:单一时间利用方式和多种时间利用方式。单一时间利用方式强调"专时专用"和"速度"。美国、德国、瑞士和澳大利亚等国的文化具有此类特点。在这种文化里时间是线性的并且是可以度量的。他们在工作中以目标为导向,严格按计划办事,希望在规定的时间完成计划的工作直至目标的实现。他们严格遵守约定的时间,并强调快速的价值。而多种时间利用方式则强调"一时多用"。中东和拉丁美洲文化具有此类特点。在这些文化里时间是相对的,它不是被我们自己掌握,而是被冥冥之中的无形之手所把握,一切都有定数,该发生的一定会发生,没有人能够控制它。在这种时间观念下,人们有宽松的时刻表和淡薄的准时和迟到概念,虽然制定了计划,但常常被忽略,而且经常在没有通知对方的情况下随意变更。

因此,在国际商务谈判中,当两个采用不同时间利用方式的人遇到一起时,就需要彼此调整,以便建立起和谐的关系。同时不管是面对哪一类谈判者,无论对方是否守时,自己都必须准时前往,哪怕对方不准时。表明自己对对方的重视,这有助于建立双方的关系。

(三)平等观

西方社会经历了争取平等自由权力的资产阶级革命,平等意识深入人心。在国际商务活动中,英美等国奉行平等主义价值观,坚持公平合理的原则,认为双方进行交易,无论哪一方都要有利可图。如美国人虽然注重实际利益,但一般不漫天要价,报价和提出的条件比较客观。在买卖关系上,美国卖方往往将买方更多地视为地位相等的人,对利润的划分相对而言较日本人公平。许多美国经理认为,似乎利润划分的公平性比利润的多少更为重要。而东方人受等级观念的影响较深,表现在商业活动中的平等意识就不如美国和其他西方人。如日本人,善于做大"蛋糕",但划分"蛋糕"的方式却不怎么公平。在日本顾客被看做上帝,卖方往往会顺从买方的需要和欲望,因此对利润的分配较为有利于买方。而就我国而言,我国市场经济体制已初步建立,中国企业经营者的观念意识往往具有西方早期市场经济时期的某些特点,即在商务谈判中往往采取"单赢"策略。涉及经济利益时,较多地考虑己方的利益,而不太关注对方的利益。而发达国家的市场经济体制则相当成熟,所以西方国家谈判者更多地采用"双赢"策略,基本上能考虑双方的实际利益。

四、思维方式

进行国际商务谈判时,来自不同文化背景的谈判者往往会遭遇思维方式上的冲突。如就东西方文化而言,两者在思维方式上表现出各自的特点。首先,东方文化偏重形象思维,英美文化偏重抽象思维。其次,东方文化偏重综合思维,英美文化偏重分析思维。综合思维是指在思想上将各个对象的各个部分联合为整体,将其各种属性、方面、联系等结合起来;分析思维是指在思想上将一个完整的对象分解成各个组成部分,或者将其各种属性、方面、联系等区别开来。再次,东方人注重统一,英美人注重对立。如中国哲学虽不否认对立,但比较强调统一方面;而西方人注重把一切事物分为两个对立方面。

基于客观存在的思维差异,不同文化的谈判者呈现出决策上的差异,产生了顺序决策方法和通盘决策方法之间的冲突。当面临复杂的谈判任务时,采用顺序决策方法的西方文化特别是英美人常常将大任务分解为一系列的小任务。将价格、交货、担保和服务合同等问题分次解决,每次解决一个问题,从头到尾都有让步和承诺,最后的协议就是一连串小协议的总和。然而采用通盘决策方法的东方文化则注重对所有的问题整体讨论,不存在明显的次序之分,通常要到谈判的最后才会在所有的问题上作出让步和承诺,从而达成一揽子协议。

五、人际关系

人际关系反映了个人或群体寻求满足其社会需要的心理状态,因此,人际关系的变化发展决定社会需要满足的程度。在东方的许多国家中,在谈判前或谈判的初期即与谈判对方建立良好的个人关系对谈判的顺利开展以及推进谈判的进程都有着重要的作用。在他们看来,良好的产品质量和富有竞争力的价格不是生意成功的唯一的基础,生意伙伴的确立还需考虑与对方的人际关系情况和对谈判对手的信赖程度。因此,与这些国家谈判者进行交往时,要考虑花一些时间与之建立良好的个人关系,争取对方的信赖。所以,与这些国家的谈判者谈判之初和谈判进行的过程中,要多采用一些非正式的谈判形式,谈判的话题也不要仅仅集中于谈判的议题上。但在一些西方国家中却不太注重这种关系,在他们的眼里,人际关系处于次要的地位。当然这并不意味着没有建立良好关系的必要,只是在这些国家中的谈判者对此有不同的理解而已。

综上所述,语言表达、风俗习惯、价值观、思维方式和人际关系等因素的文化差异塑造了不同的谈判风格,作为国际商务谈判者必须对此进行深入了解。

第二节 亚洲商人的谈判风格、风俗与禁忌

一、日本商人的谈判风格、风俗与禁忌

(一)日本商人的谈判风格

日本是一个礼仪之邦,日本人所做的一切事情,都会受到严格礼仪的约束。比如说日本人在见面时行独特的鞠躬礼,虽然在日本社交场合中握手已相当普遍,但传统的鞠躬仍然是一种正统和正规的礼仪,它被用于问候、迎送客人、表示感谢、赞赏、询问等各种场合。在初次见面时,日本商人第一句问候语是"我是某某,初次见面,请多关照"。"对不起"也是日本人的口头禅,即使是很平常的要求与行动,也会在说话前加一句"对不起"。虽然说许多礼节在西方人看来是无关紧要的,甚至是可笑的,但日本人却做得一丝不苟,严肃认真。因此,在同日本人进行谈判时,应该事先了解和遵守必要的礼节,否则可能会失去他们的信任与好感,导致谈判陷入

僵局。

日本人也是人际关系的专家。在商务谈判中,如果与日本人建立了良好的个人关系,赢得了他们的信任,谈判就成功了一半。合同条款比起人际关系是次要的,合同在日本一向被认为是人际协议的外在形式。比如,欧美人习惯把合同条款写得具体化、详细化,尤其是双方责任及索赔方面;而日本人认为合同并不是最主要的,只要是建立了良好的信任合作关系,即使做不到合同所保证的,也可以通过再谈判来重新协商合同条款。但因环境发生变化,有害于公司利益时,合同效力就会丧失。如外商坚持合同的惩罚条款或不放宽合同条款,日本人都会极其不满。所以,在初访日商时,找一个信誉较好的中间人,会对谈判成功大有益处。另外,日本人很注意人际关系的和谐。在与日商进行第一次洽谈时,切勿开门见山,直谈主题。可以通过一番寒暄,或是用迂回的方式谈谈文化、哲学、历史等他们感兴趣的话题。

日本文化所塑造的是以集体为核心的价值观念和精神取向,形成了世界闻名的团队精神,体现在谈判中是集体决策与集体负责。他们的谈判小组通常是由代表不同层次管理部门的有关人员组成,任何提议决策只有在全组成员形成统一意见后方能付诸实施,任何个人在未征求组内其他成员的意见前不能对谈判全过程负责,也不能单独同意或否决一项提议。这种团体感决定了日本人在谈判中往往会坚持自己的主张,努力说服对方做出让步,希望日本人改变决定是十分困难的。在同日本人谈判时,应该把重点放在所有有关各个层次的管理部门人员上,而不仅仅只是高层管理人员。因此,绝大部分美国人和欧洲人都认为日本人的决策时间长,究其原因,就是群体意识的影响。但日本商人一旦做出决定,行动起来却十分迅速。

日本是个等级制度森严的社会,几个日本人聚集在一起,就会根据年龄、头衔、所属机构的规模及威望等某些标准排列相互间的排列名次,并以此来决定自己的言行举止。他们非常注重级别,这种观念常常制约着他们在商务和社交方面的决策。日本企业都有尊老的倾向,一般能担任公司代表的人都是有 15～20 年经历的人。所以同日本人进行谈判时,派出的人员最好身份、地位都比对方高一些,这样会更有利于谈判的成功。另外,日本妇女在社会中地位较低,一般都不允许参与大公司的经营管理活动,日本人在重要场合也是不带女伴的。所以,遇到重要谈判,不宜让女性参加,否则会引起对方的怀疑或不满。

日本人喜欢采用委婉、间接的谈判风格。在谈判中,他们通常用间接方式来询问和回答有关问题,对对方提出的要求不直截了当地说"不",而是用非常含蓄的语句来避免直接否定的答复,这样既保住了对方的面子,又间接地表达了"不"的含义。日本人不喜欢与对方发生直接冲突,而是尽全力避免冲突。为避免可能引发的争议或冲突,商务谈判总是沿着一条迂回的路线行进。忍耐是成功的重要因素,跟日本人谈判要有耐心和诚意,如果迫不及待地要求对方就合同的内容表示态度,谈判就不会顺利进行,甚至会导致关系恶化。因此,在同日本人的谈判过程中言行一定要谨慎,语气要尽量平和委婉,切忌轻易下最后通牒。在谈判过程中,日本人的大量交流并非全通过语言进行,无声胜有声,学会怎样"用眼睛去听"是跟日本人谈判成功的秘诀之一。谈判间的一段沉默并不表明对方无兴趣或处于困境,日本人把沉默视为思考问题的机会,当谈判出现沉默时,不要像平时那样找话题打破沉默,应该利用这一段时间静静地去观察,同时推敲并组织你的对策。另外,日本人谈话时习惯频繁的随声附和或点头称是。但是值得注意的是,这并非全都意味着对你的观点表示同意,有时只不过是说明他听明白了或表明他确实在听着对方的讲话而已。

(二)风俗与禁忌

日本从事商务活动,宜选择在 2～6 月及 9～11 月,其他时间当地人多休假或忙于过节。日本人见面多以鞠躬为礼。一般人们相互之间是行 30 度和 45 度的鞠躬礼,鞠躬弯腰的深浅不同,表示的含义也不同,弯腰最低、也最有礼貌的鞠躬称为"最敬礼"。在国际交往中,日本人也习惯握手礼,尤其是年轻人或和欧美人接触较多的人,也开始有见面握手的习惯。日本人在商务活动中很注意名片的作用,他们认为名片表明一个人的社会地位,因此总是随身携带。名片交换是以地位低或者年轻的一方先给对方,这种做法被认为是一种礼节。递交名片时,要将名片正对着对方。日本商人比较重视建立长期的合作伙伴关系。他们在商务谈判中十分注意维护对方的面子,同时希望对方也这样做。赠送礼品时,当地人非常注重阶层或等级,因此不要给他们赠送太昂贵的礼品,以免他们为此而误认为你的身份比他们高。

日本人不喜欢紫色,认为这是悲伤的色调;最忌讳绿色,认为是不祥之色。他们忌 9、4 等数字;他们还忌讳三人一起合影,认为中间的人被左右两人夹着,是不幸的预兆。日本人对装饰有狐狸、獾图案的东西甚为反感,因为狐狸是贪婪的象征。到日本人家做客,携带的菊花只能有十五片花瓣,因为只有皇室帽徽上才有十六片瓣的菊花。接送礼物要双手,不当面打开礼物,当接受礼物后,再一次见到送礼的人一定要提及礼物的事并表示感谢。送的礼物忌送梳子,因为梳子的发音与死相近。在中国象征吉利的大红大绿,金光灿烂的图案,在日本不受欢迎。

二、韩国商人的谈判风格、风俗与禁忌

(一)韩国商人的谈判风格

韩国商人在长期的贸易实践中积累了丰富的经验,常在不利于己的贸易谈判中占上风,被西方国家称为"谈判的强手"。

韩国人非常重视谈判前的咨询准备工作。韩国人往往在谈判前会对对方进行咨询和了解，如经营项目、规模、资金、经营作风以及有关商品的行情等等。一旦韩国人与你坐在一起谈判，那么可以肯定地说，它已对这场谈判进行了周密的准备。

韩国商人很注重礼仪，并能创造良好的谈判气氛。韩国人十分注意选择谈判地点，他们一般喜欢选择有名气的酒店进行会晤，并且特别重视谈判开始阶段的气氛。见面时总是热情地与对方打招呼，向对方介绍自己的姓名、职务等。当被问及喜欢用哪种饮料时，他们一般选择对方喜欢的饮料，以示对对方的尊重。

韩国商人也非常注重谈判技术。他们常用的谈判方法有两种，即横向式谈判和纵向式谈判。前者是先谈主要条款，然后谈次要条款，最后谈附加条款，后者即对双方共同提出的条款逐条协商，达成一致后，再转向下一条款进行讨论。有时也会两种方法兼而用之。他们还时常使用"声东击西"、"先苦后甜"、"疲劳战术"等策略。有些韩国商人直到最后一刻仍会提出"价格再降一点"的要求。此外，韩国人在完成谈判签约时，喜欢用合作对象的国家语言、英语和韩语三种文字签订合同，三种文字具有同等效力。

另外，值得注意的是，韩国商人既受儒家文化的影响，同时也受美国文化的影响。韩国人的个性中既有爱面子、受儒家思想影响很深的一面，又有独立性强、性格直率的一面。因此，同韩国人打交道时，应注意两种文化的融合。

(二)风俗与禁忌

韩国人见面时的传统礼节是鞠躬，千万不要像在西方国家那样行拥抱礼，这样会把人吓走的。晚辈、下级走路时遇到长辈或上级，应鞠躬、问候，站在一旁，让其先行，以示敬意。男人之间见面打招呼互相鞠躬并握手，握手时或用双手，或用单手，并只限于点一次头。鞠躬礼节一般在生意人中不使用。和韩国官员打交道一般可以握手或是轻轻点一下头。女人一般不与人握手。

在韩国，如有人邀请你到家吃饭或赴宴，你应带小礼品，最好挑选包装好的食品。席间敬酒时，要用右手拿酒瓶，左手托瓶底，然后鞠躬致祝词，最后再倒酒，且要一连敬三杯。敬酒人应把自己的酒杯举得低一些，用自己杯子的杯沿去碰对方的杯身。敬完酒后再鞠个躬才能离开。

韩国人用双手接礼物，但不会当着客人的面打开。不宜送外国香烟给韩国友人。酒是送韩国男人最好的礼品，但不能送酒给妇女，除非你说清楚这酒是送给她丈夫的。在赠送韩国人礼品时应注意，韩国男性多喜欢名牌纺织品、领带、打火机、电动剃须刀等。女性喜欢化妆品、提包、手套、围巾类物品和厨房里用的调料。孩子则喜欢食品。如果送钱，应放在信封内。

韩国人禁忌颇多。逢年过节相互见面时，不能说不吉利的话，更不能生气、吵架。农历正月头三天不能倒垃圾、扫地，更不能杀鸡宰猪。寒食节忌生火。忌到别人家里剪指甲,否则两家死后结怨。吃饭时忌带帽子,否则终身受穷。在韩国人面前,切勿提"朝鲜"二字,也不要把汉城说成"京城"。照相在韩国受到严格限制,军事设施、机场、水库、地铁、国立博物馆以及娱乐场所都是禁止照相,在空中和高层建筑拍照也都在被禁之列。

三、印度商人的谈判风格、风俗与禁忌

(一)印度商人的谈判风格

印度是个古老的国家,印度商人观念传统、思想保守。印度的企业家,包括技术人员在内,一般不愿意把自己掌握的技术和知识教给别人。

印度商人在做生意时并不喜欢速战速决,而是慢慢来,以静制动。因此很多西方人感觉印度商人"矜持",不紧不慢,让人摸不着头脑。实际上印度人是想让对方心里产生急躁,过早摊牌,从而暴露出自己的真实意图,以达到他们后发制人的目的。

印度客商有一个习惯,习惯拿东家的价格给西家看,再拿西家的价格给东家看。印度商人在商务谈判中往往不愿作出负责任的决定,遇到问题时也常常喜欢找借口逃避责任。在工作中出现失误、受到指责时,他们会不厌其烦地重复解释。所以,与他们进行商务谈判,合同条款的规定务必严密、细致,力求消除日后发生纠纷的隐患。在没有利害关系时,他们还是比较容易合作的;然而一旦发生利害冲突,他们就会判若两人。

印度社会层次分明、等级制度森严,这与他们古老的宗教教义有关。因此与他们打交道,要尊重这一点。

(二)风俗与禁忌

印度是文明古国,待人接物的讲究相当多。"那摩斯戴"是印度人最常用的问候语,常见的问候方式一般是双手合十于胸前,或举手示意。两手空着时,则合十问候;若一手持物,则举右手施礼,切不可举左手。拥抱也是常见之礼。若久别重逢,或将远行,或有大事发生等,则要拥抱。摸足则是行大礼。献花环在印度是欢迎客人常见的礼节,主人要献上一个花环,戴到客人的脖子上。客人越高贵,所串的花环也越粗。点吉祥痣也是印度人欢迎宾客的礼数。每逢喜庆节日,印度人爱用朱砂在前额两眉中间涂上一个圆点。一份糖果或是一束鲜花是印度人访朋问友经常送的礼物。

在印度,当众吹口哨乃是失礼之举。在印度南部的一些地方,人们惯于以摇头表示同意。这种做法,与众大不相同。以左手接触别人,或摸别人的头,也是不允许的。印度人忌讳白色,忌讳弯月图形,忌讳送人百合花。"1"、"3"、"7"三个数字,均被他们视为不吉利的数字。同印度人交谈时,对宗教与民族矛盾、印巴冲突、核

武器、两性关系等问题,千万不要主动涉及。

四、新加坡商人的谈判风格、风俗与禁忌

(一)新加坡商人的谈判风格

新加坡是连接太平洋和印度洋的要道,是一个名副其实的华裔之国,被人们誉为"四小龙"之一。其种族的构成,中国人占了绝大多数,约 70% 以上,其次是马来人、印度人、巴基斯坦人、白人、混血种人等。

新加坡人乡土观念很强,团体的同甘共苦精神也很强烈,同时,也很讲面子,这些特性与我国极为相似。"面子"在商业洽谈中具有决定性的意义。在洽谈中,若遇到重要的决定,往往不喜欢做成书面的字据。但一旦订立了契约,就绝对不会违约,一般很重信义、珍惜朋友之间的关系,对对方的背信行为表现为十分痛恨。

在新加坡家族企业较多。在企业中,每个员工都是工厂大家庭中的一分子,负责人是这个家庭中的家长,员工一般不会想"跳槽",不会这山望着那山高。"义理"感使之产生敬业乐群精神,但是其中家长有绝对的权威。在与新加坡人做生意时,为了生意场上的需要,首先就有必要拉关系。

(二)风俗与禁忌

由于长期受英国的影响,在新加坡人们初次会晤时按照西方的礼仪握手。在介绍时,通常应称呼人家"某先生"、"某太太"、"某小姐",这适用于新加坡所有的民族。在他人自己提出要求的情况下可以直呼其名,否则最好按照规矩以姓相称。如果你参加社交聚会,人们将把你介绍给每个人,但介绍得很快,当从他们面前走过时,不用和他们握手。在新加坡,人们是很不赞成吸烟的。在电梯里、公共交通工具上、影院内,特别是政府办公大楼内,法律规定严禁吸烟,违者罚款 500 新元。要吸烟最好征得对方同意。招待的方式通常是请吃晚饭或午餐。当地人一般不会邀请初次见面的客人吃饭,然而主人对来访者有所了解后,便可举行正式宴会,并在席间洽谈业务。在新加坡商人之间没有赠送礼物的习惯,但人们很珍惜公司的纪念品。有时新加坡主人会邀请外国人到自己家里吃饭,客人如能带一份礼物(一盒巧克力或一束鲜花),女主人将会很欣赏。新加坡商人时间观念很强,有准时赴约的良好习惯,认为准时赴约是对客人的尊重和礼貌。

在社交性的谈话中,切忌议论政治得失、种族摩擦、宗教是非和配偶情况等,但可交流旅行方面的经验,也可谈论所到过的国家的各种见闻。好的交谈话题是当地的风味食品、餐馆、受欢迎的旅游地区和主人一方的商业成就。新加坡严忌说"恭喜发财",他们将"财"理解为"不义之财"或"为富不仁",说"恭喜发财"被认为是对别人的侮辱和嘲骂。双手不要随便叉腰,因为那是生气的表示。新加坡人认为"4"、"6"、"7"、"13"、"37"和"69"是消极的数字,他们最讨厌"7",平时尽量避免这个数字。新加

坡人视黑色为倒霉、厄运之色,紫色也不受欢迎。他们偏爱红色,视红色为庄严、热烈、刺激、兴奋、勇敢和宽宏之象征。他们也喜欢蓝色和绿色。新加坡禁止在商品包装上使用如来佛的图像,也不准使用宗教用语。忌讳猪、乌龟的图案。

五、泰国商人的谈判风格、风俗与禁忌

(一)泰国商人的谈判风格

泰国商人讲究保持融洽气氛。为避免直接会谈时可能会破坏会晤的融洽气氛,所以大多数泰国商人选择通过翻译来进行交谈。保持心态平和是泰国商人的习惯,因此,他们常常不会表现出愤怒而是常常面带微笑。

泰国商人崇尚艰苦奋斗,勤奋节俭。他们生意大多是家族管理,不信赖外人。要与泰国人结成深厚的友谊,并非易事,但一旦建立,他们会非常信任对方。他们也比较喜欢诚实、善良、讲情义的合作伙伴。另外,泰国商人也比较重视个人面子,泰国人认为年长的人具有较高的社会地位,尤其是年长的男士。

(二)风俗与禁忌

泰国人互相打招呼时,不会采用典型的握手方式,而以双手合十,状似祷告。一般来说,年幼的先向年长的打招呼,而年长的随后回礼合十。以足部指向他人是不礼貌的行为。所以,与人对坐应该避免这种情况出现。

泰国人认为"头部"在字义上或象征上是身体的最高部分,不能随便触摸别人的头部,不然会被认为是对别人的不恭和蔑视。坐着时,忌别人拿物品越过其头顶。泰国人的社交聚会中,年轻人会在年长人士前刻意地把头部垂下,至不高于年长人士的身高,以免留下"看不起"他们的印象。诚然,这不是经常可以做到的,不过,他们的努力是受到重视的。

与泰国客商商谈时,切忌谈论泰国国内政治,更不要谈论国王的事情,因为泰国禁止议论或打听国王及王室的秘密。泰国人时间观念强,有准时赴约的习惯,切忌迟到。

泰国人忌食鲜牛肉,不喜欢酱油、不喝热茶、不爱吃红烧菜肴、甜味菜、香蕉和海参等食品。泰国人忌讳用红色签字和用红色刻字,认为用红色是对死人的待遇。他们视黑色为厄运之色,所以,丧事只用黑色。

六、马来西亚商人的谈判风格、风俗与禁忌

(一)马来西亚商人的谈判风格

马来西亚人注重人际关系,注重礼节和等级制度。按照马来西亚的传统观念,老年人、在组织当中担任重要职务的人以及马来西亚贵族都具有较高的社会地位。年轻一些的商务访问者应该听从那些地位较高的马来西亚人的意见。

马来西亚人对"面子"十分敏感。如果某人失去耐心并发火,将被看成丢面子的事情。直接提出反对意见,也将被认为是傲慢自大的表现。

许多马来人喜欢讨价还价,也喜欢面对面谈判的形式。为了避免不必要的损失,开价或提出报价单时要留有一定的余地。在解决纠纷时,他们更注重关系而非合同条款。在许多马来人看来,律师的存在是缺乏相互信任的表现。

(二)风俗与禁忌

马来西亚人是热情、谦恭、大方,讲究礼节的民族。马来西亚在社交和同客人见面时,一般是施握手礼。他们年轻人见到老年人时,一般要相互紧握双手,然后再双手朝胸前作抱状,身体朝前弯下(如鞠躬)。马来西亚妇女见到男子,施礼前要先用手巾盖住手掌,再同男人的手掌相接触,然后把手伸至胸前作抱状,同时身体稍向前弯下鞠躬。这是马来西亚女人对男人的一种传统礼节方式。此外,他们还有一种奇特的施礼方式:双方见面时,要先互相朝前稍微靠拢,然后再相互伸出手掌交叉触摸,再用手从脸部由上而下轻轻一抹,再向胸前一点,与此同时彼此互相说:"愿真主保佑你!"。在马来西亚人家中做客应注意举止,尊重长者。进门时,除非得到主人的许可,客人必须把鞋脱在门口或楼梯口,方可进屋。进屋后,宾主双方要互相问候和握手,握手时双手仅仅触摸一下,然后把手放到额前,以表示诚心。坐在椅子上不能跷起二郎腿,尤其是在老人面前更不应如此,女子则应并拢双脚,表现得更加文雅。如果席地而坐,男子最好盘腿,女子则要跪坐,不得伸直腿。马来人用餐时习惯用手取食,因而在用餐前须把手洗干净,进餐时必须用右手,否则会被视为不礼貌。

马来西亚人视头部、背部为神圣不可侵犯的地方,触摸他们的头部或拍打后背等,是不会得到好言相待的,甚至会闹出乱子。他们忌讳双腿分开坐和翘着"二郎腿",他们忌讳左手递送东西或食物。认为左手是卑贱和不洁净的。宾客若在主人家不吃不喝,是对主人的不尊敬,并会引起主人的反感的,有的甚至会被视为不受欢迎的人。马来西亚人认为以食指指人,是对人的一种污辱,所以切勿以食指指人。马来西亚人忌讳乌龟,认为这是一种不吉祥的动物,忌讳单独使用黑色。他们禁吃猪肉和狗肉,也不吃血液,还忌讳使用猪制品。

第三节　欧洲商人的谈判风格、风俗与禁忌

一、英国商人的谈判风格、风俗与禁忌

(一)英国商人的谈判风格

英国是老牌资本主义国家,等级观念较强。在对外交往中,英国人比较注重对

方的身份、经历、业绩，而不像美国人那样更看重对手在谈判中的表现。他们也不轻易相信别人。英国人性格保守、传统，具有优越感，但一旦与他们建立了友谊，他们会十分珍惜，长期信任你。

英国商人并不喜欢长时间讨价还价，他们希望谈一两次便有结果。除了重要谈判，一般一小时已足够。同英国人谈生意，讲究谈判的方法和策略是很重要的。重要的业务谈判，要与公司的决策人物，如董事长、执行董事兼总经理商谈，而且要提前约见。英国人在商谈中讲究礼节，保持矜持，不过分流露感情。因此同英国人谈生意，要仪表整洁，谈吐文雅，举止端庄。有时在谈判中，商人突然改变自己的主意，特别是谈判后如果不及时签订合同，他会反悔已谈妥的条款。因此，抓住时机，及时签约是上策。

英国商人谈判时谨慎、认真。英国人对谈判本身不如像日本人、美国人那样看重。相应的，他们对谈判的准备工作也不充分。他们善于简明扼要地阐述立场，陈述观点，在谈判中，表现更多的是沉默、冷静、自信、谨慎，而不是激动、冒险和夸夸其谈。他们对于物质利益的需求不如日本人表现得那样强烈，不如美国人表现得那样直接。他们宁愿做风险小、利润少的生意，不喜欢冒大风险去赚大利润的生意。

英国人严格遵守约定的时间，通常与他们进行商务活动一定要事先预约，并最好提早到达，以取得他们的信任和尊重。在商务活动中，接待客人的时间往往较长，当受到英国商人款待后，要给对方写信以表示感谢，否则会被视为不懂礼貌。英国人做生意颇讲信用，凡事规规矩矩。

(二)风俗与禁忌

英国是一个很有礼节的国家，众所周知，以"绅士"而著名。见面告别时要与男士握手，与女士交往，只有等她们先伸出手时再握手。会谈要事先预约，赴约要准时。若请柬上写着"black tie"字样，赴约时，男士应穿礼服，女士应穿长裙。男士忌讳带有条纹的领带，因为带条纹的领带可能被认为是军队或学生校服领带的仿制品；忌讳以皇家的家事为谈话的笑料；不要把英国人笼统称呼为"英国人"，应该具体地称呼其为苏格兰、英格兰或爱尔兰人。赠送礼品是普通的交往礼节，所送礼品最好标有公司名称，以免留下贿赂对方之嫌。如被邀请，则应捎带鲜花或巧克力等合适的小礼品。

在英国有三个禁忌：不能加塞、不问女士年龄、不能砍价。英国人有排队的习惯，这也是绅士的一种表现。你可以看到他们一个挨一个地排队上公共汽车、火车或买报纸，加塞是一种令人不齿的行为。同大多数国家一样，如果你问了一位女士的年龄，是很不合适的，因为她认为这是她自己的秘密，而且每个人都想永葆青春，没有比对中年妇女说一声"你看上去好年轻"更好的恭维了。在英国购物，最忌讳的是砍价。英国人不喜欢讨价还价,认为这是很丢面子的事情。

英国商人很忌讳"13"和"星期五",一般都视其为厄运和凶兆的数字和日期。如果"星期五"这天正好是"13 日",则被认为是"黑色星期五",人们在这一天都不会举行活动。他们还忌讳"3",尤其是在点烟的时候,无论用火柴还是用打火机,只能点到第 2 个人,然后要把火熄灭后,再给第 3 个人点。英国人对墨绿色很讨厌,视其为令人懊丧的颜色。英国人忌用山羊图案,视山羊为讨厌的动物;忌用大象的图案,认为大象是蠢笨的象征;忌用孔雀图案,认为孔雀是祸鸟;忌用黑猫图案,认为黑猫是不祥之兆;忌用百合花图案,把百合花看做是死亡的象征。

二、德国商人谈判风格、风俗与禁忌

(一)德国商人谈判风格

德国人的民族特点是倔强、自信。他们办事谨慎,富有计划性。他们敬业精神很强,工作重视效率、追求完美。

德国人严谨认真,准备周密。他们在谈判前准备充分,对所要谈判的标的物以及对方公司的经营、资信情况等均进行详尽认真的研究,掌握大量翔实的第一手资料,以便在谈判中得心应手,左右逢源。

德国人享有名副其实高效率的声誉。德国人认为那些"研究研究"、"考虑考虑"、"过段时间再说"等拖拖拉拉的行为,对一个商人来说简直是耻辱。他们的座右铭是"马上解决"。他们判断一个谈判人员是否有能力,只需看其办公桌上的文件是否能被快速有效地处理。

德国人自信固执,缺乏妥协性和灵活性。他们往往对自己的产品极有信心,在谈判中常常会以本国的产品为衡量标准。他们对企业的技术标准要求相当严格,如果要与德国人谈生意,务必要使他们相信你公司的产品可以满足德国人要求的标准。德国商人的自信与固执,还表现在他们不太热衷于在谈判中采用让步的方式。他们考虑问题比较系统、缺乏灵活性和妥协性。他们总是强调自己方案的可行性,千方百计迫使对方让步。

德国人诚实守约,重视合同的履行,素有"契约之民"的雅称。他们崇尚契约,严守信用,权利与义务意识很强。德国人在签订合同之前,往往要仔细研究合同的每一个细节,并认真推敲,感到满意后才会签订合同。合同一经签订,他们会严守合同条款,一丝不苟地去履行。他们不轻易毁约,同样,他们对对方履约的要求也极其严格。

德国人时间观念很强。不论是工作还是其他事情,都是一本正经。因此与他们打交道,最好不要迟到。对于迟到的谈判人员,德国商人对之不信任的反感心理会无情地流露出来,破坏谈判气氛。

(二)风俗与禁忌

德国人非常注重规则和纪律,干什么都十分认真。凡是有明文规定的,德国人都会自觉遵守;凡是明确禁止的,德国人绝不会去碰它。德国人很讲究清洁和整齐,不仅注意保持自己生活的小环境的清洁和整齐,而且也十分重视大环境的清洁和整齐。德国人也很重视服装穿戴。工作时就穿工作服,下班回到家里虽可以穿得随便些,但只要有客来访或外出活动,就一定会穿戴得整洁。

德国人非常守时,约定好的时间,无特殊情况,绝不轻易变动。德国人多喜欢清静的生活,除特殊场合外,不大喜欢喧闹。通常来讲,同德国人打交道没有太多的麻烦。多数情况下,他们都比较干脆,凡是他们能办的,他们都会马上告诉你"可以办";凡是他们办不到的,他们也会明确告诉你"不行",很少摆架子,或者给人以模棱两可的答复。当然,人际关系和努力的程度对办事也绝非没有影响。

和西方许多国家相似,德国人比较注意礼仪。两人相遇时,不管认识不认识,也不管在路上,或者办公室、宾馆、电梯等地方,都相互打招呼,问声"您好"。餐馆吃饭时,也要向已就座的顾客点头问候。朋友见面以握手为礼,告别时亦如此。十分要好的、长时间未见的朋友相见或长期分开时可以相互拥抱。正式场合,仍有男子对女子行吻手礼,但多做个吻手的样子,不必非要吻到手背上。在交往过程中,大多数人往往用"您"以及姓氏之前冠以"先生"或"女士"(也作"夫人"讲)作为尊称。只有亲朋好友和年轻人之间互相用"你"以及名字称呼。对女性,不管其婚否或长幼,都可以称"某女士",但对已婚妇女应以其夫姓称之。

送礼在德国也很受重视。应邀去别人家做客时,一般都带礼物。大部分人带束鲜花,也有一些男性客人带瓶葡萄酒,个别人带一本有意义的书(或者是自己写的书)或者画册之类等。在欢迎客人(如车站、机场等场所)、探望病人时,也多送鲜花。在祝贺他人生日、节日或者婚嫁等时,可寄送贺卡,如送贺礼,则以实用和有意义为原则,而不是以价格高低论轻重。所送之礼物都要事先用礼品纸包好。许多人常在收到礼后会马上打开观看,并向送礼人表示感谢。

在德国和其他西方国家,女士在许多场合下都受到优先照顾,如进门、进电梯、上车等,都是女士优先。男士要帮女士开轿车门、挂衣服、让座位等。女士对此只说声"谢谢",而不必感到不好意思,或者认为对方不怀好意。在同人交谈时,德国人很注意尊重对方。不询问人家的私事(如不问女性的年龄,不问对方的收入等),也不拿在场的人开玩笑。就餐谈话时,不隔着餐桌与坐得较远的人交谈,以免影响别人的情绪。

三、法国商人谈判风格、风俗与禁忌

(一)法国商人谈判风格

法兰西民族在近代史上,其社会科学、文学、科学技术等方面都有着卓越的成

就,民族自豪感很强。他们性格开朗、热情、对事物比较敏感,工作态度认真,十分勤劳,善于享受。

法国人珍惜人际关系。法国商人很重视交易过程中的人际关系,因此,通过内部关系来办事比通过正常渠道要容易和迅速很多。在谈论业务之前法国人希望对对方谈判代表有一定的了解,并建立和谐的关系。

法国人奉行个人主义。尽管“平等主义”一词来自于法国,但法国仍然是欧洲国家中社会等级制度最为明显的国家。法国的管理者也具有独裁管理的风格。他们不愿意采取委托管理的方式,重视个人力量,很少有集体决策的情况。在商务谈判中,多实行个人负责制,因此谈判效率较高。

在大多数的交易中,法国人往往会坚持使用法语。他们认为法语是世界上最高贵的语言,尽管他们的英语讲得很好。因此,专家指出,如果一个法国人在谈判中使用英语,那么这可能是你争取到的最大让步。

法国人偏爱横向式谈判。与美国人逐个议题磋商的方式不同,法国商人喜欢先为谈判协议勾画出一个轮廓,然后达成原则协议,最后再确认谈判协议各方面的具体内容。另外,法国商人习惯于集中精力磋商主要条款,对细节问题不是很重视,并在主要条款谈成后急于签订合同,而后又常常会在细节问题上改变主意,要求修改合同或重新签订。

法国人很珍惜假期,他们会毫不吝惜地把一年辛辛苦苦挣来的钱在假期中花光。法国人大都早起早睡,工作密度也很高,工作期间态度极为认真。每年8月份,大部分法国人都放下手中的工作去旅游度假,因此,与法国人做生意要避开其假期。

法国人的时间观念不是很强。在公共场合下,如正式宴会,会有一种非正式的习俗,那就是主客身份越高,他就来得越迟。所以,要与他们做生意,就需要学会忍耐。但法国人对他人的迟到往往不予原谅,对于迟到者,他们会很冷淡地接待。

（二）风俗与禁忌

法国人在社交场合与客人见面时,一般以握手为礼,少女和妇女也常施屈膝礼。在男女之间、女士之间见面时,他们还常以亲面颊或贴面来代替相互间的握手。法国人还有男性互吻的习俗。两个男人见面,一般要当众在对方的面颊上分别亲一下。在法国一定的社会阶层中,“吻手礼”也颇为流行。施吻手礼时,注意嘴不要触到女士的手,也不能吻戴手套的手,不能在公共场合吻手,更不得吻少女的手。

法国人在餐桌上敬酒先敬女后敬男,哪怕女宾的地位比男宾低也是如此。走路、进屋、入座,都要让妇女先行。拜访告别时也是先向女主人致意和道谢,介绍两人相见时,一般职务相等时先介绍女士。按年龄先介绍年长的,按职位先介绍职位高的。若需要介绍的客人有好几位,一般是按座位或站立的顺序依次介绍。有时介绍者一时想不起被介绍者的名字,被介绍者应主动自我介绍。到法国人家里做客时别忘了带鲜花。

法国女宾有化妆的习惯,所以一般不欢迎服务员为她们送香巾。法国人在同客人谈话时,总喜欢相互站得近一点,他们认为这样显得更为亲近。他们偏爱公鸡,认为它既有观赏价值和经济价值,还可以司晨报晓,因而它可以用作"光明"的象征,并奉为国鸟。他们还非常喜爱鸢尾花,认为它是自己民族的骄傲,是权力的象征、国家的标志,并敬为国花。

法国人在交谈时习惯于用手势来表达或强调自己的意思,但他们的手势与我们的有所不同。如,我们用拇指和食指分开表示"八",他们则表示"二";表示"是我"这个概念时,我们指鼻子,他们指胸膛。他们还把拇指朝下表示"坏"和"差"的意思。

法国人大多信奉天主教,其次才是新教、东正教和伊斯兰教。他们认为"13"这个数字以及"星期五"都是不吉利的,甚至能由此引发什么祸事。如果你对老年妇女称呼"老太太",她们是很不高兴的。法国人还忌讳男人向女人送香水,因为这有过分亲热和图谋不轨之嫌。他们还不愿意别人打听他们的政治倾向、工资待遇以及个人的私事。如果初次见面就送礼,法国人会认为你不善交际,甚至认为你粗俗。

四、意大利商人谈判风格、风俗与禁忌

(一)意大利商人谈判风格

意大利人和法国人有许多共同之处。在做生意方面,两国都是非常重视商人个人的作用。所不同的是意大利人的国家意识要比法国人淡薄一些。法国商人经常以本国的优越性而自豪,而意大利商人则不习惯提国名,却常提故乡的名字。

意大利商人时间观念差。意大利商人常常不遵守约会时间,甚至有的时候不打招呼即不赴约,或单方面推迟会期。他们工作松松垮垮,不讲效率。罗马的谈判代表迟到一会并不意味着冒犯你。

意大利存在着大量的商业机会,可以从那里购买或向那里销售各类产品。如果购买的产品正是他们的技术所生产的,这些产品一般都具有很高的质量。意大利人与外国人做生意的热情不高,而热衷于同国内企业打交道,因为他们觉得国内企业和他们存在共同性,而且产品的质量也是可以信赖的。

意大利领导人与下属打交道时比较独断,与企业外的其他人打交道时,也是刻板、僵硬,缺乏民主色彩。他们情绪多变,做手势时特别激动,肩膀、胳膊和手随着说话声音的节拍挥动不止。他们常常大声争吵,互不相让。

意大利人特别喜欢争论，如果允许，他们会整天争论不休，特别是在价格方面，更是寸步不让。但是，他们对产品质量、性能以及交货日期等事宜都不太关注，虽然他们希望所买或销售的产品能正常使用。这一点与德国人明显不同，德国人宁愿多付款来取得较好质量的产品和准确的交货日期，而意大利人却宁愿节约一点，力争少付款。

意大利人习惯于身体接触。无论是社交还是商务场合，意大利人站着的时候，个人之间的距离比其他国家要近，这样近的距离可能对于其他国家的访问者会觉得不安。意大利人之间的身体接触比较多，但作为访问者不应该首先拥抱或是亲吻对方。要等到对方首先表示拥抱或亲吻，然后做出回应，这样会比较合适。

(二)风俗与禁忌

意大利商人崇尚时髦，他们衣冠楚楚，潇洒自如，通常坐在设备豪华的现代化办公室里工作。他们讲究饮食，重视家庭，对儿童有很大耐心。意大利的饭店都在某种程度上容忍孩子们吃饭时调皮捣蛋，有时甚至任其为所欲为。

在意大利女士受到尊重，特别是在各种社交场合，女士处处优先。宴会时，要让女士先吃，只有女士先动刀叉进餐，先生们才可用餐。进出电梯时，要让女士先行。如果有人打喷嚏，旁边的人马上会说："萨尔维！"意思是说："祝你健康！"究其原因，据说欧洲人十分害怕感冒，在欧洲发生过重感冒至死的事情，所以人们特别小心，千万不要感冒。如果有一点感冒，希望马上就好。此外，当着别人打喷嚏或咳嗽，被认为是不礼貌和讨嫌的事，所以本人要马上对旁边的人表示"对不起"。

赴宴迟到是常事。意大利人时间观念不强，特别是出席宴会、招待会等活动时，经常迟到。他们晚到15或20分钟是司空见惯的事。如果迟到时间过长，他们常常会说："交通太拥挤了，真是对不起。"

商店门口有插葡萄枝的习惯。意大利是盛产葡萄酒的国家。许多小城镇甚至乡村农户也会酿酒。过去，有些农民家里酿了许多酒，自给有余，便打算出售一些。他们将葡萄枝挂在自家门口，过路人一看便知道这家有酒卖。一旦酒已售完，绿枝就被取下。这一风俗一直延续至今，有些商店门口仍然挂起葡萄枝。

和意大利有生意交往的人会抱怨，意大利节日太多，很多时候找不到人，他们休假去了！总之，跟他们打交道可得有耐性。意大利全年有大约三分之一的日子属于节日。有的是宗教节日，有的是民间传统节日，有的是国家纪念日。节日多这一事实是意大利人崇尚自由、浪漫的体现，也是意大利人注重传统的见证，同时也保障了意大利人可以充分地享受生活和丰富生活。

意大利人普遍忌讳"13"这个数字，门牌号、旅馆房号、宴会桌号、层号很少用"13"这个数字，重要活动不安排在"13"日举行，商品不标"13"的价。他们也忌讳"星期五"，在"星期五"，在这一天人民一般不举行活动。意大利人看来，"17"也是一个消极的数字。紫色被意大利人视为消极的颜色而不受欢迎。意大利人视商品标签上印有修女图案为不雅。其他宗教性标志图案以及锤子、镰刀的图案也不受欢迎。他们忌讳菊花图案，他们视菊花为"丧花"、"妖花"。

五、俄罗斯商人的谈判风格、风俗与禁忌

（一）俄罗斯商人的谈判风格

俄罗斯商人注重建立私人关系。关系在俄贸易中具有关键的作用，就像世界上其他重视关系的国家一样，想要办事必须有一些良好的私人关系。但同其他同样注重关系的国家有些不同，其中最为主要的是俄罗斯商人比较重视语言交流，他们习惯于使用较为直接的语言来表达自己的意思，甚至有时会有些生硬。

俄罗斯人固守传统，缺乏灵活性。前苏联是个外贸管制的国家，是高度计划的外贸体制。任何企业或个人都不可能自行进口或出口任何产品，所有的进出口计划都是经过专门部门讨论决定，并经过一系列环节审批、检查、管理和监督。在这种高度计划体制中，人们已习惯于照章办事，上传下达，忽视了个人创造性的发挥。前苏联解体后，俄罗斯在由计划经济向市场经济的转变过程中进程最快，外贸政策有了巨大变化，企业有了进出口自主权，对外贸易大幅增长。政府给予外国投资者的优惠政策，大大地吸引了欧美投资者。但是，在涉外谈判中，一些俄罗斯人还是带有明显的计划体制的烙印，在进行正式洽商时，他们喜欢按计划办事，如果对方的让步与他们原订的具体目标相吻合，容易达成协议；如果有差距，他们让步特别困难。甚至他们明知自己的要求不符合客观标准，也不妥协让步。

俄罗斯人对技术细节比较感兴趣。他们的谈判能力很强，这是源于苏联的传统，这一点美国人、日本人都感受至深。他们特别重视谈判项目中的技术内容和索赔条款。这是因为引进技术要具有先进性、实用性，由于技术引进项目通常都比较复杂，对方在报价中又可能会有较大的水分，为了尽可能以较低的价格购买最有用的技术，他们特别重视技术的具体细节，索要的东西也包罗万象。如详细的车间设计图纸、零件清单、设备装配图纸、原材料证明书、化学药品和各种试剂、各种产品的技术说明、维修指南等等。所以，在与俄罗斯人进行洽商时，要有充分的准备，可能要就产品的技术问题进行反复大量的磋商。另外，为了能及时准确地对技术细节进行阐述，在谈判中要配置技术方面的专家。同时要十分注意合同用语的使用，语言要精确，不能随便承诺某些不能做到的条件。对合同中的索赔条款也要十分慎重。

俄罗斯商人讨价还价能力强。他们十分善于与外国人做生意。说得简单一点，他们非常善于寻找合作与竞争的伙伴，也非常善于讨价还价。如果他们想要引进某个项目，首先要对外招标，引来数家竞争者，从而不慌不忙地进行选择。并采

取各种计策,让争取合同的对手之间竞相压价,相互残杀,最后从中渔利。俄罗斯人在讨价还价上堪称行家里手。许多比较务实的欧美生意人都认为,不管报价是多么公平合理,怎样精确计算,他们也不会相信,千方百计地要挤出其中的水分,达到他们认为理想的结果。

俄罗斯商人常常忽视时间观念,办事拖沓。同俄罗斯商人会面,常常在预定时间之后一个小时甚至是更晚的时候开始,结束时间也比预定时间要拖后,并常常会被打断。俄罗斯人受到官僚主义办事拖拉作风的影响,做事断断续续,大大增加了谈判的困难。俄罗斯商人绝不会让自己的工作节奏适应外商的时间表。外商遇见的办事人员,绝不会急急忙忙奔回自己的办公室,向上级呈送一份有关谈判的详细报告,除非外商供应的商品正好是俄罗斯人极想要的商品。在谈判期间,假如外商向俄罗斯商人发信或打电传,征求俄罗斯商人的意见或反应,往往得不到及时回应。

(二)风俗与禁忌

俄罗斯民族受到古希腊和古罗马右吉左凶的观念的影响,形成了右为尊、为贵、为吉,左为卑、为贱、为凶这一观念,并将右与男、左与女联系起来。在俄语中,"右"这个词同时又是"正确的、正义的"意思;而"左"则有"反面的"意思。心情不好可能是起床时左脚先着地的原因;遇见熟人不能伸出左手去握手问好;学生在考场不要用左手抽签;穿衣时,俄罗斯人必定先穿右袖,先穿左袖是不吉利的;右颊长痣是吉痣,左颊长痣是凶痣。俄罗斯人至今还有向左肩后吐三次唾沫消灾的习俗等等。

俄罗斯商人喜欢喝酒、吸烟和跳舞。跳舞是俄罗斯族的传统,一般每个周末都举行舞会。以前主要跳民族舞和交际舞,但现在的青年人对民族舞已经不感兴趣,大多学跳西方舞,经常在花园中的空地或马路边的小广场上,在吉他或手风琴等简单乐器的伴奏下跳舞。俄罗斯人注重仪表,爱好打扮。有的女子平日间也要描眉、涂口红、抹胭脂。近年来又盛行起男人留长发,女人戴假发、耳环、手镯。每逢有较大的节日庆典或谈判活动等,衣服一定要熨平,胡子要刮净。在公共场所比较注意举止,从不将手插在口袋里或袖筒里。天热时也不轻易脱下外衣。

在俄罗斯,13被人们视为凶险、不吉祥的象征。古时候,俄国人请客从不请13个人;住宅的门牌号没有13号,12号隔壁就是14号。13被称为鬼数。如果一个月份中的13日碰巧又是星期五,那就更是不吉利的日子,称为"黑色星期五"。传说,夏娃给亚当吃禁果、耶稣被钉死在十字架上,都是在13日、星期五。而1和7则被认为是吉祥的数字,1代表开始,标志着从无到有;7被认为是个完整的数目,通常被视为最吉祥、最幸福的数字,最受俄罗斯人的偏爱。

俄罗斯人对盐十分崇拜,视之为珍宝,也是祭祖用的供品,认为盐有驱邪消灾的力量。镜子被认为是神圣的物品,打破镜子意味着灵魂的毁灭,打破一面镜子会招致七年厄运,因此不要打破镜子。俄罗斯人认为,在家里打扫卫生如果径直往门外扫,那样会把家中的好运气扫走,所以要往里扫,往房子中间扫,然后用簸箕装好带出门外。俄罗斯人视蜘蛛为吉祥的动物。当傍晚时分,蜘蛛在地板上、墙上或窗上爬行时,不能吓它,更不能弄死蜘蛛,哪怕只是一只,否则会招来极大的不幸或灾难。民间有句俗话:"要想生存与兴旺,得让蜘蛛久生长"。

俄罗斯传统习俗中不能送他人尖利的东西,如刀、别针等物,如一定要送,则应讨回一枚硬币,或用要送的尖东西扎对方一下;不能送别人手帕,因为送手帕预示着分离;两个人用同一手帕擦汗,预示终会分离;忌在家里和公共场所吹口哨,口哨声会招鬼魂;忌让姑娘对着桌角坐,坐在这地方预示姑娘三年嫁不出去。

第四节　美洲商人的谈判风格、风俗与禁忌

一、美国商人的谈判风格、风俗与禁忌

(一)美国商人的谈判风格

在美国历史上,大批拓荒者曾冒着极大的风险从欧洲来美洲,寻求自由和幸福。顽强的毅力和乐观向上勇于进取的开拓精神,使他们在一片完全陌生的土地上建立了新的乐园。他们性格开朗、自信果断,办事干脆利落,重实际,重功利,事事处处以成败来评判每个人,加上美国人在当今世界上取得的巨大经济成就,这就形成了美国商人独特的谈判风格。

美国商人性格、语言干脆坦率,谈判时直入主题。他们在谈判中习惯于迅速将谈判引向实质阶段,不兜圈子,不拐弯抹角,不讲客套,并将自己的观点全盘托出。他们欣赏谈判对手的直言快语。在发生纠纷时,他们态度认真、坦率、诚恳,甚至有时面红耳赤。中国人在发生纠纷时,常赔笑脸以示豁达。这种东方人所表现的谦虚、耐性、涵养可能被认为是虚伪、玩世不恭、自认理亏,从而产生误会。

美国人注重效率,珍惜时间。他们的生活节奏极快,特别守时。他们注重效率,喜欢每一场谈判都能速战速决。他们认为守时是尊重对方的表现,按事先安排的议程行事是效率。有时为了谈判的成功,他们会耐心去适应对方的谈判节奏。美国人习惯于按照合同条款逐项进行讨论,解决一项,推进一项,尽量缩短谈判时间。

美国人关注利益,积极务实。他们重实际、讲功利,做生意以获取利润为唯一目的。只要条件、时间合适就可进行洽谈。这与日本等许多国家的商人先交朋友

后做生意的方法不同。美国商人非常重视合同的法律性,履约率很高,十分注重违约条款的洽商与执行。美国商人认为生意就是生意,经济利益绝对分明。

在谈判桌上美国人会全盘平衡,面面俱到。美国商人常常从总交易条件入手谈判,再谈具体条款。除讨论项目的品质、规格、包装、数量、价格、交货期以及付款方式外,还包括该项目的设计与开发、生产工艺、销售、售后服务以及双方更好合作事项,面面俱到。他们有理有据,从国内市场到国际市场到最终用户,以智慧和谋略取胜,精于讨价还价。同美国人谈判,是与非必须保持清楚,如有疑问要毫不客气地问清楚,以免日后造成纠纷。

美国商人最关心商品的质量及其外观设计和包装。商品的质量是商品最基本的要求。商品的外观设计和包装是体现一个国家消费状况、刺激大众消费的一个重要因素。美国商人不遗余力地追求和提高自己商品的内在品质、外观设计和包装水平,努力把好进口商品的质量及包装这一关。

(二)风俗与禁忌

美国商界一般以握手为礼。他们习惯于手要握得紧,眼要正视对方,微弓身,认为这样是礼貌的举止。握手不宜太频繁,在访问开始和结束时各握一次手就足够了。不论是男士还是女士,都应主动向对方伸出手。吻手礼是欧美上层社会的礼节。和贵族妇女或夫人见面时,如果女方先伸出手作下垂式,则将手掌轻轻托起吻之。如果女方不伸手,则不行吻手礼。接吻礼,是上级对下级、长辈对晚辈或朋友、夫妻之间表示亲昵、爱抚的一种礼节。通常是在受礼者脸上或额上接吻。在高兴、喜庆或悲伤时,一般也行接吻礼,表示亲热或安慰。拥抱礼,是欧美各国熟人、朋友之间表示亲密感情的一种礼节。见面或告别时互相拥抱,表示亲密无间,感情深厚,拥抱礼通常和接吻礼一起进行。

虽然美国人给人以随和、不正式的印象,但在上班、赴宴会的场合,却很正规,穿衣的规矩极多,但以适合时宜为主,例如参加婚礼、参加丧事,则应着黑色或素色的衣服;女士在办公室应着裙装,避免穿牛仔长裤。乘车方面,车内座位的大小顺序,要看主人开车或司机开车而有所不同。如是搭乘出租车,应该以后座右方的座位为最大座,后座的左位为次之,再次为中间,而司机旁的座位为最卑位。如开车的是友人,则他旁边的座位为最尊位,其次才是后座右、左及中间位。上下楼梯也有一定规矩,上楼时应让女士、长者先行,目的是保障女士、长者的安全。

一般性的款待在饭店举行,小费通常不包括在账单里,一般是应付款数目15%。与美国人交往时,忌过分客套和谦虚。他们看不惯谦虚、客套的表白,视此为一种无能的表现。过头的谦虚更可能被他们看成是心怀不轨。忌讳谈话的双方距离太近。忌有人询问年龄、个人收入和政治倾向,也忌别人问买东西的价钱。他们认为这些都属于个人私事,不需要别人过问和干涉。忌在见面时说:"你长胖了!"美国人认为这句话有贬义,因为他们习惯上认为"瘦富胖穷"。

在业务交往中,彼此关系没搞热之前不要送礼,宴请和送礼宜在双方关系融洽和谈判成功之后。到美国人家里做客,忌空手而去,宜送糖果、巧克力或白兰地,也可以送花,花束的枝数和花朵数不能是"13"。忌向妇女赠送香水、衣物和化妆用品。在美国人眼中这些东西显得关系过于亲密。

二、加拿大商人的谈判风格、风俗与禁忌

(一)加拿大商人的谈判风格

加拿大居民大多数是英国和法国移民的后裔。在加拿大从事对外贸易的商人也主要是英裔加拿大商人和法裔加拿大商人。英裔加拿大商人大多集中在多伦多和加拿大的西部地区,法裔加拿大商人主要集中在魁北克。英裔加拿大商人和法裔加拿大商人在谈判风格上差异较大。

英裔的商人保守,重视信用。他们在商谈时很严谨,在每一个细节尚未了解以前,是绝对不会答应要求的。而且,商谈时好设关卡,所以从开始到价格确定这段时间的商谈是颇费脑筋的,所谓"好事多磨",对此要有耐心,急于求成往往办不好事情。不过,一旦签订契约,违约的事情就很少出现。

法裔商人则大不相同,开始接触时,非常和蔼可亲,平易近人,款待也很客气和大方。但是,一旦坐下来谈到实际问题时,他们就判若两人,讲话慢吞吞的,难以捉摸,因此要谈出结果来颇需耐心,即使签约后也仍然使人存有一种不安感。因为法国系商人对签约比较马虎,往往当主要条款谈妥后,就要求签字,他们认为次要的条款可以待签字后再谈,然后往往是由于当时不被人们重视的次要条款导致了日后的纠纷。因此,同法裔商人谈判时应力求慎重,签约时应力求详细明了和准确,否则难免引起纠纷和麻烦。

总体上讲,这两种主流的加拿大商人都喜欢缓和的推销方式,不喜欢过分进攻、激进的推销方式。他们反对夸大和贬低产品的宣传,与他们进行商谈时,议价一定要预留一定的利润空间,保证未来的发展,但不要留得过多。

(二)风俗与禁忌

加拿大人最大的特点是既讲究礼貌,又无拘无束。加拿大国民的主体是有英法两国移民的后裔所构成的。一般而言,英裔加拿大人大多信奉基督教,讲英语,性格上相对保守内向一些。而法裔加拿大人则大都信奉天主教,讲法语,性格上显得较为开朗奔放。与加拿大人打交道要了解对方情况,然后再有所区别地加以对待。

在日常生活中,加拿大人着装以欧式为主。上班的时间,他们一般要穿西服、套裙。参加社交活动时往往要穿礼服或时装。在休闲场合则讲究自由穿着,只要自我感觉良好即可。加拿大人忌讳"13"、星期五,认为这两个数字和日期,是厄运

和灾难的象征。他们忌讳黑色,认为黑色是肃穆的象征,偏爱白色,认为白色是纯洁的象征。他们也忌讳百合花图案,认为白色的百合花会带来死亡的气氛。相反,加拿大人喜欢枫叶图案,因为加拿大是世界上驰名的"枫叶之国",加拿大把枫叶视为国宝和祖国的骄傲,视为友谊的象征。

三、墨西哥商人的谈判风格、风俗与禁忌

(一)墨西哥商人的谈判风格

在墨西哥做生意,一口流利的西班牙语是一笔宝贵的财富,虽然如今越来越多的墨西哥商人说英语。特别是在蒙特雷,西班牙语很重要,而沿着北边的国界,一直到墨西哥城和瓜达拉哈拉,重要程度则逐渐降低了。在拜访客户之前考查一下看是否需要翻译将是明智的做法。也可以到墨西哥之前将介绍公司和产品的小册子翻译成地道的西班牙文。

墨西哥人通过语言和非语言的方式来交流。例如,在现场讨论过程中他们可能会打断你的话,但并不认为这是一种无礼的行为。像其他拉丁人一样,与北欧和北美人的习惯相比,站和坐时墨西哥人与别人离得更近。谈话时与谈话对象保持稳定的视线接触。在墨西哥,"眼睛是心灵的窗户"。善意而稳定的凝视意味着诚实,而闪烁的目光则相反。

墨西哥人很看重密切而持久的关系。应避免以直接的、冷酷的方式来接触预期的商业伙伴。而应通过参加贸易展览会或加入贸易代表团来接触感兴趣的贸易方,或安排一次由商会、贸易协会、政府机构或银行参加的会议来将自己引见给墨西哥公司。

(二)风俗与禁忌

墨西哥人比大多数北美人和斯堪的纳维亚人更看重礼节。墨西哥商界盛行交换名片,因此,出访墨西哥宜带足名片。

与墨西哥商人交往中,不宜谈论墨西哥国内的政治问题,切忌对该国依然存在的明显不平等现象和贫困的社会状况随意评论。也不要询问对方的政治态度、宗教信仰、个人收入等私人问题。

在墨西哥商务旅行期间,切忌用中国人惯用的手势来比划小孩的身高。他们认为用手心朝下的手势只能用来表示动物的身高,如果来比划小孩的身高,则意味着侮辱人。在公共场合将手插在口袋里也是不礼貌的行为。而将手放在臀部则意味着对别人的挑战或威胁。如果某人伸着食指摇摆着手掌,这表明他们在说"不"。相反,拇指向上则表明"是"或者同意刚刚提到的事情。

四、巴西商人的谈判风格、风俗与禁忌

(一)巴西商人的谈判风格

巴西人是很有名的难对付的杀价高手,他们会非常直接地拒绝你的开价。然而,这样直率并不是有意地想无礼或者发生冲突。他们只是想让你知道他们的观点。要为漫长的谈判程序留出足够的时间,同时在最初出价时要留足余地,为让步留出空间。在整个谈判过程中,要尽量少沉默,因为巴西人似乎一直都在说。

明智的谈判者在持续很久的谈判期间,会为社交花费大量的时间。如果你想请一个高级经理吃饭,那让他的秘书推荐一个饭店。招待你的巴西伙伴时,只能在一流的、有名气的地方,这点很重要。同样地,商务访问者在巴西应该只住一流的宾馆。

(二)风俗与禁忌

从民族性格来讲巴西人在待人接物上所表现出来的特点主要有二。一方面,巴西人喜欢直来直去,有什么就说什么。另一方面,巴西人在人际交往中大都活泼好动,幽默风趣,爱开玩笑。目前,巴西人在社交场合通常都以拥抱或者亲吻作为见面礼节。只有十分正式的活动中,他们才相互握手为礼。除此之外,巴西人还有一些独特的见面礼。其一,握拳礼。其二,贴面礼。其三,沐浴礼。

第五节 其他地区商人的谈判风格、风俗与禁忌

一、阿拉伯商人的谈判风格、风俗与禁忌

(一)阿拉伯商人的谈判风格

由于地理、宗教和民族等问题的影响,阿拉伯人以宗教划派,以部落为群。他们性情固执,比较保守,家族观念等级观念很强,不轻易相信别人,整个民族具有较强的凝聚力。

先交朋友,后谈生意。阿拉伯人通常要花很长时间才能做出谈判的决策。他们不希望通过电话来谈生意。当外商想向他们推销某种商品时,必须经过多次拜访,有时甚至第二次、第三次拜访都接触不到实质性的问题。与他们打交道,必须先争取他们的好感和信任,建立朋友关系。只有这样,下一步的交易才会进展顺利。

阿拉伯人对讨价还价情有独钟。在他们看来,没有讨价还价就不是一场严肃的谈判。无论是大商店还是小商店均可讨价还价,标价只是卖主的报价。在商务谈判中更是如此,他们甚至认为,不还价就买走东西的人不如讨价还价后什么也不

买的人受卖主的尊重。

通过代理商进行商务谈判。几乎所有阿拉伯国家的政府都坚持让外国公司通过代理商来开展业务,代理商从中获取佣金。一个好的代理商对业务的开展大有裨益。他可以帮雇主同政府有关部门取得联系,促使有关方面尽早做出决定,帮助安排货款的收回、劳务使用、物资运输、仓储等诸多事宜。

(二)风俗与禁忌

阿拉伯人见面的第一个礼节是拥抱亲脸,从左边开始亲3次,右边亲3次,回到左边再亲3次,然后两人握手,握手后开始念"你好,神祝福你"等祝词。不能随便摸女孩的头或抱女孩,以免引起麻烦。

阿拉伯人信奉伊斯兰教,禁忌很多,如坐下不能架起二郎腿;也不要在后窗眺望;与阿拉伯商人谈生意,务必尊重他们的信仰,免得造成麻烦。初次见面不宜送礼,否则有可能被误认为是行贿。送礼时不要送带有动物形象的东西,他们认为动物会给人带来厄运。交换礼物时,用右手或双手,忌用左手。不能单独给女主人送礼,也别送东西给已婚的女子。切勿把旧的东西送给他们。

二、澳大利亚商人的谈判风格、风俗与禁忌

(一)澳大利亚商人的谈判风格

澳大利亚商人重视办事效率。他们往往和第一次见面的客人进行简短的寒暄后,即着手进行谈判。因重视办事效率,派出的谈判人员一般都具有决定权,同时也希望对方的谈判代表同样具有决定权。他们也不喜欢开始报价高,再慢慢讨价还价的方法,而一般会采用招标的方式,最低价成交。

澳大利亚商人待人随和,公私分明。他们的招待与生意无关,不要以为在一起喝过酒生意就好谈了。相反,他们在签约时非常谨慎,不太容易签约,但是一旦签约,发生毁约现象也相对较少。

(二)风俗与禁忌

握手是澳大利亚常见的招呼方式,拥抱亲吻则比较罕见,多发生于女性好友之间。澳大利亚人的时间观念很强,商务约会必须提前预约并准时赴约;私人拜访则需携带礼物,最合适的莫过于一束鲜花、一盒糖或一瓶葡萄酒。

澳大利亚男子秉承了英国传统绅士的作风,讲究"妇女优先",感情不外露。多数男人不喜欢紧紧拥抱或握住双肩之类的亲密动作;在社交场合打哈欠、伸懒腰等小动作,是非常不雅观、不礼貌的行为。

澳大利亚不流行付小费,如果服务人员为你提供了额外服务,也可适当支付小费,但数目不宜多;购物时不要讨价还价;乘坐出租车一定要系安全带,否则是违法行为。

在数字方面,受基督教的影响,澳大利亚人对"13"和"星期五"反感至极。

懂得享受户外生活的澳大利亚人喜欢邀请友人携伴同游,这被认为是密切双边关系的捷径之一。在社会生活中,他们乐于保护弱者,乃至私生子的合法地位;谈论种族、宗教、工会、个人生活、等级、地位等问题,会引起他们的不满。

周日是澳大利亚基督徒的"礼拜日",所以一定不要在周日与其约会。

三、犹太商人的谈判风格、风俗与禁忌

(一)犹太商人的谈判风格

犹太人有"世界商人"的美称,具有很强的商业意识,经商才华出众。同犹太人做生意会很难讨价还价,交易条件也会比较苛刻,并且在谈判中也不会轻易接受对方的条件。他们对于协议条款总是认真斟酌,以便市场行情变化时,能够做出有利于己方的解释或寻找漏洞而拒绝履行合同。

犹太人参加谈判时总是有备而来。他们会在谈判之前阅读大量的相关资料,搜集相关情报。他们认为,在谈判中能做到从容不迫、应对自若,就能够随心所欲地控制谈判气氛,但前提和关键就是付出艰辛的前期努力,尽可能地做好一切准备。

犹太人精于心算。在谈判中,他们常能根据得到的数据立即计算出结果和利润,能在谈判中抢先做出判断,使对方陷于被动。

犹太人处事比较温和。他们认为,当对方感到失了面子,会变得充满敌意,冷漠无情,这样可能会危及眼前和长远的合作。在谈判中犹太人往往会为某一问题与对方争执得不可开交,但之后还是会与对方温和友善地打招呼。

(二)风俗与禁忌

尽管犹太人的不同文化群体有着不同的问候方式,但大多数在国外做生意的犹太人在介绍时行握手礼。正统犹太教严禁接触女性,但50%以上的犹太人都属于"凡夫俗子",他们并不遵循犹太教的传统仪规。我们在国际交往中遇到的大多数犹太商人都属于这一群体。

大多数犹太人习惯在交谈时相互距离较近,但你不要因此而后退或难堪地走开,这样会让他们认为你不友善。此外,人们的身体接触也较多,在双方交谈时往往也避免不了相互间的身体接触。不过,女性应避免主动地用身体去接触别人。

犹太人的生活中,最重要的事莫过于守安息日。安息日是犹太人每周一天的休息日,也是犹太教中最神圣不可侵犯的圣日。安息日从周五下午日落时开始,到周六下午天空出现第一颗星星时结束。在安息日,犹太人全天不工作、不购物、不旅行、不烧煮,也不能写字、开关灯、接电话等,不能携带钱款和任何东西,也不准乘车或利用其他公共交通工具到犹太教会堂,轮船不准起航,飞机不准起飞。但他们

可以雇佣非犹太人从事这些工作。

【本章参考书目】

1. 田玉来主编:《国际商务谈判》,电子工业出版社,2008 年。
2. 周忠兴主编:《商务谈判原理与技巧》,东南大学出版社,2003 年。
3. 全英主编:《国际商务谈判》,清华大学出版社,2003 年。
4. 夏圣亭主编:《商务谈判技术》,高等教育出版社,2000 年。
5. 刘园主编:《国际商务谈判》,对外经济贸易大学出版社,2008 年。

【思考题】

1. 文化差异主要指哪些方面的差异?
2. 日本商人和韩国商人的谈判风格有哪些异同点?
3. 美国人的谈判风格是怎样的?
4. 与西欧商人进行谈判要注意哪些问题?

【案例分析题】

美国有家石油公司的经理曾经与石油输出国组织的一位阿拉伯代表谈判石油进口协议。谈判中,阿拉伯代表谈兴渐浓时,身体也逐渐靠拢过来,直到与美方经理只有15厘米的距离才停下来。美方经理稍感不舒服,向后退了退,使二人之间保持约60厘米的距离。只见阿拉伯代表的眉头皱了一下,略为迟疑后又边谈边靠了过来。美方经理并没有意识到什么,因为他对中东地区的风俗习惯并不太熟悉,所以他随即又向后退了退。

这时,他发现他的助手正在焦急地向他摇头示意,用眼神阻止他这样做,美方经理虽然并不完全明白助手的意思,但他还是停止了后退。于是,在阿拉伯代表感到十分自然,美方经理感到十分别扭的状态下达成了使双方满意的协议,交易成功了。

事后,经理在了解了阿拉伯人谈判习惯以后,感慨地说:"好险!差一点断送了一笔重要的石油生意。"

请分析上述案例,回答以下问题:

(1)阿拉伯代表为什么对美国代表的后退皱了眉头?

(2)这项谈判最终成功的关键是什么?

(3)在国际商务谈判文化差异方面,本案例给我们哪些启示?

第十章　国际商务谈判风险管理

【本章学习目标】

1. 认识商务谈判中风险的类型。
2. 了解预测与控制风险的方法。
3. 掌握规避谈判风险的手段。

在商务谈判中,谈判双方在利益上具有很多共同的地方。但无需回避的是,在某些方面双方又存在利害冲突。事实上,商务活动中的风险对于谈判双方来讲都是存在的,只是有些风险是需要双方共同承担的,有些可能是在双方之间相互转换的,还有些则是一方所独有的。

商务活动以及商务谈判进行当中,都实实在在地存在着商务风险。对此,我们必须弄清楚在商务谈判中去做与不去做某些事情会造成哪些直接或间接的经济损失,原因与程度如何,以及在谈判中可以采取怎样的对策来避免和减少这种风险所带来的损失。为此,我们一方面要努力寻找增加双方共同收益,减少风险的途径;另一方面要虚心学习,谨慎从事,尽可能避免由于商务活动经验不足,企业自身机制不够完善等原因所带来的风险;再就是要提高警惕,提倡公平合理的分担风险,增强防范某些国内外客商趁机转嫁风险的意识,最终使风险降到最低程度。

第一节　商务谈判中的风险

在整个国际、国内市场中,影响商务活动盈亏的因素十分复杂。有时,一个细微的变化可能造成企业财产的大起大落。在商务谈判过程中,我们首先要知道一个事实,即商务交往中的风险是不可避免的。我们要对风险有一个正确的认识,有风险并不一定是坏事,有时风险与效益是成正比例关系的。因此,我们要根据企业、个人的实际情况,不要冒不必要的风险。也就是说,在实际商务活动中,要尽量寻求增加有相对稳定收益的机会,减少未来各种损失的可能。在商务谈判中会面临的风险主要有以下几个方面:

一、商务谈判中的人员风险

商务活动中的人员风险,指由于员工的个人因素导致失误或错误所引发的风险。"个人因素"可能是由于疏忽,也可能是由于业务不熟练,甚至可能是主观故意。人员风险主要有素质性风险、技术性风险等。

(一)素质性风险

素质性风险是由参与商务谈判的人员素质欠佳造成的。其实,除了由于环境因素决定的非人员风险以外,从根本意义上讲,各种状况的风险均可视为由人员素质欠佳造成的。比如谈判者经验不足,管理水平、谈判水平有待提高等。具体地讲,人员素质性风险主要表现为以下几个方面:

1. 有些谈判者在谈判中的情绪不稳定

比如迟缓犹豫、急于求成、好表现自己、拖泥带水、怕承担责任等。不能真正地把握时机,争取到最佳的获益。造成这种风险固然有谈判者先天的性格因素,更多的是谈判作风方面的问题。

2. 有些谈判者自我表现欲望过强,刚愎自用

在谈判中坚持一切都要以他的建议为合作条件,寸步不让,从而使有些合作伙伴不得不知难而退。

【相关链接】

爱表现的副厂长

上海某机械厂拟引进一批先进设备,经有关部门牵线搭桥和多方比较,最终选定某国 F 公司的产品。F 公司以前从未与中国企业有直接业务来往,因而合作态度十分积极,希望借此机会开拓中国市场。为此,F 公司在商务谈判中报出了非常优惠的价格。然而中方主谈者是一位新上任的副厂长,为了表现自己,把谈判看成是一场胜负赛,不顾实际情况,一而再、再而三地向对方压价,并在合同条款上,向 F 公司提出了许多实在难以让人接受的条件,如对于一台定制设备,要求 F 公司货到上海十天内必须安装调试完毕等等。这位副厂长还公然声称"签七八个合同都可以,大不了再改嘛"。这种表面看来有些毛糙的性格,实际上却是作风不踏实、责任心不强的反映。显然,这种做法也只会把客商吓跑,丧失一个良好的合作机会。

3. 有些谈判者不敢担负责任

一遇到来自对方或来自自己上司的压力,就感到难以适从,不能自主。具体表现为:有时不经与对方充分交涉洽商就匆忙做出承诺,使经过力争可能获取更大利益的局面丧失殆尽;有时则久拖不决,不从工作出发,而是沉湎于谈判结果对于个人进退得失影响的考虑之中,不能争取更有吸引力的合作前景。

4.有些谈判者缺乏必需的知识,缺乏充分的调查与研究,也没有虚心地向专家请教,因此也会带来风险。

实际上,在国际商务合作中,对客观环境不够了解、对专业问题不够熟悉是很正常的事,关键是谈判者如何去正确地看待自己的这种不足。那些应该掌握的知识、可以预知的情况,是可以通过一定的途径和方式来加以了解和弥补的,不必要的经济损失也是可以避免的。如果我们所面临的未知因素事先无法预测和控制,即主要是由外界环境的意外变化引起与决定的,我们也只能被动地应付。但是,如果是由于我们专业知识方面存在不足所引起的一些情况,则需要我们事先充分地进行调查和分析,认真全面地做好可行性研究,特别是聘请一些专家顾问。比如,工程技术人员、律师、会计师等参与可行性研究,就可能对这些客观因素的影响做出"预先"估计,并可相应的采取措施。

可见,在国际商务活动中,我们要不断地保持风险意识,积累实践经验,细心观察,虚心求教,从而降低风险的发生概率。这是我们每位谈判者都应该做到的。

(二)技术性风险

技术性风险主要是由技术项目本身和谈判中技术操作不当而可能带来的风险。商务谈判中技术性风险所反映的内容很多,比如技术项目本身的风险,过分奢求引起的风险,合作伙伴选择不当引起的风险等。

1.技术上过分奢求引起的风险

在涉及引进技术、引进设备等项目谈判中,引进方在进行项目技术谈判时,常常有不适当地提出过高技术指标的情况。这种情况对于发展中国家的谈判者来讲比较普遍,特别是那些参与谈判的工程技术人员,总是希望对方提供的技术越先进、越完善、功能越全越好。这样做,实际上也为项目成本的大幅度增长埋下了伏笔。我们要清楚一分钱一分货的道理。在项目合作中,我们在向外方提出任何技术要求时,都要有随技术含量的增加而费用增加的思想准备。需要明白的是,费用的上升幅度有时会大大超过功能、技术提高的幅度。事实上,我们会发现,这些要求中相当一部分在实际运用中是不必要的。然而,这样做却为外商提供了转嫁风险的条件。实践中这类例子不胜枚举。

过分奢求无疑会带来风险。所以,我们的工程技术人员、谈判者在提出有关要求时,应考虑这些要求既要符合我们的需求,又要能符合对方的技术规范。这样不仅在技术上可行,而且在经济上也可以达到合理的目标,并且有助于商务谈判的顺利进行。

【相关链接】

水土不服的 ERP

ERP,即企业资源计划系统,是当代信息化企业管理的先进工具,在世界上已经有许多成功的案例证明该项技术是很值得引进和推广的。因此,许多有条件的企业都花费了大量精力和财力引进了 ERP 系统。以 2000 年为例,在国内 MRPII/ERPDE 的销售总额达 4.7 亿人民币,增长速度达 13.1%,占整个管理软件销售量的 8%。但到目前为止,ERP 软件实施成功的例子相当少,初步统计,成功比例只在 10%~20%之间,多数企业付出巨大代价而收效甚微。例如有一家著名的汽车配件公司,花费了 400 多万人民币引进了 ERP 软件,其中还不包括电脑和网络系统的硬件投资。运作三年来,没有给生产管理带来多大有实际价值的效益。在走访中了解到,为了应付日常运行中的变化因素,只能将 ERP 系统和原有的人力系统同时进行,从领导层面到操作层面的干部都为此而感到困惑。

2. 由于合作伙伴选择不当引起的风险

在发展中国家开展国际经济合作活动时,常常以引进资金、技术、设备及管理为主要内容,但能否如愿以偿地从发达国家的合作伙伴中得到这些东西,却往往是十分难以确定的。不能仅仅简单地认为对方是发达国家的企业,拥有先进技术,就一定能够保证合作的顺利和成功。因此,在国际商务合作项目中,除了考虑合作伙伴的技术状况之外,还要考察其资信条件、管理经验等方面的情况。

实践证明,只有选择了合适的合作伙伴,才有可能保证项目合作达到预期的目的。特别是对于那些重要的、敏感的工程,我们更要寻找信誉良好、有实力的合作伙伴,而且为此承担稍高的合同价格也是完全值得的。合作伙伴选择不当,不但会使项目在合作进程中出现一些难以预料、甚至是难以逆转的困难,而且会造成不可挽回的损失。由此可见,国际商务活动中,在合作伙伴的选择过程中隐含着相当大的风险的,为此,必须十分慎重。

【相关链接】

一次不慎重的选择

在我国 L 市的一个大型项目中,谈判者选择了美国的一家中型企业 M 公司作为技术设备供应商。事实证明,这个选择是不慎重的。M 公司技术比较先进,但它的资金实力、商务协调能力比较差,对中国的情况不了解,缺乏在中国开展活动的经验。尤其是它在美国收购了 T 公司,T 公司曾向银行借过一笔款项,到期无力偿还,这笔债务就转而由 M 公司承担。然而 M 公司此时亦无足够资金抵债,于是银行冻结了它的银行账务往来,它的各项业务被迫全部停顿,并累及与 L 市合同的履行。鉴于 L 市这个项目的重要性,本已紧张的工期不能再拖延,最后我方只得采取非常措施帮助 M 公司继续履行合同,使其摆脱困境,才使 L 市工程得以如期完成。

3. 强迫性要求造成的风险

在国际商务活动中,一些发达国家的企业在与发展中国家的企业交往中,利用发展中国家的企业有求于发达国家的特点,例如希望给予政府贷款、要求转让某些技术等,在项目合作条件中,对发展中国家提出苛刻要求的事时有发生。于是,发展中国家的企业就面临着"强迫性风险"。其结果,要么接受不公平的条件,承受利益分配上的不平等,要么拒绝无理要求,承受机会成本损失。可见,对于发展中国家来讲,既要维系与发达国家企业的合作,又要维护自己的合理利益,确实是件有难度的事情。反过来讲,发展中国家的有些企业在开展对外商务合作时,作为接受技术和设备的一方,显示出"皇帝"般的"自傲",对外商的合作条件横加挑剔,强迫对方做一些他们根本做不到或做不好的事情,甚至还以为这是理所当然的事,殊不知这样做只能使谈判陷入窘境。其结果,要么使外商一走了之,要么就是外商勉强接受协议,最终还要"秋后算账"。因为,商人是不会做亏本生意的。外商虽然暂时十分勉强地接受的协议,但在日后合作中,他们一定会寻找机会补回损失的。这种明亏暗补的常见做法,如偷工减料,减少工艺流程环节等,最终会对整个项目造成危害,这类例子不胜枚举。

因此说,发展中国家在国际商务谈判中采取"强迫"的做法是与"过分奢求"的思想一脉相承的。事实上,当奢求的愿望变得愈加强烈,并且自恃有利地位逐步在态度上变得强硬起来时,"强迫"也就伴随而生了,同时,风险也就出现了。由此看来,在涉外商务合作中,我们既要警惕外商的那种恃强欺弱的做法,也要提防我们自身的某些强人所难的态度和做法,以及可能给合作带来的危害和风险。

二、商务谈判中的非人员风险

具体地说,非人员风险包括自然性风险、政治性风险、市场性风险等。

(一)自然性风险

自然性风险是指由自然灾害、自然环境恶化等不可控制因素引起的,导致公司投资损失的可能性。尽管现代的气象预报、地震预测、环境监控技术日新月异,但毕竟还不能充分揭示自然界活动的规律。因而,起因于大自然变化莫测的这种自然性风险,也是任何投资者难以完全避免的。

(二)政治性风险

政治性风险是由项目所在国政治因素变化而造成的国际商务的风险。政治性风险是所有在该国投资的外国公司普遍面临的风险,一般不具有特别的指向性。一般包括四类:总体政局风险、所有权/控制风险、经营风险、转移风险。

1. 总体政局风险

它产生于企业对东道国政治制度前景认识的不确定性。例如 1998 年印度尼西亚 5 月骚乱,导致许多华人企业严重损失。总体政局不稳定不一定会迫使企业放弃投资项目,但肯定会干扰企业经营决策和获利水平。

2. 所有权/控制风险

它产生于企业对东道国政府注销或限制外商企业行为认识的不确定性。这类风险包括政府对国外企业的没收和国有化行为。

3. 经营风险

它产生于企业对东道国政府控制性惩罚认识的不确定性。它主要表现在对生产、销售、财务等经营职能方面的限制。

4. 转移风险

它主要产生于对东道国政府限制经营所得和资本的汇出认识的不确定性。转移风险还包括货币贬值的风险。

在国际商务谈判中，政治性风险一方面是指由于政治局势的变化或国际冲突给有关商务活动的参与者带来可能的危害和损失；另一方面也包括由于商务合作上的不当或者误会给国家间的政治关系蒙上阴影。比如，前几年，在一些阿拉伯国家，有人发现一批中国鞋的鞋底纹路近似于阿拉伯文"真主"字样，即刻引来了一片愤怒，我驻外使馆也为此遭到骚扰。这批鞋结果被封存起来。最后通过埃及一位颇有影响力的宗教领袖来出面解释，风波才得以平息。由此可见，政治因素与商务活动有着千丝万缕的联系，消极影响难以挽回，损失亦难以弥补。因此，提高预见和防范政治性风险的能力，是开展国际商务合作的重要方面，必须予以高度重视。

(三)市场风险

国际市场上各种因素的交互变化，不可避免地给市场参与者带来各种损益的可能性。其风险主要有以下几个方面：

1. 汇率风险

汇率风险是指在较长的付款期限内，由于汇率变动而造成结汇损失的风险。在国际贸易市场上，各种货币之间汇率的涨落时刻发生。当这种涨落十分微小而货币交易金额又不大时，对于交易双方来说其损益状况可能是微不足道的。当这种涨落在一段时间内变得十分明显，且又涉及巨额货币交易量时，其结果往往是一方欢乐一方愁。

汇率风险有三种类型：交易风险、经济风险和会计风险。对我国绝大部分外向型企业来讲，进入国际市场的主要形式仍是出口，因此，最常见的、最主要的汇率风险是交易风险。交易风险一般会在以下几种情况下发生：

(1)即期或延期付款为支付条件的商品或劳务的进出口在货物已装运或劳务已提供，而贷款或费用尚未收到这一期间外汇汇率变化所发生的风险。例如一家中国企业向比利时一企业出口一批价值 3500 万比利时法郎的产品，信用证合同为 90 天期。交易日当天汇率为 1 美元＝35 比利时法郎，即 $1＝35BF 和 1 美元＝8.23元人民币，但 90 天后的汇率为 $1＝37BF 和 $1＝8.25 元人民币，这家企业

90 天后到手的美元不是 100 万而是 94.6 万,人民币收益不是 823 万而是 781 万元,收益减少了近 40 万元人民币。但如 90 天后的汇率为 \$1＝34BF 和 \$1＝8.24 元人民币,则 90 天后到手的美元为 103 万,人民币为 848 万元,增加了近 20 万元人民币的收入。

(2)以外币计价的国际信贷活动在债权债务清偿前所存在的汇价变动的风险。比如,目前中国银行发放的各种优惠性外汇贷款、世界银行提供的优惠贷款基本上以美元为主。但企业在使用优惠贷款进口设备时却存在着进口地区和货币种类的多样化问题,当美元汇价下跌其他货币汇价上升时,企业所承担的风险就明显增加。如上海某灯泡厂在使用中国银行上海分行的扩权外汇贷款后用日元成交方式进口日本钨丝生产线,因日元对美元汇价上升,所需付款折合成美元比实际订货时上涨 41％。

(3)本期外汇合同到期时,由于汇率变化,交易的某一方可能要拿出更多的或较少的货币去换取另一种货币的风险。例如,日本 A 公司因进口货物要向美国公司支付一笔 5 万美元的货款。A 公司为保险起见,可通过日本银行在远期外汇市场上用日元购买 5 万美元,3 个月后交割。假定签订合同时,远期汇率为 1 美元＝130 日元,3 个月后 A 公司以 650 万日元的价格购进 5 万美元支付给日公司。如果此时汇率为 1 美元＝131 日元,日元贬值,则 A 公司的这个远期合同获得了 5 万日元的收益,如不购进远期汇率,现在要支付 655 万日元才能购得 5 万美元。反之,如现在汇率为 1 美元＝129 日元,则 A 公司为避免外汇风险而损失了 5 万日元。因此,严格定义上来说,这也是一种交易风险。

由于一个企业在它经营活动中所发生的外币收付均需与本币进行折算以结清债权债务并考核其经营绩效,因此,本币是衡量一个企业经济效益的共同指标。从交易达成到应收账款的收进、应付款项的支出、借款本息的偿还都有一个期限,这个期限就是时间因素,在确定的时间内,外币与本币的汇率也可能发生变化,产生外汇风险。可见外汇风险一般取决于三个要素:本币、外币与时间。一般来说,时间越长,汇率变化的可能性越大,外汇风险相对也就越大。

2. 利率风险

这是指一定时期内由于利率水平的变化而引起的公司投资损失的风险,它最终体现在公司的生产成本上。虽然国际商务的利率风险主要是由国际资本市场利率运动决定的,但就公司国内的投资活动而言也存在利率风险,利率风险可看作国际商务的一般性风险。

如果贷款以固定利率计息,则同种贷款利率的升高或降低都会使放款人损失或得益、受款人得益或损失。这种利率风险对于借贷双方是同时存在并反向作用的。自 20 世纪 70 年代以来,由于各国受日益严重的通货膨胀的影响,国际金融市场利率波动的幅度较大,金融机构很少贷出利率固定的长期贷款,因为放出长期贷款需要有相应的资金来源作支持。由于资金来源主要是短期贷款,利用短期贷款放出长期贷款的机构显然要承受风险损失。为了避免这种损失,在国际信贷业务中逐渐形成了长期贷款中按不同的利率计息的方法。主要有变动利率、浮动利率和期货利率三种。这些利率都有按金融市场行情变化而变化的特点。因此在通货膨胀情况下,放出贷款的机构可由此得以降低损失。

通过以上分析,对于因开展国际商务活动而需筹措资金者,应根据具体情况采取相应的办法。如果筹资时市场利率估计已经达到顶峰,有回跌趋势,则以先借短期贷款或以浮动利率借入长期贷款为宜。这样在利率回跌时,就可再重新短期借款。如果筹资时市场利率较低,并有回升的趋势,则应争取设法借入固定利率的长期借款。

由于对国际金融市场行情观察的角度不同,认识深度不一,对行情趋势分析也就不可能完全相同。利用国际商业贷款从事商务活动,承担利率风险是不可避免的,所以应预先做好充分的估计和预测。

【相关链接】

墨西哥金融危机

20世纪80年代,墨西哥发生的金融危机使该国蒙受了重大经济损失。墨西哥属于北美自由贸易区的成员国之一,和美国、加拿大组成的国际经济合作组织,不仅在商品流通上免去了许多环节,而且允许国家之间的货币自由兑换。当时,美国国内的银行利率在5%左右,而墨西哥的利率在10%左右。国际资本的投机家就趁此机会进行了连续的炒作活动,将数十亿美元转存到墨西哥银行中,存期一个月。到期即转出,然后再转入,如此反复。作为墨西哥银行对这样的大额短期存款的确很难处理,无法在此期间动用和增值,但利息必须按章支付。墨西哥的经济实力本来就不强,根本经不起这样的折腾,经济危机随之而来。

3. 价格风险

这里的价格风险撇开了作为外汇价格的汇率和作为资金价格的利率的风险问题,主要是对于投资规模较大、延续时间较长的项目而言的。

影响工程设备远期价格的因素主要有:第一,原材料价格。一般情况下,钢材、有色金属、木材等价格随时间的推移总是要上升的。第二,工资。工资也是一项不断增长的费用。第三,汇率和利率风险。第四,国内外其他政治经济情况的变动。这些都将影响工程设备的远期价格。如果在合同标的金额较大、建设周期较长的情况下,硬性要求外商以固定价格形式报价的话,会使外商片面夸大那些不确定因素,并把它全部转移到固定价格中来,使固定价格偏高,因而构成一种价格性风险。

通常,价格形式除了固定价格以外,还有浮动价格和期货价格。就期货价格而言,它既有避险的动因,也有投机的动因,不管是何种情况,都表明了期货价格隐含的风险性。当我们对国际期货市场买卖缺乏经验时,采用浮动价格形式不失为一种积极的、稳妥的方法。采用浮动价格形式,虽然不能同时避免汇率风险、利率风险,但至少可以在决定原材料、工资等方面更具客观性、公平性和合理性。因此,在一些大型涉外项目合作中,对于那些需要外商在项目建设开始后五年或十年才能提供的有关设备,就可以采用浮动价格形式,这样可以避免外商夸大原材料价格、工资上涨等因素,相对节约了项目投资。

国际商务往来中的价格风险,不仅存在于硬性价格形式中,而且还存在于软性价格形式中。而我们的一些涉外商务工作者,则往往忽视软性价格方面的问题,这是十分不利的。然而,真正计算出较为合理的软性价格是十分困难的。我们虽然可以理论上将机会成本、市场占有率等因素的分析作为计算依据,但是受市场供求关系的影响,软性价格的弹性很大。因此,我们可以充分利用国外著名的管理咨询公司、专利事务所、律师事务所、会计师事务所等,通过他们的帮助,来确定软性价格,以便少走弯路,减少风险。

需要指出的是,市场供求的起伏波动决定着国际市场中外汇、资金、生产资料和劳务的价格变动,其中的风险时时处处存在着。值得注意的是,汇率、利率、价格的变动往往不是单一的,它们既可能归之于某一种共同因素的影响,又可能在它们之间构成互为因果的作用。因为汇率风险、利率风险、价格风险常常是错综复杂交织在一起的,所以我们不能孤立地只谈一种风险,要综合起来全盘考虑。

第二节　商务谈判中风险的规避

一、风险规避的含义

所谓风险的规避并不意味着完全消灭风险,我们所要规避的是风险可能给我们的商务活动所造成的损失。一方面要降低这种损失发生的概率,即主要是指采取事先控制的措施;另一方面要降低损失程度,包括事先预防和事后补救这两个方面的内容。

(一)纯风险和投机风险是共存的

商务风险不仅可以从宏观上区分为人员风险和非人员风险,同时还可从微观上具体地区分为纯风险和投机风险两种,而且这两种风险往往是共存的。

纯风险是指纯粹造成损失却没有任何受益机会的风险。比如货物运输途中,由于船舶遭受不可抗力,导致货主船沉货毁的风险就是纯风险。

投机风险是指会带来受益机会又存在损失可能的风险。比如在国外举办合资企业,这既为我们开拓海外市场提供机会,也有产品可能不够畅销的风险。

可以具体地说,纯风险是令人望而生畏的,而投机风险却是诱人的。通常情况下,这两种风险是同时存在的,比如房产业主就同时面临诸如火灾之类的纯风险和经济发展可能会引起房价上涨或下跌的投机风险。

(二)对风险的预测与控制

对商务风险的预测与控制是商务活动的重要组成部分。我们对商务风险的评价主要应集中在对损失程度的估计和对事件发生概率大小的估计两个方面。如果未来损失程度对整个事件是无足轻重的,那么事件发生的概率再大,也不值得花费很大的精力和财力去对付;相反,即使事件发生的概率再小,可一旦发生了就会导致惨重的损失,这就需要认真地考虑对策,并不惜承担必要的成本。因此,必须对商务风险做出比较可靠的预测与控制。

通常,人员风险大多比较容易预测,也比较容易控制。而对于非人员风险的预测和控制则难度较大,因为其发生常令人难以预见,所以只有采取事后补救的办法,可是实际损失的绝大部分将是无可挽回的。但这绝不是说对非人员风险就听之任之,而是要采取积极主动的态度,对于那些根据已经观察到的事实而判断出来的政治风险和自然灾害风险,完全可以采取回避风险的策略来应对。比如,取消对战争或动乱可能持续下去的国家或地区的投资计划;停止在洪水泛滥的河谷地带建厂等,这些都是明智的选择。

在国际保险业日益发达的今天,运用保险来转移自然风险所造成的损失已成为一种普遍的选择。同时,对政治风险的保险也已成为一种现实,只是这种保险业务的内容还被严格地限制在一定的范围之内。不难得出一个结论,即风险越不容易被预见,就越难以得到应有的控制,相反,风险一经被识别和衡量,相应的对策和措施也就会很容易地被找到。比如,对于非人员风险中的市场风险,包括汇率风险、利率风险、价格风险,我们都可以通过加强预防措施来达到减少风险的目的。例如,汇率风险,当我们能够通过对历史资料的分析及今后国际外汇走势的预测,确信某种外币对本国货币将升值,我们就可采取远期交易的方式,以现汇汇率或约定汇率来买入未来某个时刻的外币,这样外币价格就被锁定。如果该种外汇汇率果真上升,不仅损失能够得以避免,而且相对而言等于有了一笔额外收益。同时,在国际商务谈判中,积极地采取其他一些风险转移策略,或让合作伙伴分担风险,或向国际保险商投保,都不失为对付商务风险的一种有效的措施。

(三)回避商务风险的措施

从现代风险管理理论上得知,要想有效地规避商务活动中可能出现的风险,通常可采取如下策略:

1.完全回避风险

所谓完全回避风险,即通过放弃或拒绝合作,停止业务活动来回避风险源。虽然潜在的或不确定的损失能就此避免,但获得利益的机会也会因此而丧失殆尽。

2.风险损失的控制

所谓风险损失的控制,即通过减少损失发生的机会来降低风险损失。也就是通过降低损失发生的严重性来对付风险。

3.风险转移

所谓风险转移,即将自身可能要承受的潜在损失,以一定的方式转移给第三者,包括保险与非保险两种方式。在商务活动中,普遍采用的保险方式就是出于转移风险的需要;而让合作方的担保人来承担有关责任风险,就是一种非保险的风险转移方式。

4.风险自留

所谓风险自留是指通过将风险留给自己的方式来回避。风险自留可以是被动的,也可以是主动的;可以是无意识的,也可以是有意识的。当风险在没有被预见,因而没有做出处理风险的准备时,风险自留就是被动的或者是无计划的,这种风险自留的方式是较为常见的,而且在一定程度上是不可避免的。所谓主动的或有计划的风险自留,通常是采取建立一笔专项基金的做法,以此来抵补可能遭遇的不测事件所带来的损失。

在某些情况下,风险自留可能是唯一的对策。有时完全回避风险是不可能或明显不利的,这时采取有计划的风险自留不失为一种回避风险的方式。

综上所述,处理风险主要有完全规避风险、风险损失的控制、转移风险和风险自留四种方式。对于政治风险、自然风险这类纯风险而言,有时采取完全规避风险的策略而终止商务活动的做法是有积极意义的,而被动的风险自留的做法往往是迫于无奈的。但如果用完全规避风险的方式来对付汇率风险这种投机风险,则无疑是一种因噎废食之举,即使以有计划的风险自留方式来对付它,也是一种绥靖主义的表现。针对汇率风险所隐含投机可能的特性,我们可以采用外汇的期货交易或期权交易方式,它不仅是一个争取套期保值的过程,同时也是一个可能伴随获利的过程。风险的规避,从广义上理解,不仅是指消灭风险,而且要在寻求减少未来可能的损失的同时,寻求未来收益增长的机会,这才是规避风险的真正含义,也是处理风险的更为积极的做法。

二、风险规避的手段

(一)提高谈判人员的素质

在商务谈判中,风险可谓无处不在、无时不有。谈判主题一经明确,谈判人员一经确定,风险即已形成。因此,谈判人员的选择,应当依照一定的素质要求,从严掌握。虽然不可能在候选人完全符合理想标准以后,才允许他们走上谈判桌,但是由于商务谈判责任重大,因此就不得不对谈判人员,特别是主谈人员提出严格的要求。最终被选定的谈判人员,应该以事业为重,有丰富的知识,有较强的自我控制能力,不图虚荣,敢于负责。

【相关链接】

泰国的雨季

我国某公司曾在泰国承包一个工程项目,由于不了解施工时期是在泰国的雨季,运过去的轮胎式机械在泥泞的施工场地根本无法使用,只能重新再组织履带式机械,因此,耽搁了采购、报关、运输时间,延误了工期,导致对方提出索赔。如果当初我们能多了解一点世界地理知识,知道泰国的气候特点或主动向专家了解一下在泰国施工可能遇到的困难,那么这家公司蒙受的经济损失和信誉损失就完全能够避免。

为了切实提高商务谈判人员的素质,应该从以下几个方面着手:

(1)谈判人员应该努力拓宽自己的知识面,在谦虚好学的同时要注意求教他人,这样一来有些风险就可能避免。

(2)谈判人员的工作作风应该深入细致,洞察力强,信息渠道广,善于营造竞争局面,多方择优,由此可以克服伙伴选择方面的风险隐患。

(3)谈判人员要懂得一分价钱一分货的商业道理,在谈判中既能坚持合理的条件,又不会提出过分的要求,这样可以回避奢求所带来的风险。

总之,谈判人员要试图避免或减少由其素质条件而引发的谈判风险,只有不断地提高自身的素质,才能做到真正回避风险。

【相关链接】

谈判人员的自信心

1992年底,N国Y公司代表团抵达我国X公司,X公司主要领导均有要事在身,李先生被指定负责接待和第一阶段的谈判。原以为像往年一样,只是就服务上的细小问题交换一下意见,探讨来年如何改进服务,加强合作。未料,该代表团不是为沟通感情而作的礼节性访问,谈判一开始就进入实质性阶段。

双方代表坐定没寒暄几句,对方的一位亚太地区经理就开宗明义地说:"我们此行只有一个目的,修改代理协议,降低分成比例。"接着他陈述了这样做的理由:"合作几年来,我公司发到贵公司的货物有几千吨了,并且我们的海外分公司也常向贵公司发货,而贵公司几乎没给过我们什么活,我们之间签订的看似平等互利的代理协议,实际上只对贵公司一方有利,这是不合理的。"

听了这话,李先生一时语塞,原有的自信荡然无存。因为他十分清楚,代理协议的终止或修改将给X公司带来重大损失,当然希望继续维持原协议。另一方面,又觉得对方修改协议的理由很充足:"Y公司是跨国集团公司,实力雄厚,运输网络遍布世界各地,这些都非X公司所能比。X公司发给Y公司的货物,确实不及Y公司给X公司货物的十分之一,并且这种状况在可以预见的将来也不会有太大的改观。"由于底气不足,在对方居高临下等待答复时,李先生他们只能唯唯诺诺,一味地说明他们的困难和修改协议可能对他们造成的损失,恳请对方不要急于修改协议。整个谈判中,X公司始终处于被动地位,在对方凌厉的攻势面前,连招架之功都没有,更谈不上还手之力了。

第一轮谈判后,李先生向总经理详细汇报了情况。总经理对他们在谈判中的表现很不满意,指出自己一方在谈判中陷于被动的主要原因是心理素质差,缺乏应有的自信心,同时为李先生他们找到了心理支点:"第一,我国对N国的出口额(尤其是空运出口)本来就低于N国对我国的出口额,这是我国实行对外开放政策,不搞贸易保护主义的结果,而现在要求双方发给对方的货物基本相等是不合情理的。其次,Y公司发到X公司的货物尽管是从N国的出口商手中承揽的,但有相当一部分是FOB货物,运费实际上是我国进口公司支付的,只是我国的进口公司放弃了运输指定权而已,希望Y公司把货运业务放到两国贸易关系的大局上来考虑。"

遵照总经理指示的谈判要点,李先生他们在第二轮谈判时不卑不亢,有理有节,即承认他们在服务和推销方面有欠缺,同时陈述了不能修改代理协议的理由。Y公司代表经过冷静的考虑后表示完全理解。

这次谈判以维持原协议而告结束,不仅没有破坏两个公司的业务合作,反而加深了理解,促进了合作。李先生也从中真正明白了,要使谈判取得成功,必须不卑不亢,而要做到这一点,首先必须找到心理的支点。在缺乏自信,失去平衡的心态下,靠恳切的请求是不可能得到你所期盼的一切的。通过这次谈判,李先生也进一步领悟出,如果自己面对的是实力雄厚的外国大公司,自愧自己的实力和各方面的条件都不如对方时,首先要想到自己的国家,它是强大的后盾,是我们心理的支点。

(二)请教专家,主动征询

商务谈判人员的知识储备再全面,整个谈判班子知识结构再合理,也难免会有缺漏,特别是对于某些专业方面的问题,难免会缺乏全面的把握与深刻的了解。请教专家,聘请顾问,常常是商务谈判取得成功必不可少的条件。

这里所指的专家,既包括国内的有关专业外贸公司、同行业企业,也包括国外特别是项目所涉及的有关国家的政府部门、行业机构,甚至包括国内银行等金融机构、外国驻我国使领馆和我驻外使领馆等。

谈判经验告诉我们,专家不仅可以帮助谈判人员了解客观环境,而且还可在选择谈判对手方面提供参考意见。特别是政治风险、自然灾害风险等纯风险,它们确实难以被预测,而且一旦造成损失,后果又非常严重。对此,我们就可请教有关方面的专家,可能会得到有价值的信息与启示。比如,到海外投资,就要请教国际政治问题专家考证当地政治环境是否稳定,以及该国家或地区与周边国家或地区的关系状况等。

总之,专家虽然不能保证帮助我们完全消除某种风险,但总比外行人更了解这种风险,对于我们商务谈判人员来讲就将受益匪浅。

【相关链接】

专家在谈判中的作用

在谈判中,特别是技术谈判中,离开专业人员是难以取得成功的。技术谈判有别于一般讨价还价性的谈判,它要以科学为基础,事实为依据,它是在各方共同遵循准则的前提下,找到求同存异的途径。下面这个例子,就是通过艰难的说理来使对方完全折服于己方的例证。

20世纪70年代,我国从国外引进了3套年产30万吨合成氨化肥的成型大型机械设备,但是在生产使用过程中,发生了转子叶片断裂的事故,于是一场主要从技术上论证说理的涉外索赔谈判开始了。

为此,中方组成了以某大学孟教授为技术主谈的谈判班子,双方谈判争执的焦点集中在转子叶片的强度是否足够。对此,对方予以竭力否认,认为叶片断裂纯为偶发事故,不存在技术责任问题;中方的立场则是,根据对事故的科学认真分析,认为产品设计不合要求,要求重新设计,并赔偿已付出的10亿元人民币的损失。为此,双方各持己见,各不相让。对方的主谈人是一位经验丰富、学识渊博的技术谈判专家B总工程师。谈判一开局,B总工程师就以专家的口吻,引用国标透平机械权威特劳倍尔教授的理论和意见证明说,只要把断裂的叶片的顶部稍加改进即可,随后B总工程师拿出了有关事故的设计计算书和分析报告,递给孟教授,并强调其中一份是由特劳倍尔教授亲自审核签字的。从谈判的技巧角度考虑,在专业较强的谈判中,运用权威的意见往往是一种强有力又行之有效的手段,因为权威的头衔足以使人不敢怀疑和挑战,因此B总工程师的这一招确实比较厉害。

特劳倍尔教授作为这方面的权威,是国际公认的,也是孟教授所敬重的。为了改变不利局面,孟教授调整了谈判的思路和说理的角度,改变了直来直去的谈判方式,决定因势布局,顺水推舟,既然对方以权威开路,不妨就以子之矛攻子之盾,运用特劳倍尔的理论,来扫平谈判道路上的障碍。因此,孟教授表示,赞同特劳倍尔教授的理论,并应使它成为我们共同遵守的准则。在此基础上,孟教授话锋一转,变守为攻,提出依据自己对这位权威理论的透彻了解和实践经验,提出了一系列有分量的问题。认为特劳倍尔教授的观点在理论上是完全成立的,但理论上的成立不等于工程问题的解决,如:气动力计算值还不能说是准确的。由此,孟教授逐步将谈判的方向,从理论问题上引向了解决实际问题也即叶片的强度问题上来,在步步紧逼下,对方最后只能用"大约是","可惜没带来"之类模棱两可的语言来搪塞。孟教授见此,深知谈判应进屈有度,留有余地,不能逼得对方无路可走和关闭谈判大门,于是适可而止,提议暂时休会,改日再谈,让双方都有机会休息,以便调整一下谈判的方案和思路。

第二天,谈判继续进行。首先,孟教授为了缓和气氛,运用行为心理学中的"文饰作用",肯定了B总工程师前一天的观点。然后运用科学论证国际上一系列著名工厂和公司的实践经验,证明对方提出的事故处理方案不能解决问题,而必须重新设计叶片,使得尊重科学与事实的B总工程师不得不承认孟教授的分析符合实际情况,从而为谈判进入实质性阶段打下了基础。但是B总工程师在道理上的认同,不等于在实质上接受中方的处理方案。由于这是一起在技术谈判的前提下所进行的索赔谈判,双方对此问题均很敏感,他一时很难决定,推说要回国报告才能答复,此时,谈判已陷入僵局,不得不再次休会。第三天,谈判再度开始,孟教授根据谈判的实际情况,再次调整了谈判方案,提议:让他根据对方带来的计算书,运用对方的数据,按照特劳倍尔教授的公司和校核的准则计算,这样的计算结果和结论应该是大家都能接受的。这一提议,可谓既实际又合情合理,对方不好拒绝,听凭中方计算。

于是,孟教授每算完一段,就征询一下对方是否有不同意见,这种做法使得对方解除了防备。论证完毕,孟教授指出:这次用的原始数据完全是由你们提供的,计算公式和准则是教授提供的,从上述各方面核校的结果证明,叶片的强度还是不够。通过运用以其矛攻其盾的谈判战术,在理论上进行了严密的"两难推理"。迫使B总工程师最终不得不承认叶片断裂时强度不够,并接受了中方的经济赔偿和重新设计叶片的要求,从而一场艰难的技术谈判得以顺利结束。

(三)审时度势,当机立断

一个谈判人员是否能审时度势、当机立断,很大程度上要归结于心理素质的优劣,对谈判的准备是否充分。然而实际情况是纷繁复杂的,要进行反复比较,作出最佳选择往往是非常困难的。决策理论与实践告诉我们,现实生活中很少存在对某一事务进行处置的绝对最佳方案,或者说,即使人们花了大量时间、精力、钱财,经反复研究、演算、论证找到了这样一个理想的方案,似乎据此便可以作出最优决策,但事实上极可能由于决策成本过高,或者由于贻误时机,使这种决策最终丧失了其优化的特性,甚至变得一文不值。

因此,商务谈判既不可急于求成,也不可当断不断。有些外商利用我们有求于他的心理,在谈判中提出苛刻的合作条件,如果我们急于求成,就要承受价格不合理的风险。相反,在谈判中表现出过多的犹豫,想把方方面面的情况条件包括各种细微之处都考虑周全再作决策,那就得承受失去合作机会的风险。

【相关链接】

风险的背后

从第二次世界大战以后到今天,日本松下电器公司的迅猛发展已成为日本战后经济发展中的一个奇迹。作为当今世界上最大的电气公司之一,日本松下公司能有辉煌的今天,其背后包含着公司创始人松下幸之助当年艰辛的创业。

1952年,日本松下电器公司为了引进荷兰飞利浦公司的先进技术,同飞利浦公司进行谈判。当时谈判双方的实力很悬殊,飞利浦公司作为世界驰名的大公司,凭借着其雄厚的财力与技术优势,在谈判中态度强硬,气势逼人。虽然松下幸之助经过很大的努力,把飞利浦公司要求的占销售额7%的技术援助费压低到4.5%,但飞利浦公司将专利转让费定为55万美元,并且必须一次付清。而且所草拟的合同几乎完全偏向荷兰一方,如规定日方若违反合同,或在执行合同时出现泄露的话,要求受某种处罚,甚至被没收机器等。而飞利浦公司的违约责任则含糊不清。因此,合同的条件对松下电器公司来说是相当苛刻的。

当时,松下电器公司的资本总额不过5亿日元,而55万美元的专利转让费已相当于2亿日元,几乎占到松下电器公司全部家底的一半。这样,松下幸之助就陷入了一种两难选择:如果答应对方的谈判条件签署合同的话,那么将使松下电器公司陷入极大的风险之中,一旦出现意外,就有可能使松下电器公司元气大伤,一蹶不振,但如果不答应对方的谈判条件,使谈判破裂的话,那么公司将失去这次良好的合作机会,以后的发展就更加举步维艰。

松下幸之助不愧为"经营之神",经过深思熟虑,他终于下定了决心,决定冒险。飞利浦公司的研究机构力量十分雄厚,拥有3000名研究人员和先进的设备,一旦双方签订合同,松下电气公司就可以充分利用这一技术资源,而这一技术资源则是2亿日元的代价绝对买不到的,一时的妥协退让,可以换来自己长期的需要与利益,虽然风险巨大,但冒险也是值得的。因此,松下幸之助毅然决定同飞利浦公司签了约。这样2亿日元和巨大的风险代价,就成为松下公司日后迅猛发展的基础。

松下幸之助同飞利浦公司的这场谈判,形势对日方来说是非常不利的。松下运用了以退为进的策略,做出了极大的妥协与让步,接受了对方的苛刻条件,满足了对方的需要,但同时也为松下公司长期利益与需要的实现,开辟了一条曲折但又充满希望的路。

(四)规避风险的技术手段

对于市场风险中所涉及的汇率风险、利率风险、价格风险,是可以通过一定的财务手段予以调节和转化的。作为商品交换的高级形式,期货期权交易在这方面充当了主要角色。由于国际政治、经济等因素的影响,未来供求关系将不断变化,由此而引起的价格波动,对买方或卖方均会产生不利影响。为减少这种风险,交易者通过在期货期权市场公开竞争,以其认为最适当的价格随时转售和补进商品,与现货交易对冲,从而将价格波动的风险转移给第三者,达到保值的目的。与此同时,利用价格的时间差、地区差,从事买空、卖空、牟取利润的投机商也伴随这样一个交易过程而产生。因此,期货交易价格反映了市场参与者对三个月、六个月、一年以后乃至更长的时间里供求关系、价格走势的综合判断。随着世界期货期权交易的蓬勃发展,交易商品也日趋多样化,目前已发展为四大类:一是商品期货交易,如谷物、棉花、橡胶以及金属等;二是黄金期货交易;三是金融工具期货交易,如债券、股票指数、利率等;四是外汇期货交易。虽然诸如远期买卖、期货买卖、期权买卖这些调节和改变市场风险的手段的运用本身就隐含着风险,但是在专家建议与指导下,这种操作会显出合乎理性的轨迹,况且汇率、利率、价格的波动总是相互关联的,其波动的频率范围大小,连锁波动的次序与时滞效应如何,今后变化趋势怎样,这些问题由金融、财务专家来回答是最为妥当的。

当今国际金融界已有越来越多的专业人士把期货期权市场看做是避免市场风险的最理想的场所。我国要大踏步地进入国际市场,发展国际商务合作,不仅要在确定利率形式、价格形式、选择借贷与结算币种方面求教于专家,而且应该在专家指导下用期货期权交易手段规避市场风险。

(五)利用保险市场和信用工具

在商务活动中,向保险商投保已成为一种相当普遍的转移风险方式。与价格浮动、汇率风险这种投机风险不同,保险一般仅适用于纯风险。然而不管怎样,是否要就项目中存在的纯风险投保、向哪家保险公司投保、承保事项如何确定、选择什么档次的保险费、如何与合作方分担保险费,面对这样一些问题,谈判人员还应虚心求教保险专家的意见。

商务活动中,信贷担保不仅是一种支付手段,而且在某种意义上也具有规避风险的作用。在大型工程项目中,为了预防承包商出现差错,延误工程进度,业主为了保护自己的利益,可以要求承包商或供应商在签订合同时提供银行担保。通常这类担保必须由银行做出,这类担保分为三种:

一是投标保证书。为了防止投标者在中标后不依照投标报价签订合同,要求投标者在投标同时提供银行的投标保证书。开标后如投标者未中标或已正式签订合同,银行的担保责任即告解除。

二是履约保证书。为了防止供应商或承包商不履行合同,业主可以要求供应商等提供银行担保,一旦发生不履约情况,业主就可以得到补偿。

三是预付款担保。在业主向供应商等按合同支付预付款的时候,可向供应商等索取银行担保,以保证自身利益。

(六)公平负担

在项目合作过程中,风险的承担并不是非此即彼般的简单,常常合作双方要共同面对一些风险。因此,如何分担这些风险成了谈判的一个重要内容。不测事件发生后,如何处置共同的风险损失,构成了合作双方需要磋商的内容。在这样的谈判过程中,坚持公平负担原则是能带来合理结局的唯一出路。

分担国际市场的风险是合作双方经常讨论的问题。如 A 方要求 B 方在结算时支付欧元,而 B 方则只愿支付英镑,焦点的背后隐藏着双方共同的认识:欧元在未来一段时间内会日趋坚挺,而英镑会日趋疲软,双方谁都不愿意承担外汇风险。于是一个合理的解决方案是 A、B 双方共同到外汇市场上去做套期保值,或双方自行约定一个用于结算的英镑对欧元的汇率,这样无论 B 方最终向 A 方结付英镑还是欧元,对双方都是公平的。国际市场价格波动也是一件令人头疼的事。对大型项目的一些后期供应的设备,选择浮动价格形式,这既考虑了若干年限内原材料、工资等价格上涨因素,又避免供应商片面夸大这些不确定因素而使用户承受过高固定价格的风险。对于交易双方来讲,这样彼此都合理承担了各自应负的风险责任。

【本章参考书目】

1. 孙健敏主编:《谈判技能》,企业管理出版社,2004 年。

2. 王海云主编:《商务谈判》,北京航空航天大学出版社,2003 年。

3. 潘马琳主编:《商务谈判实务》,河南人民出版社,2000 年。

4. 刘园主编:《国际商务谈判——理论·实务·案例》(第二版),中国商务出版社,2005 年。

5. 陈福明、王红蕾主编:《商务谈判》,北京大学出版社,2006 年。

6. 张煜主编:《商务谈判》,四川大学出版社,2005 年。

【思考题】

1. 商务活动中的人员风险主要有哪些?

2. 商务谈判中的非人员风险有哪些?

3. 商务谈判风险规避的含义是什么?

4. 如何对商务活动中的风险进行预测和控制?

5.风险规避有哪些手段？

【案例分析题】

一次有风险的谈判

A国某进出口公司与B国某技术公司,就某项技术交易以及相关设备的交易达成协议,但在B国的审批过程中遇到了阻力,使合同不能履行。于是A国公司与A国有关政府官员以及技术人员组成谈判组赴B国进行交涉与谈判。

A国谈判组组长为政府高级官员,组员有公司的领导、商务主谈、技术主谈、译员等8人。B国谈判组组长为政府高级官员,组员有工艺技术主管、外交部官员、商务主谈、技术主谈、译员等9人。

谈判地点在B国的外交部大楼的大会议室。双方人员坐定之后,就合同审批问题进行谈判。A国代表团首先重温了合同约定及A国政府的态度,希望B国采取措施尽快让合同生效。B国代表对延迟审批的理由做了解释,大意是政府是支持的,但需要与盟国成员商量,因为该项交易有违同盟国之间某些规定。通过第一轮谈判,双方知道了使合同生效的重要性,及影响生效的客观原因。该怎么解决面临的问题呢？双方又进入第二轮的谈判。

围绕如何办的问题,双方进行了认真严肃的讨论。B国提出了三个方案:方案一,B国外交部将派使者与其盟国协商,争取能获得支持,但需要时间且不能保证结果。方案二,请A国变通合同方案,B国保证目标仍不变。方案三,请A国考虑降低技术等级,避免第三方的限制。对此,A国代表认为:方案一是B国政府的事,A国公司并未与第三方签约。B国需与谁商量,我们不反对。但合同生效时间应有保证,否则对A国公司损失太大。方案二虽没有降低合同涵盖的技术水平,但变成了"拼凑"的技术工艺生产线,这将会存在技术可靠性、稳定性问题。对于双方的合同来讲,仍属修改,对A国企业来说仍有技术风险。方案三纯属降低技术和设备水平以屈从第三方要求,这是以A国的利益去满足B国政府对其盟国的承诺,明显不公平,也算B国单方违约。在第二轮的谈判过程中,双方基本点十分对立。

第三轮谈判时,双方就放弃方案三达成了一致,即不能降低合同技术和设备的水平。于是方案一和方案二就成为讨论的焦点。方案一,A国谈判代表同意B国政府与盟国协商,但必须有时限。B国代表认为时限不能明确,因为对协商结果没把握。对方案一,双方观点陷于对峙之中。为了减少不愉快,双方把议题又转入方案二。

方案二,A国代表认为,以不降低技术和设备水平为前提,拼凑这条生产线也有问题。谁去拼线,谁去采购设备,技术许可证怎么办？设备许可证是否就没有问题?未知数太多。B国代表讲,可由他们负责拼线。双方配合,采取一定措施,有可能获取技术许可证,设备许可证大部分没问题,尤其B国生产的设备。不过,少数几种设备由第三方生产,其中有盟国的产品,该部分的许可证需要时间。A国代表听后,认为B国负责拼线,双方配合,采取措施,获取技术许可证均没问题,但少数第三方即盟国生产的设备可能没把握。因为,当其工作、土建、绝大部分设备、人员均到位后,仅因几台设备使技术不能贯通全线,生产不能进行,造成的损失更大,该方案也存在极大风险。B国必须承诺全部问题解决的时间表。B国代表无法回答,显得十分尴尬。怎么办呢?B国代表建议大会暂时休会,请A国谈判组长(政府高级官员)与其政府代表单独交换意见。

大会休息,A国谈判组长带着翻译与B国谈判组长离开大会议室,到办公大楼的一个走廊尽头的沙发处,三人坐下促膝而谈。B国代表讲:"贵方的意见,我明白,我想了解一下贵方最终的立场。"A国代表讲:"原合同内容对我方很重要,必须全面履约。唯一可以通融的是,允许贵国政府走应有的程序,但结论应是肯定的。"

B国代表面有难色。A国代表问:"贵国政府到底能不能保证获得盟国许可?"B国代表讲:"外交部过去已派员与有关盟国协商,暂无结果。在没完成该程序前,我们不会批准合同生效。"A国代表:"若我理解没错的话,贵方近期不可能获得盟国的赞同。"答:"是的。""那贵国政府可否独自行使政府的权力批准呢?"答:"不能。这么做会引起外交事件。""这么说,双方所签合同近期不会批准?""我会尽力而为。""我方认为这么做不符合贵国政府的一贯政策,也有损两国之间经济贸易合作。""我方注意到贵方说法,我会将此看法向我国政府转达。"

双方直截了当地交换了"底牌",均知谈判不会有结果。结束时,B国谈判组长提出:"刚才所言,建议双方均不对外讲,权当没说,忘掉它。"A国谈判组长:"可以,我希望贵国政府能坚持自主原则,尽快批准合同。"

回到大会议室,双方组长让专家继续交换一阵技术性意见后,即宣布散会。会后,A国谈判组成员问组长:"谈了什么,谈得怎样?"组长回答:"准备回国,探讨别的可能。"再往下问,组长只说:"他们同意再努力。"

问题:

1.上述案例中的谈判风险属于什么类型?

2.谈判结束后,A国的谈判组长为什么说:"准备回国,探讨别的可能?"